TRANZLATY

Sprache ist für alle da

Limba este pentru toată lumea

Der Ruf der Wildnis

Chemarea Sălbăticiei

Jack London

Deutsch / Română

Copyright © 2025 Tranzlaty
All rights reserved
Published by Tranzlaty
ISBN: 978-1-80572-809-2
Original text by Jack London
The Call of the Wild
First published in 1903
www.tranzlaty.com

Ins Primitive
În primitiv

Buck las keine Zeitungen
Buck nu citea ziarele.
Hätte er die Zeitung gelesen, hätte er gewusst, dass Ärger im Anzug war.
Dacă ar fi citit ziarele, ar fi știut că se apropie necazuri.
Nicht nur er selbst, sondern jeder einzelne Tidewater-Hund bekam Ärger.
Nu existau necazuri doar pentru el, ci pentru fiecare câine de la Tidewater.
Jeder Hund mit starken Muskeln und warmem, langem Fell würde in Schwierigkeiten geraten.
Orice câine puternic mușchi și cu păr lung și cald urma să aibă probleme.
Von Puget Bay bis San Diego konnte kein Hund dem entkommen, was auf ihn zukam.
De la Golful Puget până la San Diego, niciun câine nu putea scăpa de ceea ce urma să se întâmple.
Männer, die in der arktischen Dunkelheit herumtasteten, hatten ein gelbes Metall gefunden.
Bărbați, bâjbâind în întunericul arctic, găsiseră un metal galben.
Dampfschiff- und Transportunternehmen waren auf der Jagd nach der Entdeckung.
Companiile de transport cu aburi și nave cu aburi urmăreau descoperirea.
Tausende von Männern strömten ins Nordland.
Mii de bărbați se năpusteau spre Țara Nordului.
Diese Männer wollten Hunde, und die Hunde, die sie wollten, waren schwere Hunde.
Acești bărbați își doreau câini, iar câinii pe care și-i doreau erau câini grei.
Hunde mit starken Muskeln, die sie zum Arbeiten brauchen.
Câini cu mușchi puternici cu care să trudească.
Hunde mit Pelzmantel, der sie vor Frost schützt.

Câini cu blană pentru a-i proteja de îngheț.

Buck lebte in einem großen Haus im sonnenverwöhnten Santa Clara Valley.
Buck locuia într-o casă mare în Valea Santa Clara sărutată de soare.
Der Ort, an dem Richter Miller wohnte, wurde sein Haus genannt.
Casa judecătorului Miller, casa lui era numită.
Sein Haus stand etwas abseits der Straße, halb zwischen den Bäumen versteckt.
Casa lui stătea departe de drum, pe jumătate ascunsă printre copaci.
Man konnte einen Blick auf die breite Veranda erhaschen, die rund um das Haus verläuft.
Se putea zări veranda largă care înconjura casa.
Die Zufahrt zum Haus erfolgte über geschotterte Zufahrten.
Se intra în casă pe alei pietruite.
Die Wege schlängelten sich durch weitläufige Rasenflächen.
Cărările șerpuiau prin peluze întinse.
Über ihnen waren die ineinander verschlungenen Zweige hoher Pappeln.
Deasupra se înălțau crengile împletite ale plopilor înalți.
Auf der Rückseite des Hauses ging es noch geräumiger zu.
În spatele casei lucrurile erau și mai spațioase.
Es gab große Ställe, in denen ein Dutzend Stallknechte plauderten
Erau grajduri mari, unde o duzină de miri stăteau de vorbă
Es gab Reihen von weinbewachsenen Dienstbotenhäusern
Erau rânduri de căsuțe ale servitorilor acoperite cu viță de vie
Und es gab eine endlose und ordentliche Reihe von Toilettenhäuschen
Și exista o serie nesfârșită și ordonată de latrine
Lange Weinlauben, grüne Weiden, Obstgärten und Beerenfelder.
Pergole lungi de viță de vie, pășuni verzi, livezi și pășuni de fructe de pădure.

Dann gab es noch die Pumpanlage für den artesischen Brunnen.
Apoi a fost stația de pompare pentru fântâna arteziană.
Und da war der große Zementtank, der mit Wasser gefüllt war.
Și acolo era rezervorul mare de ciment umplut cu apă.
Hier nahmen die Jungs von Richter Miller ihr morgendliches Bad.
Aici și-au făcut băieții judecătorului Miller saltul de dimineață.
Und auch dort kühlten sie sich am heißen Nachmittag ab.
Și s-au răcorit și acolo în după-amiaza fierbinte.
Und über dieses große Gebiet herrschte Buck über alles.
Și peste acest mare domeniu, Buck era cel care îl stăpânea pe tot.
Buck wurde auf diesem Land geboren und lebte hier sein ganzes vierjähriges Leben.
Buck s-a născut pe acest pământ și a locuit aici toți cei patru ani ai săi.
Es gab zwar noch andere Hunde, aber die spielten keine wirkliche Rolle.
Într-adevăr, existau și alți câini, dar nu contau cu adevărat.
An einem so riesigen Ort wie diesem wurden andere Hunde erwartet.
Se așteptau și alți câini într-un loc atât de vast ca acesta.
Diese Hunde kamen und gingen oder lebten in den geschäftigen Zwingern.
Acești câini veneau și plecau sau locuiau în canise aglomerate.
Manche Hunde lebten versteckt im Haus, wie Toots und Ysabel.
Unii câini locuiau ascunși în casă, cum făceau Toots și Ysabel.
Toots war ein japanischer Mops, Ysabel ein mexikanischer Nackthund.
Toots era un mops japonez, iar Ysabel o câine mexicană fără păr.
Diese seltsamen Kreaturen verließen das Haus kaum.
Aceste creaturi ciudate ieșeau rareori din casă.

Sie berührten weder den Boden noch schnüffelten sie draußen an der frischen Luft.
Nu au atins pământul și nici nu au adulmecat aerul liber de afară.
Außerdem gab es Foxterrier, mindestens zwanzig an der Zahl.
Mai erau și fox terrieri, cel puțin douăzeci la număr.
Diese Terrier bellten Toots und Ysabel im Haus wild an.
Acești terrieri lătrau aprig la Toots și Ysabel înăuntru.
Toots und Ysabel blieben hinter Fenstern, in Sicherheit.
Toots și Ysabel au rămas în spatele ferestrelor, la adăpost de orice pericol.
Sie wurden von Hausmädchen mit Besen und Wischmopps bewacht.
Erau păziți de menajere cu mături și mopuri.
Aber Buck war kein Haushund und auch kein Zwingerhund.
Dar Buck nu era câine de casă și nici câine de canisă.
Das gesamte Anwesen gehörte Buck als seinem rechtmäßigen Reich.
Întreaga proprietate îi aparținea lui Buck ca tărâm de drept.
Buck schwamm im Becken oder ging mit den Söhnen des Richters auf die Jagd.
Buck înota în bazin sau mergea la vânătoare cu fiii judecătorului.
Er ging in den frühen oder späten Morgenstunden mit Mollie und Alice spazieren.
Se plimba cu Mollie și Alice la primele ore sau la sfârșitul nopții.
In kalten Nächten lag er mit dem Richter vor dem Kaminfeuer der Bibliothek.
În nopțile reci, stătea întins în fața focului din bibliotecă împreună cu judecătorul.
Buck ließ die Enkel des Richters auf seinem starken Rücken herumreiten.
Buck i-a călărit pe nepoții judecătorului pe spatele său puternic.

Er wälzte sich mit den Jungen im Gras und bewachte sie genau.
Se rostogolea prin iarbă cu băieții, păzindu-i îndeaproape.
Sie wagten sich bis zum Brunnen und sogar an den Beerenfeldern vorbei.
S-au îndrăznit să meargă până la fântână și chiar pe lângă câmpurile de fructe de pădure.
Unter den Foxterriern lief Buck immer mit königlichem Stolz.
Printre fox terrierii, Buck umbla întotdeauna cu o mândrie regală.
Er ignorierte Toots und Ysabel und behandelte sie, als wären sie Luft.
I-a ignorat pe Toots și Ysabel, tratându-i ca și cum ar fi fost aer.
Buck herrschte über alle Lebewesen auf Richter Millers Land.
Buck domnea peste toate creaturile vii de pe pământul judecătorului Miller.
Er herrschte über Tiere, Insekten, Vögel und sogar Menschen
El a domnit peste animale, insecte, păsări și chiar peste oameni.
Bucks Vater Elmo war ein großer und treuer Bernhardiner gewesen.
Tatăl lui Buck, Elmo, fusese un Saint Bernard uriaș și loial.
Elmo wich dem Richter nie von der Seite und diente ihm treu.
Elmo nu s-a depărtat niciodată de judecător și i-a slujit cu credință.
Buck schien bereit, dem edlen Beispiel seines Vaters zu folgen.
Buck părea gata să urmeze exemplul nobil al tatălui său.
Buck war nicht ganz so groß und wog hundertvierzig Pfund.
Buck nu era chiar atât de mare, cântărind o sută patruzeci de kilograme.

Seine Mutter Shep war eine schöne schottische Schäferhündin gewesen.
Mama lui, Shep, fusese un excelent câine ciobănesc scoțian.
Aber selbst mit diesem Gewicht hatte Buck eine königliche Ausstrahlung.
Dar chiar și cu greutatea aceea, Buck pășea cu o prezență regală.
Dies kam vom guten Essen und dem Respekt, der ihm immer entgegengebracht wurde.
Asta provenea din mâncarea bună și respectul de care primea întotdeauna.
Vier Jahre lang hatte Buck wie ein verwöhnter Adliger gelebt.
Timp de patru ani, Buck trăise ca un nobil răsfățat.
Er war stolz auf sich und sogar ein wenig egoistisch.
Era mândru de sine și chiar ușor egoist.
Diese Art von Stolz war bei den Herren abgelegener Landstriche weit verbreitet.
Acest tip de mândrie era des întâlnit la lorzii din țările îndepărtate.
Doch Buck hat es vermieden, ein verwöhnter Haushund zu werden.
Dar Buck s-a salvat de la a deveni câinele răsfățat al gospodăriei.
Durch die Jagd und das Training blieb er schlank und stark.
A rămas suplu și puternic prin vânătoare și exerciții fizice.
Er liebte Wasser zutiefst, wie Menschen, die in kalten Seen baden.
Iubea profund apa, asemenea oamenilor care se scaldă în lacuri reci.
Diese Liebe zum Wasser hielt Buck stark und sehr gesund.
Această dragoste pentru apă l-a menținut pe Buck puternic și foarte sănătos.
Dies war der Hund, zu dem Buck im Herbst 1897 geworden war.
Acesta era câinele în care devenise Buck în toamna anului 1897.

Als der Klondike-Angriff die Menschen in den eisigen Norden trieb.
Când atacul din Klondike i-a atras pe oameni spre Nordul înghețat.
Menschen aus aller Welt strömten in das kalte Land.
Oamenii s-au grăbit din toată lumea în țara rece.
Buck las jedoch weder die Zeitungen noch verstand er Nachrichten.
Buck, însă, nu citea ziarele și nici nu înțelegea știrile.
Er wusste nicht, dass es nicht gut war, Zeit mit Manuel zu verbringen.
Nu știa că Manuel era un om rău în preajma lui.
Manuel, der im Garten half, hatte ein großes Problem.
Manuel, care ajuta în grădină, avea o problemă gravă.
Manuel war spielsüchtig nach der chinesischen Lotterie.
Manuel era dependent de jocurile de noroc la loteria chineză.
Er glaubte auch fest an ein festes System zum Gewinnen.
De asemenea, el credea cu tărie într-un sistem fix de câștig.
Dieser Glaube machte sein Scheitern sicher und unvermeidlich.
Această credință a făcut ca eșecul său să fie sigur și inevitabil.
Um ein System zu spielen, braucht man Geld, und das fehlte Manuel.
Jocul la sistem necesită bani, lucru de care Manuel nu avea.
Sein Gehalt reichte kaum zum Überleben seiner Frau und seiner vielen Kinder.
Salariul său abia îi întreținea soția și numeroșii copii.
In der Nacht, in der Manuel Buck verriet, war alles normal.
În noaptea în care Manuel l-a trădat pe Buck, lucrurile erau normale.
Der Richter war bei einem Treffen der Rosinenanbauervereinigung.
Judecătorul a fost la o întâlnire a Asociației Cultivatorilor de Stafide.
Die Söhne des Richters waren damals damit beschäftigt, einen Sportverein zu gründen.

Fiii judecătorului erau ocupați pe atunci cu înființarea unui club sportiv.
Niemand sah, wie Manuel und Buck durch den Obstgarten gingen.
Nimeni nu i-a văzut pe Manuel și Buck plecând prin livadă.
Buck dachte, dieser Spaziergang sei nur ein einfacher nächtlicher Spaziergang.
Buck credea că plimbarea asta era doar o simplă plimbare nocturnă.
Sie trafen nur einen Mann an der Flaggenstation im College Park.
Au întâlnit un singur bărbat la stația de steaguri, din College Park.
Dieser Mann sprach mit Manuel und sie tauschten Geld aus.
Bărbatul acela a vorbit cu Manuel și au făcut schimb de bani.
„Verpacken Sie die Waren, bevor Sie sie ausliefern", schlug er vor
„Împachetați marfa înainte să o livrați", a sugerat el.
Die Stimme des Mannes war rau und ungeduldig, als er sprach.
Vocea bărbatului era răgușită și nerăbdătoare în timp ce vorbea.
Manuel band Buck vorsichtig ein dickes Seil um den Hals.
Manuel a legat cu grijă o frânghie groasă în jurul gâtului lui Buck.
„Verdreh das Seil, und du wirst ihn gründlich erwürgen"
„Răsucește frânghia și îl vei sufoca de tot"
Der Fremde gab ein Grunzen von sich und zeigte damit, dass er gut verstanden hatte.
Străinul a mormăit, arătând că a înțeles bine.
Buck nahm das Seil an diesem Tag mit ruhiger und stiller Würde an.
În ziua aceea, Buck a acceptat frânghia cu calm și demnitate liniștită.
Es war eine ungewöhnliche Tat, aber Buck vertraute den Männern, die er kannte.

A fost un act neobișnuit, dar Buck avea încredere în oamenii pe care îi cunoștea.
Er glaubte, dass ihre Weisheit weit über sein eigenes Denken hinausging.
El credea că înțelepciunea lor depășea cu mult propria sa gândire.
Doch dann wurde das Seil in die Hände des Fremden gegeben
Dar apoi frânghia a fost înmânată în mâinile străinului.
Buck stieß ein leises, warnendes und zugleich bedrohliches Knurren aus.
Buck a mârâit înăbușit, avertizând cu o amenințare liniștită.
Er war stolz und gebieterisch und wollte seinen Unmut zum Ausdruck bringen.
Era mândru și autoritar și voia să-și arate nemulțumirea.
Buck glaubte, seine Warnung würde als Befehl verstanden werden.
Buck credea că avertismentul său va fi înțeles ca un ordin.
Zu seinem Entsetzen zog sich das Seil schnell um seinen dicken Hals zusammen.
Spre șocul lui, frânghia s-a strâns repede în jurul gâtului său gros.
Ihm blieb die Luft weg und er begann in plötzlicher Wut zu kämpfen.
I s-a tăiat suflul și a început să se lupte, cuprins de o furie bruscă.
Er sprang auf den Mann zu, der Buck schnell mitten in der Luft traf.
A sărit asupra bărbatului, care l-a întâlnit repede pe Buck în aer.
Der Mann packte Buck am Hals und drehte ihn geschickt in der Luft.
Bărbatul l-a apucat pe Buck de gât și l-a răsucit cu abilitate în aer.
Buck wurde hart zu Boden geworfen und landete flach auf dem Rücken.
Buck a fost aruncat puternic, aterizând pe spate.

Das Seil würgte ihn nun grausam, während er wild um sich trat.
Frânghia îl sufoca acum crud, în timp ce el lovea sălbatic.
Seine Zunge fiel heraus, seine Brust hob und senkte sich, doch er bekam keine Luft.
Limba i-a căzut, pieptul i s-a ridicat, dar nu a mai tras aer în piept.
Noch nie in seinem Leben war er mit solcher Gewalt behandelt worden.
Nu fusese tratat niciodată cu atâta violență în viața lui.
Auch war er noch nie zuvor von solch tiefer Wut erfüllt gewesen.
Niciodată nu mai fusese cuprins de o furie atât de profundă.
Doch Bucks Kraft schwand und seine Augen wurden glasig.
Dar puterea lui Buck s-a stins, iar ochii i s-au încețoșat.
Er wurde ohnmächtig, als in der Nähe ein Zug angehalten wurde.
A leșinat exact când un tren era oprit în apropiere.
Dann warfen ihn die beiden Männer schnell in den Gepäckwagen.
Apoi, cei doi bărbați l-au aruncat repede în vagonul de bagaje.
Das nächste, was Buck spürte, war ein Schmerz in seiner geschwollenen Zunge.
Următorul lucru pe care l-a simțit Buck a fost o durere în limba umflată.
Er bewegte sich in einem wackelnden Wagen und war nur schwach bei Bewusstsein.
Se mișca într-o căruță tremurândă, doar vag conștient.
Das schrille Pfeifen eines Zuges verriet Buck seinen Standort.
Scârțâitul ascuțit al fluierului unui tren i-a spus lui Buck unde se afla.
Er war oft mit dem Richter mitgefahren und kannte das Gefühl.
Călărise adesea cu Judecătorul și cunoștea sentimentul.
Es war der einzigartige Schock, wieder in einem Gepäckwagen zu reisen.

A fost șocul unic al călătoriei din nou într-un vagon de bagaje.
Buck öffnete die Augen und sein Blick brannte vor Wut.
Buck deschise ochii, iar privirea îi ardea de furie.
Dies war der Zorn eines stolzen Königs, der vom Thron gejagt wurde.
Aceasta a fost mânia unui rege mândru, luat de pe tron.
Ein Mann wollte ihn packen, doch stattdessen schlug Buck zuerst zu.
Un bărbat a întins mâna să-l apuce, dar Buck a lovit primul.
Er versenkte seine Zähne in der Hand des Mannes und hielt sie fest.
Și-a înfipt dinții în mâna bărbatului și a strâns-o strâns.
Er ließ nicht los, bis er ein zweites Mal ohnmächtig wurde.
Nu l-a lăsat până nu a leșinat a doua oară.
„Ja, hat Anfälle", murmelte der Mann dem Gepäckträger zu.
„Da, are crize de nervi", a mormăit bărbatul către bagajist.
Der Gepäckträger hatte den Kampf gehört und war näher gekommen.
Bagajerul auzise lupta și se apropiase.
„Ich bringe ihn für den Chef nach Frisco", erklärte der Mann.
„Îl duc la Frisco pentru șef", a explicat bărbatul.
„Dort gibt es einen tollen Hundearzt, der sagt, er könne sie heilen."
„Există acolo un cinolog bun care spune că le poate vindeca."
Später in der Nacht gab der Mann seinen eigenen ausführlichen Bericht ab.
Mai târziu în acea seară, bărbatul și-a dat propria relatare completă.
Er sprach aus einem Schuppen hinter einem Saloon am Hafen.
A vorbit dintr-un șopron din spatele unui saloon de pe docuri.
„Ich habe nur fünfzig Dollar bekommen", beschwerte er sich beim Wirt.
„Tot ce mi s-au dat au fost cincizeci de dolari", s-a plâns el cârciumii.

„Ich würde es nicht noch einmal tun, nicht einmal für tausend Dollar in bar."
„N-aș mai face-o, nici măcar pentru o mie de dolari cash."
Seine rechte Hand war fest in ein blutiges Tuch gewickelt.
Mâna dreaptă îi era înfășurată strâns într-o pânză însângerată.
Sein Hosenbein war vom Knie bis zum Fuß weit aufgerissen.
Cracul pantalonilor îi era rupt larg de la genunchi până la picioare.
„Wie viel hat der andere Trottel verdient?", fragte der Wirt.
„Cât a fost plătită cealaltă cană?", a întrebat vânzătorul de la cârciumă.
„Hundert", antwortete der Mann, „einen Cent weniger würde er nicht nehmen."
„O sută", a răspuns bărbatul, „n-ar lua niciun cent mai puțin."
„Das macht hundertfünfzig", sagte der Kneipenmann.
„Asta face o sută cincizeci", spuse vânzătorul de la cârciumă.
„Und er ist das alles wert, sonst bin ich nicht besser als ein Dummkopf."
„Și merită totul, altfel nu sunt mai bun decât un nesimțit."
Der Mann öffnete die Verpackung, um seine Hand zu untersuchen.
Bărbatul a deschis ambalajele ca să-și examineze mâna.
Die Hand war stark zerrissen und mit getrocknetem Blut verkrustet.
Mâna era ruptă rău și plină de sânge uscat.
„Wenn ich keine Tollwut bekomme ...", begann er zu sagen.
„Dacă nu fac hidrofobie..." a început el să spună.
„Das liegt wohl daran, dass du zum Hängen geboren wurdest", ertönte ein Lachen.
„O fi pentru că te-ai născut ca să spânzuri", s-a auzit un râs.
„Komm und hilf mir, bevor du gehst", wurde er gebeten.
„Vino să mă ajuți înainte să pleci", i s-a cerut.
Buck war von den Schmerzen in seiner Zunge und seinem Hals benommen.
Buck era amețit de durerea din limbă și gât.
Er war halb erwürgt und konnte kaum noch aufrecht stehen.

Era pe jumătate strangulat și abia se mai putea ține în picioare.
Dennoch versuchte Buck, den Männern gegenüberzutreten, die ihm so viel Leid zugefügt hatten.
Totuși, Buck încerca să-i înfrunte pe bărbații care îl răniseră atât de mult.
Aber sie warfen ihn nieder und würgten ihn erneut.
Dar l-au trântit la pământ și l-au strangulat încă o dată.
Erst dann konnten sie sein schweres Messinghalsband absägen.
Abia atunci i-au putut tăia gulerul greu de alamă.
Sie entfernten das Seil und stießen ihn in eine Kiste.
Au scos frânghia și l-au împins într-o ladă.
Die Kiste war klein und hatte die Form eines groben Eisenkäfigs.
Lada era mică și avea forma unei cuști brute de fier.
Buck lag die ganze Nacht dort, voller Zorn und verletztem Stolz.
Buck a zăcut acolo toată noaptea, cuprins de mânie și mândrie rănită.
Er konnte nicht einmal ansatzweise verstehen, was mit ihm geschah.
Nu putea începe să înțeleagă ce i se întâmpla.
Warum hielten ihn diese fremden Männer in dieser kleinen Kiste fest?
De ce îl țineau acești bărbați ciudați în această ladă mică?
Was wollten sie von ihm und warum diese grausame Gefangenschaft?
Ce voiau de la el și de ce această captivitate crudă?
Er spürte einen dunklen Druck, das Gefühl, dass das Unglück näher rückte.
Simțea o apăsare întunecată; un sentiment că dezastrul se apropia.
Es war eine vage Angst, die ihn jedoch schwer belastete.
Era o frică vagă, dar i-a apăsat puternic sufletul.
Mehrmals sprang er auf, als die Schuppentür klapperte.
De câteva ori a sărit în sus când ușa șopronului a zăngănit.

Er erwartete, dass der Richter oder die Jungen erscheinen und ihn retten würden.
Se aștepta ca judecătorul sau băieții să apară și să-l salveze.
Doch jedes Mal lugte nur das dicke Gesicht des Wirts hinein.
Dar doar fața grasă a cârciumarului se ivea înăuntru de fiecare dată.
Das Gesicht des Mannes wurde vom schwachen Schein einer Talgkerze erhellt.
Fața bărbatului era luminată de strălucirea slabă a unei lumânări de seu.
Jedes Mal verwandelte sich Bucks freudiges Bellen in ein leises, wütendes Knurren.
De fiecare dată, lătratul vesel al lui Buck se schimba într-un mârâit înăbușit și furios.

Der Wirt ließ ihn für die Nacht allein in der Kiste zurück
Cârciumarul l-a lăsat singur peste noapte în ladă
Aber als er am Morgen aufwachte, kamen noch mehr Männer.
Dar când s-a trezit dimineața, veneau mai mulți bărbați.
Vier Männer kamen und hoben die Kiste vorsichtig und wortlos auf.
Patru bărbați au venit și au ridicat cu grijă lada fără un cuvânt.
Buck wusste sofort, in welcher Situation er sich befand.
Buck și-a dat seama imediat în ce situație se afla.
Sie waren weitere Peiniger, die er bekämpfen und fürchten musste.
Ei erau în plus niște chinuitori cu care trebuia să lupte și de care trebuia să se teamă.
Diese Männer sahen böse, zerlumpt und sehr ungepflegt aus.
Acești bărbați arătau răi, zdrențăroși și foarte prost îngrijiți.
Buck knurrte und stürzte sich wild durch die Gitterstäbe auf sie.
Buck a mârâit și s-a năpustit asupra lor cu ferocitate printre gratii.

Sie lachten nur und stießen mit langen Holzstöcken nach ihm.
Au râs doar și l-au înțepat cu bețe lungi de lemn.
Buck biss in die Stöcke, dann wurde ihm klar, dass es das war, was ihnen gefiel.
Buck a mușcat bețele, apoi și-a dat seama că asta le plăcea.
Also legte er sich ruhig hin, mürrisch und vor stiller Wut brennend.
Așa că s-a întins liniștit, posomorât și arzând de o furie tăcută.
Sie hoben die Kiste auf einen Wagen und fuhren mit ihm weg.
Au ridicat lada într-o căruță și au plecat cu el.
Die Kiste mit Buck darin wechselte oft den Besitzer.
Lada, cu Buck încuiat înăuntru, își schimba des proprietarii.
Express-Büroangestellte übernahmen die Leitung und kümmerten sich kurz um ihn.
Funcționarii de la biroul expres au preluat controlul și s-au ocupat de el pentru scurt timp.
Dann transportierte ein anderer Wagen Buck durch die laute Stadt.
Apoi, o altă căruță l-a dus pe Buck prin orașul gălăgios.
Ein Lastwagen brachte ihn mit Kisten und Paketen auf eine Fähre.
Un camion l-a dus cu cutii și colete pe un feribot.
Nach der Überquerung lud ihn der Lastwagen an einem Bahndepot ab.
După ce a traversat, camionul l-a descărcat la o gară.
Schließlich wurde Buck in einen wartenden Expresswagen gesetzt.
În cele din urmă, Buck a fost plasat într-un vagon expres care îl aștepta.
Zwei Tage und Nächte lang zogen Züge den Schnellzug ab.
Timp de două zile și două nopți, trenurile au retras vagonul expres.
Buck hat während der gesamten schmerzhaften Reise weder gegessen noch getrunken.

Buck nici nu a mâncat, nici nu a băut pe tot parcursul călătoriei dureroase.
Als die Expressboten versuchten, sich ihm zu nähern, knurrte er.
Când mesagerii expres au încercat să se apropie de el, a mârâit.
Sie reagierten, indem sie ihn verspotteten und grausam hänselten.
Ei au răspuns batjocorindu-l și tachinându-l cu cruzime.
Buck warf sich schäumend und zitternd gegen die Gitterstäbe
Buck s-a aruncat la gratii, spumând și tremurând
Sie lachten laut und verspotteten ihn wie Schulhofschläger.
au râs în hohote și l-au batjocorit ca niște bătăuși din curtea școlii.
Sie bellten wie falsche Hunde und wedelten mit den Armen.
Lătrau ca niște câini falși și dădeau din brațe.
Sie krähten sogar wie Hähne, nur um ihn noch mehr aufzuregen.
Au chiar cântat ca cocoșii doar ca să-l supere și mai mult.
Es war dummes Verhalten und Buck wusste, dass es lächerlich war.
Era un comportament prostesc, iar Buck știa că era ridicol.
Doch das verstärkte seine Empörung und Scham nur noch.
Dar asta nu a făcut decât să-i adâncească sentimentul de indignare și rușine.
Der Hunger plagte ihn während der Reise kaum.
Nu l-a deranjat prea mult foamea în timpul călătoriei.
Doch der Durst brachte starke Schmerzen und unerträgliches Leiden mit sich.
Dar setea aducea dureri ascuțite și suferințe insuportabile.
Sein trockener, entzündeter Hals und seine Zunge brannten vor Hitze.
Gâtul și limba lui uscate și inflamate ardeau de căldură.
Dieser Schmerz schürte das Fieber, das in seinem stolzen Körper aufstieg.
Această durere hrănea febra care îi creștea în trupul mândru.

Buck war während dieses Prozesses für eine einzige Sache dankbar.
Buck a fost recunoscător pentru un singur lucru în timpul acestui proces.
Das Seil um seinen dicken Hals war entfernt worden.
Frânghia fusese scoasă de la gâtul său gros.
Das Seil hatte diesen Männern einen unfairen und grausamen Vorteil verschafft.
Frânghia le dăduse acelor oameni un avantaj nedrept și crud.
Jetzt war das Seil weg und Buck schwor, dass es nie wieder zurückkommen würde.
Acum frânghia dispăruse, iar Buck jura că nu se va mai întoarce niciodată.
Er beschloss, sich nie wieder ein Seil um den Hals legen zu lassen.
A hotărât că nicio frânghie nu i se va mai pune vreodată în jurul gâtului.
Zwei lange Tage und Nächte litt er ohne Essen.
Timp de două zile și nopți lungi, a suferit fără mâncare.
Und in diesen Stunden baute sich in ihm eine enorme Wut auf.
Și în acele ore, a acumulat o furie enormă în sinea lui.
Seine Augen wurden vor ständiger Wut blutunterlaufen und wild.
Ochii i s-au înroșit și s-au sălbăticit de la furia constantă.
Er war nicht mehr Buck, sondern ein Dämon mit schnappenden Kiefern.
Nu mai era Buck, ci un demon cu fălci ascuțite.
Nicht einmal der Richter hätte dieses verrückte Wesen erkannt.
Nici măcar judecătorul n-ar fi recunoscut această creatură nebună.
Die Expressboten atmeten erleichtert auf, als sie Seattle erreichten
Curierii expres au oftat ușurați când au ajuns la Seattle
Vier Männer hoben die Kiste hoch und brachten sie in einen Hinterhof.

Patru bărbați au ridicat lada și au dus-o într-o curte din spate.
Der Hof war klein und von hohen, massiven Mauern umgeben.
Curtea era mică, înconjurată de ziduri înalte și solide.
Ein großer Mann in einem ausgeleierten roten Pullover kam heraus.
Un bărbat masiv a ieșit într-un pulover roșu, uzat.
Mit dicker, kühner Handschrift unterschrieb er das Lieferbuch.
A semnat registrul de livrare cu o mână groasă și îndrăzneață.
Buck spürte sofort, dass dieser Mann sein nächster Peiniger war.
Buck a simțit imediat că acest om era următorul său chinuitor.
Er stürzte sich heftig auf die Gitterstäbe, die Augen rot vor Wut.
S-a năpustit violent asupra gratiilor, cu ochii roșii de furie.
Der Mann lächelte nur finster und holte ein Beil.
Bărbatul doar a zâmbit sumbru și s-a dus să aducă un secure.
Er brachte auch eine Keule in seiner dicken und starken rechten Hand mit.
De asemenea, a adus o crosă în mâna sa dreaptă groasă și puternică.
„Wollen Sie ihn jetzt rausholen?", fragte der Fahrer besorgt.
„Aveți de gând să-l scoateți acum?", a întrebat șoferul, îngrijorat.
„Sicher", sagte der Mann und rammte das Beil als Hebel in die Kiste.
— Sigur, spuse bărbatul, înfigând securea în ladă ca pe o pârghie.
Die vier Männer stoben sofort auseinander und sprangen auf die Hofmauer.
Cei patru bărbați s-au împrăștiat instantaneu, sărind pe zidul curții.
Von ihren sicheren Plätzen oben warteten sie, um das Spektakel zu beobachten.
Din locurile lor sigure de sus, așteptau să privească spectacolul.

Buck stürzte sich auf das zersplitterte Holz, biss und zitterte heftig.
Buck s-a năpustit asupra lemnului crăpat, mușcând și tremurând puternic.
Jedes Mal, wenn die Axt den Käfig traf, war Buck da, um ihn anzugreifen.
De fiecare dată când securea lovea cușca, Buck era acolo să o atace.
Er knurrte und schnappte vor wilder Wut und wollte unbedingt freigelassen werden.
A mârâit și a izbucnit cu o furie sălbatică, nerăbdător să fie eliberat.
Der Mann draußen war ruhig und gelassen und konzentrierte sich auf seine Aufgabe.
Bărbatul de afară era calm și echilibrat, concentrat asupra sarcinii sale.
„Also gut, du rotäugiger Teufel", sagte er, als das Loch groß war.
„Chiar atunci, diavol cu ochi roșii ce ești", a spus el când gaura s-a făcut mare.
Er ließ das Beil fallen und nahm die Keule in die rechte Hand.
A aruncat securea și a luat bâta în mâna dreaptă.
Buck sah wirklich aus wie ein Teufel; seine Augen blutunterlaufen und lodernd.
Buck arăta cu adevărat ca un diavol; ochii lui erau injectați și arzători.
Sein Fell sträubte sich, Schaum stand ihm vor dem Mund, seine Augen funkelten.
Blana i se zbârli, spuma îi curgea la gură, iar ochii îi sclipeau.
Er spannte seine Muskeln an und sprang direkt auf den roten Pullover zu.
Și-a încordat mușchii și a sărit direct asupra puloverului roșu.
Hundertvierzig Pfund Wut prasselten auf den ruhigen Mann zu.
O sută patruzeci de kilograme de furie zburară asupra bărbatului calm.

Kurz bevor er die Zähne zusammenbiss, traf ihn ein schrecklicher Schlag.
Chiar înainte ca fălcile să i se încleșteze, l-a lovit o lovitură teribilă.
Seine Zähne schnappten zusammen, nur Luft war im Spiel.
Dinții lui au pocnit împreună în aer
ein Schmerz durchfuhr seinen Körper
o zdruncinătură de durere i-a răsunat prin corp
Er machte einen Überschlag in der Luft und stürzte auf dem Rücken und der Seite zu Boden.
S-a răsturnat în aer și s-a prăbușit pe spate și pe o parte.
Er hatte noch nie zuvor einen Knüppelschlag gespürt und konnte ihn nicht begreifen.
Nu simțise niciodată lovitura unei măciuci și nu o putea suporta.
Mit einem kreischenden Knurren, das teils Bellen, teils Schreien war, sprang er erneut.
Cu un mârâit ascuțit, pe jumătate lătrat, pe jumătate țipăt, a sărit din nou.
Ein weiterer brutaler Schlag traf ihn und schleuderte ihn zu Boden.
O altă lovitură brutală l-a lovit și l-a trântit la pământ.
Diesmal verstand Buck – es war die schwere Keule des Mannes.
De data aceasta Buck a înțeles — era bâta grea a bărbatului.
Doch die Wut machte ihn blind, und an einen Rückzug dachte er nicht.
Dar furia l-a orbit și nu s-a gândit să se retragă.
Zwölfmal stürzte er sich in die Luft, und zwölfmal fiel er.
De douăsprezece ori s-a aruncat și de douăsprezece ori a căzut.
Der Holzknüppel traf ihn jedes Mal mit unbarmherziger, vernichtender Kraft.
Bâta de lemn îl zdrobea de fiecare dată cu o forță nemiloasă, zdrobitoare.
Nach einem heftigen Schlag kam er benommen und langsam wieder auf die Beine.

După o lovitură puternică, s-a ridicat în picioare clătinându-se, amețit și încet.

Blut lief aus seinem Mund, seiner Nase und sogar seinen Ohren.

Sângele îi curgea din gură, din nas și chiar din urechi.

Sein einst so schönes Fell war mit blutigem Schaum verschmiert.

Haina lui odinioară frumoasă era mânjită cu spumă însângerată.

Dann trat der Mann vor und versetzte ihm einen heftigen Schlag auf die Nase.

Apoi, bărbatul s-a ridicat și a lovit cu răutate nasul.

Die Qualen waren schlimmer als alles, was Buck je gespürt hatte.

Agonia era mai ascuțită decât orice simțise Buck vreodată.

Mit einem Brüllen, das eher an ein Tier als an einen Hund erinnerte, sprang er erneut zum Angriff.

Cu un răget mai degrabă bestial decât de câine, sări din nou să atace.

Doch der Mann packte seinen Unterkiefer und drehte ihn nach hinten.

Dar bărbatul și-a prins maxilarul de jos și l-a răsucit înapoi.

Buck überschlug sich kopfüber und stürzte erneut hart auf den Boden.

Buck s-a răsturnat cu capul peste călcâie, prăbușindu-se din nou cu putere.

Ein letztes Mal stürmte Buck auf ihn zu, jetzt konnte er kaum noch stehen.

Pentru ultima oară, Buck s-a năpustit asupra lui, acum abia mai putând să se ridice în picioare.

Der Mann schlug mit perfektem Timing zu und versetzte den letzten Schlag.

Bărbatul a lovit cu o sincronizare expertă, dând lovitura finală.

Buck brach bewusstlos und regungslos zusammen.

Buck s-a prăbușit grămadă, inconștient și nemișcat.

„Er ist kein Stümper im Hundezähmen, das sage ich", rief ein Mann.

„Nu e prea priceput la dresat câini, asta zic și eu", a strigat un bărbat.

„Druther kann den Willen eines Hundes an jedem Tag der Woche brechen."

„Druther poate frânge voința unui câine în orice zi a săptămânii."

„Und zweimal an einem Sonntag!", fügte der Fahrer hinzu.

„Și de două ori duminica!", a adăugat șoferul.

Er stieg in den Wagen und ließ die Zügel knacken, um loszufahren.

S-a urcat în căruță și a pocnit din hățuri ca să plece.

Buck erlangte langsam die Kontrolle über sein Bewusstsein zurück

Buck și-a recăpătat încet controlul asupra conștiinței.

aber sein Körper war noch zu schwach und gebrochen, um sich zu bewegen.

dar corpul său era încă prea slăbit și frânt pentru a se mișca.

Er blieb liegen, wo er hingefallen war, und beobachtete den Mann im roten Pullover.

Zăcea unde căzuse, privindu-l pe bărbatul cu pulover roșu.

„Er hört auf den Namen Buck", sagte der Mann und las laut vor.

„Răspunde la numele de Buck", spuse bărbatul, citind cu voce tare.

Er zitierte aus der Notiz und den Einzelheiten, die mit Bucks Kiste geschickt wurden.

A citat din biletul trimis odată cu lada și detaliile lui Buck.

„Also, Buck, mein Junge", fuhr der Mann freundlich fort,

„Ei bine, Buck, băiatul meu", a continuat bărbatul pe un ton prietenos,

„Wir hatten unseren kleinen Streit, und jetzt ist es zwischen uns vorbei."

„Ne-am certat puțin, iar acum s-a terminat între noi."

„Sie haben Ihren Platz kennengelernt und ich habe meinen kennengelernt", fügte er hinzu.

„Tu ți-ai învățat locul, iar eu mi-l am învățat pe al meu", a adăugat el.

„Sei brav, dann wird alles gut und das Leben wird angenehm sein."
„Fii cuminte și totul va merge bine, iar viața va fi plăcută."
„Aber wenn du böse bist, schlage ich dir die Seele aus dem Leib, verstanden?"
„Dar dacă te porți rău, te voi bate până la fund, ai înțeles?"
Während er sprach, streckte er die Hand aus und tätschelte Bucks schmerzenden Kopf.
În timp ce vorbea, întinse mâna și mângâie ușor capul dureros al lui Buck.
Bucks Haare stellten sich bei der Berührung des Mannes auf, aber er wehrte sich nicht.
Părul lui Buck s-a ridicat la atingerea bărbatului, dar acesta nu a opus rezistență.
Der Mann brachte ihm Wasser, das Buck in großen Schlucken trank.
Bărbatul i-a adus apă, pe care Buck a băut-o cu înghițituri mari.
Dann kam rohes Fleisch, das Buck Stück für Stück verschlang.
Apoi a urmat carnea crudă, pe care Buck a devorat-o bucată cu bucată.
Er wusste, dass er geschlagen war, aber er wusste auch, dass er nicht gebrochen war.
Știa că era bătut, dar știa și că nu era frânt.
Gegen einen mit einer Keule bewaffneten Mann hatte er keine Chance.
Nu avea nicio șansă împotriva unui om înarmat cu o bâtă.
Er hatte die Wahrheit erfahren und diese Lektion nie vergessen.
El învățase adevărul și nu uitase niciodată lecția aceea.
Diese Waffe war der Beginn des Gesetzes in Bucks neuer Welt.
Acea armă a fost începutul legii în noua lume a lui Buck.
Es war der Beginn einer harten, primitiven Ordnung, die er nicht leugnen konnte.

Era începutul unei ordini aspre, primitive, pe care nu o putea nega.
Er akzeptierte die Wahrheit; seine wilden Instinkte waren nun erwacht.
A acceptat adevărul; instinctele sale sălbatice erau acum treze.
Die Welt war härter geworden, aber Buck stellte sich ihr tapfer.
Lumea devenise mai aspră, dar Buck a înfruntat-o cu curaj.
Er begegnete dem Leben mit neuer Vorsicht, List und stiller Stärke.
A întâmpinat viața cu o nouă prudență, viclenie și o putere liniștită.
Weitere Hunde kamen an, an Seilen oder in Kisten festgebunden, so wie Buck.
Au sosit mai mulți câini, legați în frânghii sau cuști, așa cum fuseseră și Buck.
Einige Hunde kamen ruhig, andere tobten und kämpften wie wilde Tiere.
Unii câini au venit calm, alții au înfuriat și s-au luptat ca niște fiare sălbatice.
Sie alle wurden der Herrschaft des Mannes im roten Pullover unterworfen.
Toți au fost aduși sub stăpânirea bărbatului cu pulover roșu.
Jedes Mal sah Buck zu und sah, wie sich ihm die gleiche Lektion erschloss.
De fiecare dată, Buck privea și vedea aceeași lecție desfășurându-se.
Der Mann mit der Keule war das Gesetz, ein Herr, dem man gehorchen musste.
Omul cu bâta era legea; un stăpân de care trebuia ascultat.
Er musste nicht gemocht werden, aber man musste ihm gehorchen.
Nu avea nevoie să fie plăcut, dar trebuia ascultat.
Buck schmeichelte oder wedelte nie mit dem Schwanz, wie es die schwächeren Hunde taten.
Buck nu a lingușit niciodată și nu a dârât din cap așa cum făceau câinii mai slabi.

Er sah Hunde, die geschlagen wurden und trotzdem die Hand des Mannes leckten.
A văzut câini care erau bătuți și totuși îi lingeau mâna bărbatului.
Er sah einen Hund, der überhaupt nicht gehorchte oder sich unterwarf.
A văzut un câine care nu voia să asculte și să se supună deloc.
Dieser Hund kämpfte, bis er im Kampf um die Kontrolle getötet wurde.
Câinele acela a luptat până a fost ucis în lupta pentru control.
Manchmal kamen Fremde, um den Mann im roten Pullover zu sehen.
Uneori, niște străini veneau să-l vadă pe bărbatul cu pulover roșu.
Sie sprachen in seltsamem Ton, flehten, feilschten und lachten.
Vorbeau pe un ton ciudat, implorând, târguind și râzând.
Als das Geld ausgetauscht wurde, gingen sie mit einem oder mehreren Hunden.
Când se schimbau banii, plecau cu unul sau mai mulți câini.
Buck fragte sich, wohin diese Hunde gingen, denn keiner kam jemals zurück.
Buck se întreba unde se duc acești câini, căci niciunul nu se mai întorcea vreodată.
Angst vor dem Unbekannten erfüllte Buck jedes Mal, wenn ein fremder Mann kam
Frica de necunoscut îl cuprindea pe Buck de fiecare dată când venea un bărbat străin
Er war jedes Mal froh, wenn ein anderer Hund mitgenommen wurde und nicht er selbst.
se bucura de fiecare dată când era luat un alt câine, în loc de el însuși.
Doch schließlich kam Buck an die Reihe, als ein fremder Mann eintraf.
Dar, în cele din urmă, a venit rândul lui Buck odată cu sosirea unui bărbat ciudat.

Er war klein, drahtig und sprach gebrochenes Englisch und fluchte.
Era mic, slăbănog și vorbea o engleză stricată și înjura.
„Heilig!", schrie er, als er Bucks Gestalt erblickte.
„Sacredam!" a strigat el când a pus ochii pe silueta lui Buck.
„Das ist aber ein verdammter Rüpel! Wie viel?", fragte er laut.
„Ăsta e un câine bătăuș! Ăă? Cât costă?", a întrebat el cu voce tare.
„Dreihundert, und für diesen Preis ist er ein Geschenk."
„Trei sute, și e un cadou la prețul ăsta."
„Da es sich um staatliche Gelder handelt, sollten Sie sich nicht beschweren, Perrault."
„Din moment ce sunt bani de la guvern, n-ar trebui să te plângi, Perrault."
Perrault grinste über den Deal, den er gerade mit dem Mann gemacht hatte.
Perrault rânji la înțelegerea pe care tocmai o făcuse cu bărbatul.
Aufgrund der plötzlichen Nachfrage waren die Preise für Hunde in die Höhe geschossen.
Prețul câinilor a crescut vertiginos din cauza cererii bruște.
Dreihundert Dollar waren für so ein tolles Tier nicht unfair.
Trei sute de dolari nu erau nedrepti pentru o fiară atât de frumoasă.
Die kanadische Regierung würde bei dem Abkommen nichts verlieren
Guvernul canadian nu ar pierde nimic în această înțelegere
Auch ihre offiziellen Depeschen würden während des Transports nicht verzögert.
Nici corespondența lor oficială nu ar fi întârziată în tranzit.
Perrault kannte sich gut mit Hunden aus und erkannte, dass Buck etwas Seltenes war.
Perrault cunoștea bine câinii și își dădea seama că Buck era ceva rar.
„Einer von zehntausend", dachte er, als er Bucks Körperbau betrachtete.

„Unul la zece zece mii", se gândi el, în timp ce studia constituția lui Buck.

Buck sah, wie das Geld den Besitzer wechselte, zeigte sich jedoch nicht überrascht.

Buck a văzut banii schimbându-și mâinile, dar nu a arătat nicio surpriză.

Bald wurden er und Curly, ein sanfter Neufundländer, weggeführt.

Curând, el și Creț, un blând Newfoundland, au fost duși departe.

Sie folgten dem kleinen Mann aus dem Hof des roten Pullovers.

L-au urmat pe omulețul din curtea puloverului roșu.

Das war das letzte Mal, dass Buck den Mann mit der Holzkeule sah.

Aceea a fost ultima dată când Buck l-a văzut vreodată pe omul cu bâta de lemn.

Vom Deck der Narwhal aus beobachtete er, wie Seattle in der Ferne verschwand.

De pe puntea navei Narwhal, a privit cum Seattle se stingea în depărtare.

Es war auch das letzte Mal, dass er das warme Südland sah.

A fost, de asemenea, ultima dată când a văzut caldul Southland.

Perrault brachte sie unter Deck und ließ sie bei François zurück.

Perrault i-a dus sub punte și i-a lăsat cu François.

François war ein Riese mit schwarzem Gesicht und rauen, schwieligen Händen.

François era un uriaș cu fața neagră și mâini aspre și bătătorite.

Er war dunkelhäutig und hatte eine dunkle Hautfarbe, ein französisch-kanadischer Mischling.

Era brunet și neînchis la culoare; un metis franco-canadian.

Für Buck waren diese Männer von einer Art, die er noch nie zuvor gesehen hatte.

Pentru Buck, acești oameni erau de un fel pe care nu-i mai văzuse niciodată.
Er würde in den kommenden Tagen viele solcher Männer kennenlernen.
Avea să cunoască mulți astfel de bărbați în zilele următoare.
Er konnte sie zwar nicht lieb gewinnen, aber er begann, sie zu respektieren.
Nu a ajuns să-i îndrăgească, dar a ajuns să-i respecte.
Sie waren fair und weise und ließen sich von keinem Hund so leicht täuschen.
Erau drepți și înțelepți și nu se lăsau ușor păcăliți de niciun câine.
Sie beurteilten Hunde ruhig und bestraften sie nur, wenn es angebracht war.
Judecau câinii cu calm și îi pedepseau doar atunci când meritau.
Im Unterdeck der Narwhal trafen Buck und Curly zwei Hunde.
Pe puntea inferioară a navei Narwhal, Buck și Creț au întâlnit doi câini.
Einer war ein großer weißer Hund aus dem fernen, eisigen Spitzbergen.
Unul era un câine mare și alb din îndepărtatul și înghețatul Spitzbergen.
Er war einmal mit einem Walfänger gesegelt und hatte sich einer Erkundungsgruppe angeschlossen.
Odată navigase cu un vânător de balene și se alăturase unui grup de studiu.
Er war auf eine schlaue, hinterhältige und listige Art freundlich.
Era prietenos într-un mod viclean, necinstit și viclean.
Bei ihrer ersten Mahlzeit stahl er ein Stück Fleisch aus Bucks Pfanne.
La prima lor masă, a furat o bucată de carne din tigaia lui Buck.
Buck sprang, um ihn zu bestrafen, aber François' Peitsche schlug zuerst zu.

Buck a sărit să-l pedepsească, dar biciul lui François a lovit primul.

Der weiße Dieb schrie auf und Buck holte sich den gestohlenen Knochen zurück.

Hoțul alb a țipat, iar Buck a recuperat osul furat.

Diese Fairness beeindruckte Buck und François verdiente sich seinen Respekt.

Această corectitudine l-a impresionat pe Buck, iar François i-a câștigat respectul.

Der andere Hund grüßte nicht und wollte auch nichts zurück.

Celălalt câine nu l-a salutat și nu a vrut niciun răspuns.

Er stahl weder Essen noch beschnüffelte er die Neuankömmlinge interessiert.

Nu a furat mâncare și nici nu i-a adulmecat cu interes pe nou-veniți.

Dieser Hund war grimmig und ruhig, düster und bewegte sich langsam.

Acest câine era posomorât și tăcut, posomorât și se mișca încet.

Er warnte Curly, sich fernzuhalten, indem er sie einfach anstarrte.

El a avertizat-o pe Creț să stea departe, pur și simplu uitându-se urât la ea.

Seine Botschaft war klar: Lass mich in Ruhe, sonst gibt es Ärger.

Mesajul lui a fost clar: lăsați-mă în pace sau vor fi probleme.

Er hieß Dave und nahm seine Umgebung kaum wahr.

Îl chema Dave și abia dacă observa împrejurimile.

Er schlief oft, aß ruhig und gähnte ab und zu.

Dormea des, mânca liniștit și căsca din când în când.

Das Schiff summte ständig, während unten der Propeller schlug.

Nava zumzăia constant, cu elicea bătând dedesubt.

Die Tage vergingen, ohne dass sich viel änderte, aber das Wetter wurde kälter.

Zilele au trecut fără prea multe schimbări, dar vremea s-a răcit.

Buck spürte es in seinen Knochen und bemerkte, dass es den anderen genauso ging.

Buck simțea asta în oase și observă că și ceilalți o simțeau.

Dann blieb eines Morgens der Propeller stehen und alles war still.

Apoi, într-o dimineață, elicea s-a oprit și totul a fost nemișcat.

Eine Energie durchströmte das Schiff; etwas hatte sich verändert.

O energie a străbătut nava; ceva se schimbase.

François kam herunter, legte ihnen die Leinen an und brachte sie hoch.

François a coborât, i-a legat în lesă și i-a adus sus.

Buck stieg aus und fand den Boden weich, weiß und kalt.

Buck a ieșit și a găsit pământul moale, alb și rece.

Er sprang erschrocken zurück und schnaubte völlig verwirrt.

A sărit înapoi alarmat și a pufnit complet confuz.

Seltsames weißes Zeug fiel vom grauen Himmel.

O substanță albă și ciudată cădea din cerul cenușiu.

Er schüttelte sich, aber die weißen Flocken landeten immer wieder auf ihm.

S-a scuturat, dar fulgii albi continuau să cadă pe el.

Er roch vorsichtig an dem weißen Zeug und leckte an ein paar eisigen Stückchen.

A adulmecat cu grijă substanța albă și a lins câteva bucățele de gheață.

Das Pulver brannte wie Feuer und verschwand dann einfach von seiner Zunge.

Pulberea a ars ca focul, apoi a dispărut direct de pe limba lui.

Buck versuchte es noch einmal und war verwirrt über die seltsame, verschwindende Kälte.

Buck încercă din nou, nedumerit de ciudata răceală care dispărea.

Die Männer um ihn herum lachten und Buck war verlegen.

Bărbații din jurul lui au râs, iar Buck s-a simțit jenat.

Er wusste nicht warum, aber er schämte sich für seine Reaktion.
Nu știa de ce, dar îi era rușine de reacția lui.
Es war seine erste Erfahrung mit Schnee und es verwirrte ihn.
Era prima lui experiență cu zăpada și l-a nedumerit.

Das Gesetz von Keule und Fang
Legea clubului și a colțului

Bucks erster Tag am Strand von Dyea fühlte sich wie ein schrecklicher Albtraum an.
Prima zi a lui Buck pe plaja Dyea a părut un coșmar teribil.
Jede Stunde brachte neue Schocks und unerwartete Veränderungen für Buck.
Fiecare oră aducea noi șocuri și schimbări neașteptate pentru Buck.
Er war aus der Zivilisation gerissen und ins wilde Chaos gestürzt worden.
Fusese smuls din civilizație și aruncat într-un haos sălbatic.
Dies war kein sonniges, faules Leben mit Langeweile und Ruhe.
Aceasta nu era o viață însorită și leneșă, cu plictiseală și odihnă.
Es gab keinen Frieden, keine Ruhe und keinen Moment ohne Gefahr.
Nu exista pace, nici odihnă și niciun moment fără pericol.
Überall herrschte Verwirrung und die Gefahr war immer in der Nähe.
Confuzia stăpânea totul, iar pericolul era mereu aproape.
Buck musste wachsam bleiben, denn diese Männer und Hunde waren anders.
Buck trebuia să fie alert pentru că acești bărbați și câini erau diferiți.
Sie kamen nicht aus der Stadt, sie waren wild und gnadenlos.
Nu erau din orașe; erau sălbatici și fără milă.
Diese Männer und Hunde kannten nur das Gesetz der Keule und der Reißzähne.
Acești oameni și câini cunoșteau doar legea bâtei și a colțului.
Buck hatte noch nie Hunde so kämpfen sehen wie diese wilden Huskys.
Buck nu mai văzuse niciodată câini luptând ca acești husky sălbatici.

Seine erste Erfahrung lehrte ihn eine Lektion, die er nie vergessen würde.
Prima sa experiență i-a învățat o lecție pe care n-o va uita niciodată.
Er hatte Glück, dass er es nicht war, sonst wäre auch er gestorben.
A avut noroc că nu era el, altfel ar fi murit și el.
Curly war derjenige, der litt, während Buck zusah und lernte.
Creț a fost cel care a suferit în timp ce Buck a privit și a învățat.
Sie hatten ihr Lager in der Nähe eines aus Baumstämmen gebauten Ladens aufgeschlagen.
Își făcuseră tabăra lângă o magazie construită din bușteni.
Curly versuchte, einem großen, wolfsähnlichen Husky gegenüber freundlich zu sein.
Creț a încercat să fie prietenos cu un husky mare, care semăna cu un lup.
Der Husky war kleiner als Curly, sah aber wild und böse aus.
Husky-ul era mai mic decât Creț, dar arăta sălbatic și rău.
Ohne Vorwarnung sprang er auf und schlug ihr ins Gesicht.
Fără avertisment, a sărit și i-a tăiat fața.
Seine Zähne schnitten in einer Bewegung von ihrem Auge bis zu ihrem Kiefer.
Dinții lui i-au tăiat din ochi până la maxilar dintr-o singură mișcare.
So kämpften Wölfe: Sie schlugen schnell zu und sprangen weg.
Așa se luptau lupii – loveau repede și săreau departe.
Aber es gab mehr zu lernen als nur diesen einen Angriff.
Dar erau mai multe de învățat decât din acel singur atac.
Dutzende Huskys stürmten herein und bildeten einen stillen Kreis.
Zeci de câini husky s-au năpustit înăuntru și au format un cerc tăcut.

Sie schauten aufmerksam zu und leckten sich hungrig die Lippen.
Se uitau cu atenție și își linseau buzele de foame.
Buck verstand weder ihr Schweigen noch ihre begierigen Blicke.
Buck nu le înțelegea tăcerea sau ochii nerăbdători.
Curly stürzte sich ein zweites Mal auf den Husky, um ihn anzugreifen.
Creț s-a grăbit să atace husky-ul a doua oară.
Mit einer kräftigen Bewegung seiner Brust warf er sie um.
Și-a folosit pieptul ca să o doboare cu o mișcare puternică.
Sie fiel auf die Seite und konnte nicht wieder aufstehen.
A căzut pe o parte și nu s-a mai putut ridica.
Darauf hatten die anderen die ganze Zeit gewartet.
Asta așteptaseră ceilalți de la bun început.
Die Huskies sprangen sie an und jaulten und knurrten wie wild.
Câinii husky au sărit pe ea, scheunând și mârâind frenetic.
Sie schrie, als sie unter einem Haufen Hunde begruben.
A țipat în timp ce au îngropat-o sub o grămadă de câini.
Der Angriff erfolgte so schnell, dass Buck vor Schreck erstarrte.
Atacul a fost atât de rapid încât Buck a încremenit pe loc de șoc.
Er sah, wie Spitz die Zunge herausstreckte, als würde er lachen.
L-a văzut pe Spitz scoțând limba într-un fel care părea a fi un râs.
François schnappte sich eine Axt und rannte direkt in die Hundegruppe hinein.
François a apucat un topor și a alergat direct în grupul de câini.
Drei weitere Männer halfen mit Knüppeln, die Huskies zu vertreiben.
Alți trei bărbați au folosit bâte pentru a-i ajuta să-i îndepărteze pe husky.

In nur zwei Minuten war der Kampf vorbei und die Hunde waren verschwunden.
În doar două minute, lupta s-a terminat și câinii au dispărut.
Curly lag tot im roten, zertrampelten Schnee, ihr Körper war zerfetzt.
Creț zăcea moartă în zăpada roșie, călcată în picioare, cu trupul sfâșiat.
Ein dunkelhäutiger Mann stand über ihr und verfluchte die brutale Szene.
Un bărbat cu pielea închisă la culoare stătea deasupra ei, blestemând scena brutală.
Die Erinnerung blieb bei Buck und verfolgte ihn nachts in seinen Träumen.
Amintirea a rămas cu Buck și i-a bântuit visele noaptea.
So war es hier: keine Fairness, keine zweite Chance.
Așa stăteau lucrurile aici; fără dreptate, fără a doua șansă.
Sobald ein Hund fiel, töteten die anderen ihn gnadenlos.
Odată ce un câine cădea, ceilalți îl ucideau fără milă.
Buck beschloss damals, dass er niemals zulassen würde, dass er fällt.
Buck a decis atunci că nu își va permite niciodată să cadă.
Spitz streckte erneut die Zunge heraus und lachte über das Blut.
Spitz și-a scos din nou limba și a râs de sânge.
Von diesem Moment an hasste Buck Spitz aus vollem Herzen.
Din acel moment, Buck l-a urăsc pe Spitz din toată inima.

Bevor Buck sich von Curlys Tod erholen konnte, passierte etwas Neues.
Înainte ca Buck să-și poată reveni după moartea lui Creț, s-a întâmplat ceva nou.
François kam herüber und schnallte etwas um Bucks Körper.
François a venit și i-a legat ceva în jurul corpului lui Buck.
Es war ein Geschirr wie das, das auf der Ranch für Pferde verwendet wurde.
Era un ham ca cele folosite la cai la fermă.

Buck hatte gesehen, wie Pferde arbeiteten, und nun musste auch er arbeiten.
Așa cum Buck văzuse caii la muncă, acum era și el obligat să muncească.
Er musste François auf einem Schlitten in den nahegelegenen Wald ziehen.
A trebuit să-l tragă pe François pe o sanie în pădurea din apropiere.
Anschließend musste er eine Ladung schweres Brennholz zurückziehen.
Apoi a trebuit să tragă înapoi o încărcătură grea de lemne de foc.
Buck war stolz und deshalb tat es ihm weh, wie ein Arbeitstier behandelt zu werden.
Buck era mândru, așa că îl durea să fie tratat ca un animal de muncă.
Aber er war klug und versuchte nicht, gegen die neue Situation anzukämpfen.
Dar a fost înțelept și nu a încercat să lupte împotriva noii situații.
Er akzeptierte sein neues Leben und gab bei jeder Aufgabe sein Bestes.
Și-a acceptat noua viață și a dat tot ce a avut mai bun în fiecare sarcină.
Alles an der Arbeit war ihm fremd und ungewohnt.
Totul legat de muncă îi era ciudat și nefamiliar.
François war streng und verlangte unverzüglichen Gehorsam.
François era strict și cerea ascultare fără întârziere.
Seine Peitsche sorgte dafür, dass jeder Befehl sofort befolgt wurde.
Biciul său se asigura că fiecare comandă era executată imediat.
Dave war der Schlittenführer, der Hund, der dem Schlitten hinter Buck am nächsten war.
Dave era trăgătorul, câinele cel mai apropiat de sanie, în spatele lui Buck.

Dave biss Buck in die Hinterbeine, wenn er einen Fehler machte.
Dave îl mușca pe Buck de picioarele din spate dacă făcea o greșeală.
Spitz war der Leithund und in dieser Rolle geschickt und erfahren.
Spitz era câinele principal, priceput și experimentat în rol.
Spitz konnte Buck nicht leicht erreichen, korrigierte ihn aber trotzdem.
Spitz nu a putut ajunge ușor la Buck, dar tot l-a corectat.
Er knurrte barsch oder zog den Schlitten auf eine Art, die Buck etwas beibrachte.
Mârâia aspru sau trăgea de sanie în moduri care îl învățau pe Buck.
Durch dieses Training lernte Buck schneller, als alle erwartet hatten.
Sub acest antrenament, Buck a învățat mai repede decât se așteptau oricare dintre ei.
Er hat hart gearbeitet und sowohl von François als auch von den anderen Hunden gelernt.
A muncit din greu și a învățat atât de la François, cât și de la ceilalți câini.
Als sie zurückkamen, kannte Buck die wichtigsten Befehle bereits.
Până s-au întors, Buck știa deja comenzile taste.
Von François hat er gelernt, beim Laut „ho" anzuhalten.
A învățat să se oprească la auzul lui „ho" de la François.
Er lernte, wann er den Schlitten ziehen und rennen musste.
A învățat când trebuia să tragă de sanie și să alerge.
Er lernte, in den Kurven des Weges ohne Probleme weit abzubiegen.
A învățat să vireze larg la curbe pe potecă fără probleme.
Er lernte auch, Dave auszuweichen, wenn der Schlitten schnell bergab fuhr.
De asemenea, a învățat să-l evite pe Dave când sania cobora repede panta.
„Das sind sehr gute Hunde", sagte François stolz zu Perrault.

„Sunt câini foarte buni", i-a spus François cu mândrie lui Perrault.
„Dieser Buck zieht wie der Teufel – ich bringe ihm das so schnell bei, wie ich nur kann."
„Buck ăla se dă în vânt după el – îl învăț eu repede."

Später am Tag kam Perrault mit zwei weiteren Huskys zurück.
Mai târziu în acea zi, Perrault s-a întors cu încă doi câini husky.
Ihre Namen waren Billee und Joe und sie waren Brüder.
Numele lor erau Billee și Joe și erau frați.
Sie stammten von derselben Mutter, waren sich aber überhaupt nicht ähnlich.
Proveneau din aceeași mamă, dar nu erau deloc la fel.
Billee war gutmütig und zu allen sehr freundlich.
Billee era blând și prea prietenos cu toată lumea.
Joe war das Gegenteil – ruhig, wütend und immer am Knurren.
Joe era opusul - tăcut, furios și mereu mârâind.
Buck begrüßte sie freundlich und blieb beiden gegenüber ruhig.
Buck i-a salutat prietenos și a fost calm cu amândoi.
Dave schenkte ihnen keine Beachtung und blieb wie üblich still.
Dave nu le-a acordat nicio atenție și a rămas tăcut ca de obicei.
Um seine Dominanz zu demonstrieren, griff Spitz zuerst Billee und dann Joe an.
Spitz l-a atacat mai întâi pe Billee, apoi pe Joe, pentru a-și demonstra dominația.
Billee wedelte mit dem Schwanz und versuchte, freundlich zu Spitz zu sein.
Billee a dat din coadă și a încercat să fie prietenos cu Spitz.
Als das nicht funktionierte, versuchte er stattdessen wegzulaufen.
Când asta nu a funcționat, a încercat în schimb să fugă.
Er weinte traurig, als Spitz ihn fest in die Seite biss.

A plâns trist când Spitz l-a mușcat puternic de lateral.
Aber Joe war ganz anders und ließ sich nicht einschüchtern.
Dar Joe era foarte diferit și refuza să fie hărțuit.
Jedes Mal, wenn Spitz näher kam, drehte sich Joe schnell um, um ihm in die Augen zu sehen.
De fiecare dată când Spitz se apropia, Joe se întorcea repede să-l înfrunte.
Sein Fell sträubte sich, seine Lippen kräuselten sich und seine Zähne schnappten wild.
Blana i s-a zbârlit, buzele i s-au arcuit, iar dinții i-au trosnit sălbatic.
Joes Augen glänzten vor Angst und Wut und forderten Spitz heraus, zuzuschlagen.
Ochii lui Joe străluceau de frică și furie, provocându-l pe Spitz să lovească.
Spitz gab den Kampf auf und wandte sich gedemütigt und wütend ab.
Spitz a renunțat la luptă și s-a întors, umilit și furios.
Er ließ seine Frustration an dem armen Billee aus und jagte ihn davon.
Și-a vărsat frustrarea asupra bietului Billee și l-a alungat.
An diesem Abend fügte Perrault dem Team einen weiteren Hund hinzu.
În seara aceea, Perrault a adăugat încă un câine în echipă.
Dieser Hund war alt, mager und mit Kampfnarben übersät.
Acest câine era bătrân, slab și plin de cicatrici de luptă.
Eines seiner Augen fehlte, doch das andere blitzte kraftvoll auf.
Îi lipsea un ochi, dar celălalt sclipea puternic.
Der neue Hund hieß Solleks, was „der Wütende" bedeutet.
Numele noului câine era Solleks, ceea ce însemna Cel Furios.
Wie Dave verlangte Solleks nichts von anderen und gab nichts zurück.
La fel ca Dave, Solleks nu le-a cerut nimic altora și nu a dat nimic înapoi.
Als Solleks langsam ins Lager ging, blieb sogar Spitz fern.

Când Solleks a intrat încet în tabără, chiar și Spitz a stat departe.
Er hatte eine seltsame Angewohnheit, die Buck unglücklicherweise entdeckte.
Avea un obicei ciudat pe care Buck a avut ghinionul să-l descopere.
Solleks hasste es, von der Seite angesprochen zu werden, auf der er blind war.
Solleks ura să fie abordat din partea de unde era orb.
Buck wusste das nicht und machte diesen Fehler versehentlich.
Buck nu știa asta și a făcut greșeala din greșeală.
Solleks wirbelte herum und versetzte Buck einen schnellen, tiefen Schlag auf die Schulter.
Solleks se întoarse și îl lovi adânc și rapid pe Buck în umăr.
Von diesem Moment an kam Buck nie wieder in die Nähe von Solleks' blinder Seite.
Din acel moment, Buck nu s-a mai apropiat de punctul mort al lui Solleks.
Für den Rest ihrer gemeinsamen Zeit gab es nie wieder Probleme.
Nu au mai avut niciodată probleme în restul timpului petrecut împreună.
Solleks wollte nur in Ruhe gelassen werden, wie der ruhige Dave.
Solleks nu voia decât să fie lăsat în pace, la fel ca tăcutul Dave.
Doch Buck erfuhr später, dass jeder von ihnen ein anderes geheimes Ziel hatte.
Dar Buck avea să afle mai târziu că fiecare avea un alt obiectiv secret.
In dieser Nacht stand Buck vor einer neuen und beunruhigenden Herausforderung: Wie sollte er schlafen?
În noaptea aceea, Buck s-a confruntat cu o provocare nouă și tulburătoare - cum să doarmă.
Das Zelt leuchtete warm im Kerzenlicht auf dem schneebedeckten Feld.

Cortul strălucea cald la lumina lumânărilor în câmpul înzăpezit.
Buck ging hinein und dachte, er könnte sich dort wie zuvor ausruhen.
Buck a intrat, gândindu-se că se poate odihni acolo ca înainte.
Aber Perrault und François schrien ihn an und warfen Pfannen.
Dar Perrault și François au țipat la el și au aruncat cu tigăi.
Schockiert und verwirrt rannte Buck in die eisige Kälte hinaus.
Șocat și confuz, Buck a fugit afară în frigul înghețat.
Ein bitterkalter Wind stach ihm in die verletzte Schulter und ließ seine Pfoten erfrieren.
Un vânt puternic i-a înțepat umărul rănit și i-a înghețat labele.
Er legte sich in den Schnee und versuchte, im Freien zu schlafen.
S-a întins în zăpadă și a încercat să doarmă afară, la vedere.
Doch die Kälte zwang ihn bald, heftig zitternd wieder aufzustehen.
Dar frigul l-a obligat curând să se ridice din nou, tremurând rău.
Er wanderte durch das Lager und versuchte, ein wärmeres Plätzchen zu finden.
A rătăcit prin tabără, încercând să găsească un loc mai cald.
Aber jede Ecke war genauso kalt wie die vorherige.
Dar fiecare colț era la fel de rece ca cel de dinainte.
Manchmal sprangen ihn wilde Hunde aus der Dunkelheit an.
Uneori, câini sălbatici săreau la el din întuneric.
Buck sträubte sein Fell, fletschte die Zähne und knurrte warnend.
Buck și-a zbârlit blana, și-a arătat dinții și a mârâit în semn de avertisment.
Er lernte schnell und die anderen Hunde zogen sich schnell zurück.
Învăța repede, iar ceilalți câini s-au retras repede.

Trotzdem hatte er keinen Platz zum Schlafen und keine Ahnung, was er tun sollte.

Totuși, nu avea unde să doarmă și habar n-avea ce să facă.

Endlich kam ihm ein Gedanke: Er sollte nach seinen Teamkollegen sehen.

În cele din urmă, i-a venit o idee - să-și vadă coechipierii.

Er kehrte in ihre Gegend zurück und war überrascht, dass sie verschwunden waren.

S-a întors în zona lor și a fost surprins să-i vadă dispăruți.

Erneut durchsuchte er das Lager, konnte sie jedoch immer noch nicht finden.

A căutat din nou prin tabără, dar tot nu i-a găsit.

Er wusste, dass sie nicht im Zelt sein durften, sonst wäre er auch dort gewesen.

Știa că nu puteau fi în cort, altfel ar fi fost și el.

Wo also waren all die Hunde in diesem eisigen Lager geblieben?

Deci, unde dispăruseră toți câinii în această tabără înghețată?

Buck, kalt und elend, umrundete langsam das Zelt.

Buck, înfrigurat și nefericit, se învârtea încet în jurul cortului.

Plötzlich sanken seine Vorderbeine in den weichen Schnee und er erschrak.

Deodată, picioarele din față i se afundară în zăpada moale și îl tresăriră.

Etwas zappelte unter seinen Füßen und er sprang ängstlich zurück.

Ceva s-a zvârcolit sub picioarele lui, iar el a sărit înapoi de frică.

Er knurrte und fauchte, ohne zu wissen, was sich unter dem Schnee verbarg.

A mârâit și a mârâit, neștiind ce se ascundea sub zăpadă.

Dann hörte er ein freundliches kleines Bellen, das seine Angst linderte.

Apoi a auzit un lătrat ușor și prietenos care i-a potolit teama.

Er schnüffelte in der Luft und kam näher, um zu sehen, was verborgen war.

A adulmecat aerul și s-a apropiat să vadă ce era ascuns.

Unter dem Schnee lag, zu einer warmen Kugel zusammengerollt, der kleine Billee.
Sub zăpadă, ghemuit într-o minge caldă, se afla micuțul Billee.
Billee wedelte mit dem Schwanz und leckte Bucks Gesicht zur Begrüßung.
Billee a dat din coadă și l-a lins pe Buck pe față ca să-l salute.
Buck sah, wie Billee im Schnee einen Schlafplatz gebaut hatte.
Buck a văzut cum Billee își făcuse un loc de dormit în zăpadă.
Er hatte sich eingegraben und nutzte seine eigene Wärme, um sich warm zu halten.
Săpase în adâncul pământului și își folosise propria căldură ca să se încălzească.
Buck hatte eine weitere Lektion gelernt – so schliefen die Hunde.
Buck învățase o altă lecție – așa dormeau câinii.
Er suchte sich eine Stelle aus und begann, sein eigenes Loch in den Schnee zu graben.
Și-a ales un loc și a început să-și sape propria groapă în zăpadă.
Anfangs bewegte er sich zu viel und verschwendete Energie.
La început, se mișca prea mult și își irosea energia.
Doch bald erwärmte sein Körper den Raum und er fühlte sich sicher.
Dar curând corpul său a încălzit spațiul, iar el s-a simțit în siguranță.
Er rollte sich fest zusammen und schlief bald fest.
S-a ghemuit strâns și, în scurt timp, a adormit dus.
Der Tag war lang und hart gewesen und Buck war erschöpft.
Ziua fusese lungă și grea, iar Buck era epuizat.
Er schlief tief und fest, obwohl seine Träume wild waren.
A dormit adânc și confortabil, deși visele sale erau nebunești.
Er knurrte und bellte im Schlaf und wand sich im Traum.
A mârâit și a lătrat în somn, răsucindu-se în timp ce visa.

Buck wachte erst auf, als im Lager bereits Leben erwachte.

Buck nu s-a trezit până când tabăra nu a început deja să prindă viață.
Zuerst wusste er nicht, wo er war oder was passiert war.
La început, nu știa unde se afla sau ce se întâmplase.
Über Nacht war Schnee gefallen und hatte seinen Körper vollständig begraben.
Ninsoarea căzuse peste noapte și i-a îngropat complet trupul.
Der Schnee umgab ihn von allen Seiten dicht.
Zăpada se strângea în jurul lui, strânsă din toate părțile.
Plötzlich durchfuhr eine Welle der Angst Bucks ganzen Körper.
Deodată, un val de frică l-a străbătut pe Buck.
Es war die Angst, gefangen zu sein, eine Angst aus tiefen Instinkten.
Era frica de a fi prins în capcană, o frică provenită din instincte profunde.
Obwohl er noch nie eine Falle gesehen hatte, lebte die Angst in ihm.
Deși nu văzuse niciodată o capcană, frica trăia în el.
Er war ein zahmer Hund, aber jetzt erwachten seine alten wilden Instinkte.
Era un câine îmblânzit, dar acum vechile sale instincte sălbatice se trezeau.
Bucks Muskeln spannten sich an und sein Fell stellte sich auf seinem ganzen Rücken auf.
Mușchii lui Buck s-au încordat, iar blana i s-a zbârlit pe toată spatele.
Er knurrte wild und sprang senkrecht durch den Schnee nach oben.
A mârâit furios și a sărit drept în sus prin zăpadă.
Als er ins Tageslicht trat, flog Schnee in alle Richtungen.
Zăpada zbura în toate direcțiile în timp ce el țâșnea la lumina zilei.
Schon vor der Landung sah Buck das Lager vor sich ausgebreitet.
Chiar înainte de a ateriza, Buck văzu tabăra întinsă în fața lui.
Er erinnerte sich auf einmal an alles vom Vortag.

Și-a amintit totul de ziua precedentă, dintr-o dată.
Er erinnerte sich daran, wie er mit Manuel spazieren gegangen war und an diesem Ort gelandet war.
Își amintea cum se plimbase cu Manuel și cum ajunsese în locul acesta.
Er erinnerte sich daran, wie er das Loch gegraben hatte und in der Kälte eingeschlafen war.
Își amintea cum săpase groapa și adormise în frig.
Jetzt war er wach und die wilde Welt um ihn herum war klar.
Acum era treaz, iar lumea sălbatică din jurul lui era limpede.
Ein Ruf von François begrüßte Bucks plötzliches Auftauchen.
Un strigăt din partea lui François a anunțat apariția neașteptată a lui Buck.
„Was habe ich gesagt?", rief der Hundeführer Perrault laut zu.
„Ce-am spus?", i-a strigat tare vizitiul câinelui lui Perrault.
„Dieser Buck lernt wirklich sehr schnell", fügte François hinzu.
„Buck ăla învață cu siguranță repede", a adăugat François.
Perrault nickte ernst und war offensichtlich mit dem Ergebnis zufrieden.
Perrault dădu grav din cap, evident mulțumit de rezultat.
Als Kurier für die kanadische Regierung beförderte er Depeschen.
Ca curier pentru guvernul canadian, a transportat corespondențe.
Er war bestrebt, die besten Hunde für seine wichtige Mission zu finden.
Era nerăbdător să găsească cei mai potriviți câini pentru importanta sa misiune.
Er war besonders erfreut, dass Buck nun Teil des Teams war.
Se simțea deosebit de încântat acum că Buck făcea parte din echipă.
Innerhalb einer Stunde kamen drei weitere Huskies zum Team hinzu.

Încă trei câini husky au fost adăugați echipei în decurs de o oră.
Damit betrug die Gesamtzahl der Hunde im Team neun.
Asta a adus numărul total de câini din echipă la nouă.
Innerhalb von fünfzehn Minuten lagen alle Hunde im Geschirr.
În cincisprezece minute, toți câinii erau în hamuri.
Das Schlittenteam schwang sich den Weg hinauf in Richtung Dyea Cañon.
Echipa de sanie înainta pe potecă spre Dyea Cañon.
Buck war froh, gehen zu können, auch wenn die Arbeit, die vor ihm lag, hart war.
Buck se simțea bucuros că pleca, chiar dacă munca care îl aștepta era grea.
Er stellte fest, dass er weder die Arbeit noch die Kälte besonders verabscheute.
A descoperit că nu disprețuia în mod deosebit munca sau frigul.
Er war überrascht von der Begeisterung, die das gesamte Team erfüllte.
A fost surprins de nerăbdarea care a cuprins întreaga echipă.
Noch überraschender war die Veränderung, die bei Dave und Solleks vor sich ging.
Și mai surprinzătoare a fost schimbarea care se produsese la Dave și Solleks.
Diese beiden Hunde waren völlig unterschiedlich, als sie ein Geschirr trugen.
Acești doi câini erau complet diferiți când erau înhamați.
Ihre Passivität und Sorglosigkeit waren völlig verschwunden.
Pasivitatea și lipsa lor de grijă dispăruseră complet.
Sie waren aufmerksam und aktiv und bestrebt, ihre Arbeit gut zu machen.
Erau alerți și activi și dornici să-și facă bine treaba.
Sie reagierten äußerst verärgert über alles, was zu Verzögerungen oder Verwirrung führte.

Deveneau extrem de iritați de orice cauza întârzieri sau confuzie.

Die harte Arbeit an den Zügeln stand im Mittelpunkt ihres gesamten Wesens.

Munca asiduă la frâie era centrul întregii lor ființe.

Das Schlittenziehen schien das Einzige zu sein, was ihnen wirklich Spaß machte.

Trasul de sanie părea a fi singurul lucru de care le plăcea cu adevărat.

Dave war am Ende der Gruppe und dem Schlitten am nächsten.

Dave era în spatele grupului, cel mai aproape de sanie.

Buck landete vor Dave und Solleks zog an Buck vorbei.

Buck a fost plasat în fața lui Dave, iar Solleks a luat-o înaintea lui Buck.

Die übrigen Hunde liefen in einer Reihe vorn.

Restul câinilor erau înșirați în față, într-un șir indian.

Die Führungsposition an der Spitze besetzte Spitz.

Poziția de lider în față a fost ocupată de Spitz.

Buck war zur Einweisung zwischen Dave und Solleks platziert worden.

Buck fusese plasat între Dave și Solleks pentru instruire.

Er lernte schnell und sie waren strenge und fähige Lehrer.

El învăța repede, iar ei erau profesori fermi și capabili.

Sie ließen nie zu, dass Buck lange im Irrtum blieb.

Nu i-au permis niciodată lui Buck să rămână în greșeală mult timp.

Sie erteilten ihre Lektionen, wenn nötig, mit scharfen Zähnen.

Își predau lecțiile cu dinți ascuțiți atunci când era nevoie.

Dave war fair und zeigte eine ruhige, ernste Art von Weisheit.

Dave a fost corect și a dat dovadă de un fel de înțelepciune discretă și serioasă.

Er hat Buck nie ohne guten Grund gebissen.

Nu l-a mușcat niciodată pe Buck fără un motiv întemeiat să o facă.

Aber er hat es nie versäumt, zuzubeißen, wenn Buck eine Korrektur brauchte.
Dar nu ezita niciodată să muște când Buck avea nevoie de corecție.
François' Peitsche war immer bereit und untermauerte ihre Autorität.
Biciul lui François era mereu gata de atac și le susținea autoritatea.
Buck merkte bald, dass es besser war zu gehorchen, als sich zu wehren.
Buck și-a dat seama curând că era mai bine să asculte decât să riposteze.
Einmal verhedderte sich Buck während einer kurzen Pause in den Zügeln.
Odată, în timpul unei scurte pauze, Buck s-a încurcat în hățuri.
Er verzögerte den Start und brachte die Bewegungen des Teams durcheinander.
A întârziat începutul și a încurcat mișcarea echipei.
Dave und Solleks stürzten sich auf ihn und verprügelten ihn brutal.
Dave și Solleks au zburat spre el și l-au bătut zdravăn.
Das Gewirr wurde nur noch schlimmer, aber Buck lernte seine Lektion.
Încurcătura s-a înrăutățit, dar Buck și-a învățat bine lecția.
Von da an hielt er die Zügel straff und arbeitete vorsichtig.
De atunci încolo, a ținut hățurile întinse și a lucrat cu grijă.
Bevor der Tag zu Ende war, hatte Buck einen Großteil seiner Aufgabe gemeistert.
Înainte de sfârșitul zilei, Buck își stăpânise deja o mare parte din sarcină.
Seine Teamkollegen hörten fast auf, ihn zu korrigieren oder zu beißen.
Coechipierii lui aproape că au încetat să-l mai corecteze sau să-l muște.
François' Peitsche knallte immer seltener durch die Luft.
Biciul lui François trosnea prin aer din ce în ce mai rar.

Perrault hob sogar Bucks Füße an und untersuchte sorgfältig jede Pfote.
Perrault a ridicat chiar și picioarele lui Buck și a examinat cu atenție fiecare labă.
Es war ein harter Tageslauf gewesen, lang und anstrengend für alle.
Fusese o zi grea de alergare, lungă și epuizantă pentru toți.
Sie reisten den Cañon hinauf, durch Sheep Camp und an den Scales vorbei.
Au călătorit în sus pe Canion, prin Tabăra Oilor și pe lângă Cântar.
Sie überquerten die Baumgrenze, dann Gletscher und meterhohe Schneeverwehungen.
Au traversat limita pădurii, apoi ghețari și troiene de zăpadă adânci de mulți metri.
Sie erklommen die große, kalte und unwirtliche Chilkoot-Wasserscheide.
Au escaladat marele și neprimitorul deal Chilkoot Divide.
Dieser hohe Bergrücken lag zwischen Salzwasser und dem gefrorenen Landesinneren.
Acea creastă înaltă se afla între apa sărată și interiorul înghețat.
Die Berge bewachten den traurigen und einsamen Norden mit Eis und steilen Anstiegen.
Munții păzeau Nordul trist și singuratic cu gheață și urcușuri abrupte.
Sie kamen gut voran und erreichten eine lange Kette von Seen unterhalb der Wasserscheide.
Au coborât repede un lanț lung de lacuri, sub despărțitor.
Diese Seen füllten die alten Krater erloschener Vulkane.
Acele lacuri au umplut craterele antice ale vulcanilor stinși.
Spät in der Nacht erreichten sie ein großes Lager am Lake Bennett.
Târziu în acea noapte, au ajuns la o tabără mare la Lacul Bennett.
Tausende Goldsucher waren dort und bauten Boote für den Frühling.

Mii de căutători de aur erau acolo, construind bărci pentru primăvară.
Das Eis würde bald aufbrechen und sie mussten bereit sein.
Gheața urma să se spargă în curând și trebuiau să fie pregătiți.
Buck grub sein Loch in den Schnee und fiel in einen tiefen Schlaf.
Buck și-a săpat groapa în zăpadă și a căzut într-un somn adânc.
Er schlief wie ein Arbeiter, erschöpft von einem harten Arbeitstag.
A dormit ca un om care muncește, epuizat de ziua grea de trudă.
Doch zu früh wurde er in der Dunkelheit aus dem Schlaf gerissen.
Dar prea devreme, în întuneric, a fost smuls din somn.
Er wurde wieder mit seinen Kumpels angeschirrt und vor den Schlitten gespannt.
A fost din nou înhamat împreună cu tovarășii săi și atașat de sanie.
An diesem Tag legten sie sechzig Kilometer zurück, weil der Schnee festgetreten war.
În ziua aceea au făcut patruzeci de mile, pentru că zăpada era bine bătătorită.
Am nächsten Tag und noch viele Tage danach war der Schnee weich.
A doua zi și multe zile după aceea, zăpada era moale.
Sie mussten den Weg selbst bahnen, härter arbeiten und langsamer vorankommen.
A trebuit să-și croiască singuri drumul, muncind mai mult și mișcându-se mai încet.
Normalerweise ging Perrault mit Schwimmhäuten an den Schneeschuhen vor dem Team her.
De obicei, Perrault mergea înaintea echipei cu rachete de zăpadă cu pânze.
Seine Schritte verdichteten den Schnee und erleichterten so die Fortbewegung des Schlittens.
Pașii lui au împachetat zăpada, ușurând mișcarea saniei.

François, der vom Steuerstand aus steuerte, übernahm manchmal die Kontrolle.
François, care conducea de la bara de direcție, prelua uneori controlul.
Aber es kam selten vor, dass François die Führung übernahm
Dar era rar ca François să preia conducerea
weil Perrault es eilig hatte, die Briefe und Pakete auszuliefern.
pentru că Perrault se grăbea să livreze scrisorile și coletele.
Perrault war stolz auf sein Wissen über Schnee und insbesondere Eis.
Perrault era mândru de cunoștințele sale despre zăpadă și în special despre gheață.
Dieses Wissen war von entscheidender Bedeutung, da das Eis im Herbst gefährlich dünn war.
Această cunoaștere era esențială, deoarece gheața de toamnă era periculos de subțire.
Wo das Wasser unter der Oberfläche schnell floss, gab es überhaupt kein Eis.
Acolo unde apa curgea repede sub suprafață, nu exista deloc gheață.

Tag für Tag wiederholte sich endlos die gleiche Routine.
Zi de zi, aceeași rutină se repeta fără sfârșit.
Buck arbeitete unermüdlich von morgens bis abends in den Zügeln.
Buck a trudit nesfârșit în hățuri din zori până în noapte.
Sie verließen das Lager im Dunkeln, lange bevor die Sonne aufgegangen war.
Au părăsit tabăra pe întuneric, cu mult înainte de răsăritul soarelui.
Als es Tag wurde, hatten sie bereits viele Kilometer zurückgelegt.
Până se lumina de ziuă, erau deja mulți kilometri în urma lor.
Sie schlugen ihr Lager nach Einbruch der Dunkelheit auf, aßen Fisch und gruben sich in den Schnee ein.

Și-au ridicat tabăra după lăsarea întunericului, mâncând pește și săpând în zăpadă.

Buck war immer hungrig und mit seiner Ration nie wirklich zufrieden.

Buck era mereu flămând și niciodată cu adevărat mulțumit de rația sa.

Er erhielt jeden Tag anderthalb Pfund getrockneten Lachs.

El primea o jumătate de kilogram de somon uscat în fiecare zi.

Doch das Essen schien in ihm zu verschwinden und ließ den Hunger zurück.

Dar mâncarea părea să dispară în el, lăsând în urmă foamea.

Er litt unter ständigem Hunger und träumte von mehr Essen.

Suferea de foame constantă și visa la mai multă mâncare.

Die anderen Hunde haben nur ein Pfund abgenommen, sind aber stark geblieben.

Ceilalți câini au primit doar o jumătate de kilogram de mâncare, dar au rămas puternici.

Sie waren kleiner und in das Leben im Norden hineingeboren.

Erau mai mici și se născuseră în viața nordică.

Er verlor rasch die Sorgfalt, die sein früheres Leben geprägt hatte.

A pierdut repede meticulozitatea care îi marcase vechea viață.

Er war ein gieriger Esser gewesen, aber jetzt war das nicht mehr möglich.

Fusese un mâncător delicat, dar acum asta nu mai era posibil.

Seine Kameraden waren zuerst fertig und raubten ihm seine noch nicht aufgegessene Ration.

Prietenii lui au terminat primii și l-au jefuit de rația neterminată.

Als sie einmal damit anfingen, gab es keine Möglichkeit mehr, sein Essen vor ihnen zu verteidigen.

Odată ce au început, nu a mai existat nicio modalitate de a-i apăra mâncarea de ei.

Während er zwei oder drei Hunde abwehrte, stahlen die anderen den Rest.

În timp ce el alunga doi sau trei câini, ceilalți i-au furat pe restul.

Um dies zu beheben, begann er, so schnell zu essen wie die anderen.

Ca să rezolve asta, a început să mănânce la fel de repede cum mâncau ceilalți.

Der Hunger trieb ihn so sehr an, dass er sogar Essen zu sich nahm, das ihm nicht gehörte.

Foamea l-a împins atât de tare încât a luat chiar și mâncare care nu era a lui.

Er beobachtete die anderen und lernte schnell aus ihren Handlungen.

I-a observat pe ceilalți și a învățat repede din faptele lor.

Er sah, wie Pike, ein neuer Hund, Perrault eine Scheibe Speck stahl.

L-a văzut pe Pike, un câine nou-nouț, furând o felie de slănină de la Perrault.

Pike hatte gewartet, bis Perrault sich umdrehte, um den Speck zu stehlen.

Pike așteptase până când Perrault se întorsese cu spatele ca să fure slănina.

Am nächsten Tag machte Buck es Pike nach und stahl das ganze Stück.

A doua zi, Buck l-a copiat pe Pike și a furat toată bucata.

Es folgte ein großer Aufruhr, doch Buck wurde nicht verdächtigt.

A urmat o mare gălăgie, dar Buck nu a fost bănuit.

Stattdessen wurde Dub bestraft, ein tollpatschiger Hund, der immer erwischt wurde.

Dub, un câine neîndemânatic care era mereu prins, a fost pedepsit în schimb.

Dieser erste Diebstahl machte Buck zu einem Hund, der in der Lage war, im Norden zu überleben.

Primul furt l-a marcat pe Buck ca un câine apt să supraviețuiască în Nord.

Er zeigte, dass er sich an neue Bedingungen anpassen und schnell lernen konnte.

A demonstrat că se poate adapta la condiții noi și că poate învăța repede.
Ohne diese Anpassungsfähigkeit wäre er schnell und auf schlimme Weise gestorben.
Fără o astfel de adaptabilitate, ar fi murit repede și rău.
Es markierte auch den Zusammenbruch seiner moralischen Natur und seiner früheren Werte.
De asemenea, a marcat prăbușirea naturii sale morale și a valorilor din trecut.
Im Südland hatte er nach dem Gesetz der Liebe und Güte gelebt.
În Southland, trăise sub legea iubirii și a bunătății.
Dort war es sinnvoll, Eigentum und die Gefühle anderer Hunde zu respektieren.
Acolo avea sens să respecți proprietatea și sentimentele altor câini.
Aber das Nordland befolgte das Gesetz der Keule und das Gesetz der Reißzähne.
Dar Northland-ul a urmat legea măciucii și legea colțului.
Wer hier alte Werte respektierte, war dumm und würde scheitern.
Oricine a respectat vechile valori aici a fost nechibzuit și ar eșua.
Buck hat das alles nicht durchdacht.
Buck nu și-a dat seama de toate acestea.
Er war fit und passte sich daher an, ohne darüber nachdenken zu müssen.
Era în formă, așa că s-a adaptat fără a fi nevoie să se gândească.
Sein ganzes Leben lang war er noch nie vor einem Kampf davongelaufen.
Toată viața lui, nu fugise niciodată de o luptă.
Doch die Holzkeule des Mannes im roten Pullover änderte diese Regel.
Dar bâta de lemn a bărbatului în pulover roșu a schimbat regula.

Jetzt folgte er einem tieferen, älteren Code, der in sein Wesen eingeschrieben war.
Acum urma un cod mai profund, mai vechi, înscris în ființa sa.
Er stahl nicht aus Vergnügen, sondern aus Hunger.
Nu a furat din plăcere, ci din durerea foamei.
Er raubte nie offen, sondern stahl mit List und Sorgfalt.
Nu a jefuit niciodată pe față, ci a furat cu viclenie și grijă.
Er handelte aus Respekt vor der Holzkeule und aus Angst vor dem Fangzahn.
A acționat din respect pentru bâta de lemn și din teama de colț.
Kurz gesagt, er hat das getan, was einfacher und sicherer war, als es nicht zu tun.
Pe scurt, a făcut ceea ce era mai ușor și mai sigur decât să nu o facă.
Seine Entwicklung – oder vielleicht seine Rückkehr zu alten Instinkten – verlief schnell.
Dezvoltarea sa – sau poate revenirea la vechile instincte – a fost rapidă.
Seine Muskeln verhärteten sich, bis sie sich stark wie Eisen anfühlten.
Mușchii i s-au întărit până când au părut la fel de puternici ca fierul.
Schmerzen machten ihm nichts mehr aus, es sei denn, sie waren ernst.
Nu-i mai păsa de durere, decât dacă era serioasă.
Er wurde durch und durch effizient und verschwendete überhaupt nichts.
A devenit eficient pe dinăuntru și pe dinafară, fără a irosi absolut nimic.
Er konnte Dinge essen, die scheußlich, verdorben oder schwer verdaulich waren.
Putea mânca lucruri oribile, putrede sau greu de digerat.
Was auch immer er aß, sein Magen verbrauchte das letzte bisschen davon.
Orice ar fi mâncat, stomacul său folosea până la ultima fărâmă de valoare.

Sein Blut transportierte die Nährstoffe weit durch seinen kräftigen Körper.
Sângele său transporta nutrienții departe prin corpul său puternic.
Dadurch baute er starkes Gewebe auf, das ihm eine unglaubliche Ausdauer verlieh.
Acest lucru i-a construit țesuturi puternice care i-au oferit o rezistență incredibilă.
Sein Seh- und Geruchssinn wurden viel feiner als zuvor.
Văzul și mirosul lui au devenit mult mai sensibile decât înainte.
Sein Gehör wurde so scharf, dass er im Schlaf leise Geräusche wahrnehmen konnte.
Auzul i-a devenit atât de ascuțit încât putea detecta sunete slabe în somn.
In seinen Träumen wusste er, ob die Geräusche Sicherheit oder Gefahr bedeuteten.
Știa în visele sale dacă sunetele însemnau siguranță sau pericol.
Er lernte, mit den Zähnen auf das Eis zwischen seinen Zehen zu beißen.
A învățat să muște gheața dintre degetele de la picioare cu dinții.
Wenn ein Wasserloch zufror, brach er das Eis mit seinen Beinen.
Dacă o groapă de apă îngheța, el spargea gheața cu picioarele.
Er bäumte sich auf und schlug mit seinen steifen Vorderbeinen hart auf das Eis.
S-a ridicat cabrat și a lovit puternic gheața cu membrele din față înțepenite.
Seine bemerkenswerteste Fähigkeit war die Vorhersage von Windänderungen über Nacht.
Cea mai izbitoare abilitate a sa era prezicerea schimbărilor de vânt peste noapte.
Selbst bei Windstille suchte er sich windgeschützte Stellen aus.

Chiar și atunci când aerul era nemișcat, el alegea locuri adăpostite de vânt.
Wo auch immer er sein Nest grub, der Wind des nächsten Tages strich an ihm vorbei.
Oriunde și-a săpat cuibul, vântul de a doua zi a trecut pe lângă el.
Er landete immer gemütlich und geschützt, in Lee der Brise.
Întotdeauna sfârșea confortabil și protejat, sub vânt.
Buck hat nicht nur durch Erfahrung gelernt – auch seine Instinkte sind zurückgekehrt.
Buck nu numai că a învățat din experiență – și instinctele i-au revenit.
Die Gewohnheiten der domestizierten Generationen begannen zu verschwinden.
Obiceiurile generațiilor domesticite au început să dispară.
Er erinnerte sich vage an die alten Zeiten seiner Rasse.
În moduri vagi, își amintea de vremurile străvechi ale rasei sale.
Er dachte an die Zeit zurück, als wilde Hunde in Rudeln durch die Wälder rannten.
S-a gândit la vremea când câinii sălbatici alergau în haite prin păduri.
Sie hatten ihre Beute gejagt und getötet, während sie sie verfolgten.
Și-au urmărit și ucis prada în timp ce o goneau.
Buck lernte leicht, mit Biss und Schnelligkeit zu kämpfen.
Lui Buck i-a fost ușor să învețe să lupte cu dinți și viteză.
Er verwendete Schnitte, Hiebe und schnelle Schnappschüsse, genau wie seine Vorfahren.
Folosea tăieturi, lovituri și pocnete rapide exact ca strămoșii săi.
Diese Vorfahren regten sich in ihm und erweckten seine wilde Natur.
Acei strămoși s-au mișcat în el și i-au trezit natura sălbatică.
Ihre alten Fähigkeiten waren ihm durch die Blutlinie vererbt worden.
Vechile lor abilități îi transmiseseră prin linie genealogică.

Ihre Tricks gehörten ihm nun, ohne dass er üben oder sich anstrengen musste.
Trucurile lor erau acum ale lui, fără a fi nevoie de exersare sau efort.

In stillen, kalten Nächten hob Buck die Nase und heulte.
În nopțile liniștite și reci, Buck își ridica nasul și urla.
Er heulte lang und tief, so wie es die Wölfe vor langer Zeit getan hatten.
A urlat prelung și adânc, așa cum făcuseră lupii cu mult timp în urmă.
Durch ihn streckten seine toten Vorfahren ihre Nasen und heulten.
Prin intermediul lui, strămoșii săi morți își îndreptau nasurile și urlau.
Sie heulten durch die Jahrhunderte mit seiner Stimme und Gestalt.
Au urlat de-a lungul secolelor în vocea și înfățișarea lui.
Seine Kadenzen waren ihre, alte Schreie, die von Kummer und Kälte erzählten.
Cadențele lui erau ale lor, strigăte vechi care vorbeau despre durere și frig.
Sie sangen von Dunkelheit, Hunger und der Bedeutung des Winters.
Au cântat despre întuneric, despre foame și despre semnificația iernii.
Buck bewies, wie das Leben von Kräften jenseits des eigenen Ichs geprägt wird.
Buck a demonstrat cum viața este modelată de forțe dincolo de noi înșine,
Das uralte Lied stieg durch Buck auf und ergriff seine Seele.
cântecul străvechi s-a înălțat prin Buck și i-a cuprins sufletul.
Er fand sich selbst, weil Menschen im Norden Gold gefunden hatten.
S-a găsit pe sine pentru că oamenii găsiseră aur în Nord.
Und er fand sich selbst, weil Manuel, der Gärtnergehilfe, Geld brauchte.

Și s-a regăsit pentru că Manuel, ajutorul grădinarului, avea nevoie de bani.

Das dominante Urtier
Bestia Primordială Dominanta

In Buck war das dominante Urtier so stark wie eh und je.
Bestia primordială dominantă era la fel de puternică ca întotdeauna în Buck.
Doch das dominante Urtier hatte in ihm geschlummert.
Dar fiara primordială dominantă zăcuse latentă în el.
Das Leben auf dem Trail war hart, aber es stärkte das Tier in Buck.
Viața pe drumul cel bun era grea, dar întărea fiara din Buck.
Insgeheim wurde das Biest von Tag zu Tag stärker.
În secret, fiara devenea din ce în ce mai puternică pe zi ce trece.
Doch dieses innere Wachstum blieb der Außenwelt verborgen.
Dar acea creștere interioară a rămas ascunsă lumii exterioare.
In Buck baute sich eine stille und ruhige Urkraft auf.
O forță primordială, liniștită și calmă, se clădea în interiorul lui Buck.
Neue Gerissenheit verlieh Buck Gleichgewicht, Ruhe und Selbstbeherrschung.
Noua viclenie i-a dat lui Buck echilibru, calm, control și atitudine.
Buck konzentrierte sich sehr auf die Anpassung und fühlte sich nie völlig entspannt.
Buck s-a concentrat din greu pe adaptare, fără să se simtă niciodată complet relaxat.
Er ging Konflikten aus dem Weg, fing nie Streit an und suchte auch nie Ärger.

El evita conflictele, nu inițiază niciodată certuri și nici nu caută probleme.
Jede Bewegung von Buck war von langsamer, stetiger Nachdenklichkeit geprägt.
O gândire lentă și constantă îi modela fiecare mișcare lui Buck.
Er vermied überstürzte Entscheidungen und plötzliche, rücksichtslose Entschlüsse.
A evitat alegerile pripite și deciziile bruște și nesăbuite.
Obwohl Buck Spitz zutiefst hasste, zeigte er ihm gegenüber keine Aggression.
Deși Buck îl ura profund pe Spitz, nu i-a arătat nicio agresivitate.
Buck hat Spitz nie provoziert und sein Verhalten zurückhaltend gehalten.
Buck nu l-a provocat niciodată pe Spitz și și-a ținut acțiunile reținute.
Spitz hingegen spürte die wachsende Gefahr, die von Buck ausging.
Spitz, pe de altă parte, a simțit pericolul crescând la Buck.
Er sah in Buck eine Bedrohung und eine ernsthafte Herausforderung seiner Macht.
El îl vedea pe Buck ca pe o amenințare și o provocare serioasă la adresa puterii sale.
Er nutzte jede Gelegenheit, um zu knurren und seine scharfen Zähne zu zeigen.
A folosit fiecare ocazie să mârâie și să-și arate dinții ascuțiți.
Er versuchte, den tödlichen Kampf zu beginnen, der bevorstand.
Încerca să înceapă lupta mortală care trebuia să urmeze.
Schon zu Beginn der Reise wäre es beinahe zu einem Streit zwischen ihnen gekommen.
La începutul călătoriei, era cât pe ce să izbucnească o ceartă între ei.
Doch ein unerwarteter Unfall verhinderte den Kampf.
Însă un accident neașteptat a oprit lupta.
An diesem Abend schlugen sie ihr Lager am bitterkalten Lake Le Barge auf.

În seara aceea și-au stabilit tabăra pe lacul extrem de rece Le Barge.
Es schneite heftig und der Wind war schneidend wie ein Messer.
Ninsoarea cădea tare, iar vântul tăia ca un cuțit.
Die Nacht war zu schnell hereingebrochen und Dunkelheit umgab sie.
Noaptea venise prea repede și întunericul îi înconjura.
Sie hätten sich kaum einen schlechteren Ort zum Ausruhen aussuchen können.
Cu greu ar fi putut alege un loc mai rău pentru odihnă.
Die Hunde suchten verzweifelt nach einem Platz zum Hinlegen.
Câinii căutau cu disperare un loc unde să se culce.
Hinter der kleinen Gruppe erhob sich steil eine hohe Felswand.
Un perete înalt de stâncă se înălța abrupt în spatele micului grup.
Das Zelt wurde in Dyea zurückgelassen, um die Last zu erleichtern.
Cortul fusese lăsat în urmă în Dyea pentru a ușura povara.
Ihnen blieb nichts anderes übrig, als das Feuer auf dem Eis selbst zu machen.
Nu au avut de ales decât să facă focul chiar pe gheață.
Sie breiten ihre Schlafmäntel direkt auf dem zugefrorenen See aus.
Și-au întins hainele de dormit direct pe lacul înghețat.
Ein paar Stücke Treibholz gaben ihnen ein wenig Feuer.
Câteva bețe de lemn plutitor le-au dat puțin foc.
Doch das Feuer wurde auf dem Eis entfacht und taute hindurch.
Dar focul a fost aprins pe gheață și s-a dezghețat prin ea.
Schließlich aßen sie ihr Abendessen im Dunkeln.
În cele din urmă, își mâncau cina în întuneric.
Buck rollte sich neben dem Felsen zusammen, geschützt vor dem kalten Wind.
Buck se ghemui lângă stâncă, adăpostit de vântul rece.

Der Platz war so warm und sicher, dass Buck es hasste, wegzugehen.
Locul era atât de cald și sigur încât Buck ura să se îndepărteze.
Aber François hatte den Fisch aufgewärmt und verteilte die Rationen.
Dar François încălzise peștele și împărțea rații.
Buck aß schnell fertig und ging zurück in sein Bett.
Buck termină repede de mâncat și se întoarse în pat.
Aber Spitz lag jetzt dort, wo Buck sein Bett gemacht hatte.
Dar Spitz stătea acum întins acolo unde Buck își făcuse patul.
Ein leises Knurren warnte Buck, dass Spitz sich weigerte, sich zu bewegen.
Un mârâit înfundat l-a avertizat pe Buck că Spitz refuza să se miște.
Bisher hatte Buck diesen Kampf mit Spitz vermieden.
Până acum, Buck evitase această luptă cu Spitz.
Doch tief in Bucks Innerem brach das Biest schließlich aus.
Dar, în adâncul lui Buck, fiara s-a dezlănțuit în cele din urmă.
Der Diebstahl seines Schlafplatzes war zu viel für ihn.
Furtul locului său de dormit era prea greu de tolerat.
Buck stürzte sich voller Wut und Zorn auf Spitz.
Buck s-a năpustit asupra lui Spitz, plin de furie și mânie.
Bis jetzt hatte Spitz gedacht, Buck sei bloß ein großer Hund.
Până acum, Spitz crezuse că Buck era doar un câine mare.
Er glaubte nicht, dass Buck durch seinen Geist überlebt hatte.
Nu credea că Buck supraviețuise datorită spiritului său.
Er erwartete Angst und Feigheit, nicht Wut und Rache.
Se aștepta la frică și lașitate, nu la furie și răzbunare.
François starrte die beiden Hunde an, als sie aus dem zerstörten Nest stürmten.
François se holba cum ambii câini țâșneau din cuibul distrus.
Er verstand sofort, was den wilden Kampf ausgelöst hatte.
A înțeles imediat ce declanșase lupta aceea sălbatică.
„Aa-ah!", rief François, um dem braunen Hund zuzujubeln.
„Aa-ah!" a strigat François în semn de susținere a câinelui maro.

„Verprügelt ihn! Bei Gott, bestraft diesen hinterhältigen Dieb!"

„Dă-i o bătaie! Pedepsește-l pe hoțul ăsta viclean!"

Spitz zeigte gleichermaßen Bereitschaft und wilden Kampfeswillen.

Spitz a dat dovadă de o disponibilitate egală și o nerăbdare sălbatică de a lupta.

Er schrie wütend auf, während er schnell im Kreis kreiste und nach einer Öffnung suchte.

A țipat de furie în timp ce se învârtea rapid în jurul lui, căutând o deschidere.

Buck zeigte den gleichen Kampfeshunger und die gleiche Vorsicht.

Buck a dat dovadă de aceeași sete de luptă și de aceeași prudență.

Auch er umkreiste seinen Gegner und versuchte, im Kampf die Oberhand zu gewinnen.

Și-a înconjurat și el adversarul, încercând să câștige avantajul în luptă.

Dann geschah etwas Unerwartetes und veränderte alles.

Apoi s-a întâmplat ceva neașteptat și a schimbat totul.

Dieser Moment verzögerte den letztendlichen Kampf um die Führung.

Acel moment a amânat lupta finală pentru conducere.

Bis zum Ende warteten noch viele Meilen voller Mühe und Anstrengung.

Multe kilometri de potecă și luptă îi așteptau încă până la sfârșit.

Perrault stieß einen Fluch aus, als eine Keule auf Knochen schlug.

Perrault a înjurat în timp ce o bâtă s-a izbit de os.

Es folgte ein scharfer Schmerzensschrei, dann brach überall Chaos aus.

A urmat un țipăt ascuțit de durere, apoi haosul a explodat în jur.

Dunkle Gestalten bewegten sich im Lager; wilde Huskys, ausgehungert und wild.

Siluete întunecate se mișcau în tabără; câini husky sălbatici, înfometați și feroce.

Vier oder fünf Dutzend Huskys hatten das Lager von weitem erschnüffelt.

Patru sau cinci duzini de câini husky adulmecaseră tabăra de departe.

Sie hatten sich leise hineingeschlichen, während die beiden Hunde in der Nähe kämpften.

Se strecuraseră înăuntru în liniște, în timp ce cei doi câini se luptau în apropiere.

François und Perrault griffen an und schwangen Knüppel auf die Eindringlinge.

François și Perrault au atacat, lovind cu bâte asupra invadatorilor.

Die ausgehungerten Huskies zeigten ihre Zähne und wehrten sich rasend.

Câinii husky înfometați și-au arătat colții și au ripostat frenetici.

Der Geruch von Fleisch und Brot hatte sie alle Angst vertreiben lassen.

Mirosul de carne și pâine îi alungase orice teamă.

Perrault schlug einen Hund, der seinen Kopf in der Fresskiste vergraben hatte.

Perrault a bătut un câine care își îngropase capul în lada cu mâncare.

Der Schlag war hart, die Schachtel kippte um und das Essen quoll heraus.

Lovitura a lovit puternic, iar cutia s-a răsturnat, mâncarea vărsându-se afară.

Innerhalb von Sekunden rissen sich zwanzig wilde Tiere über das Brot und das Fleisch her.

În câteva secunde, o zece fiare sălbatice au sfâșiat pâinea și carnea.

Die Keulen der Männer landeten Schlag auf Schlag, doch kein Hund ließ nach.

Bâtele bărbaților loveau după lovitură, dar niciun câine nu se întorsese.

Sie schrien vor Schmerz, kämpften aber, bis kein Futter mehr übrig war.
Au urlat de durere, dar au luptat până când nu a mai rămas nimic de mâncare.
Inzwischen waren die Schlittenhunde aus ihren verschneiten Betten gesprungen.
Între timp, câinii de sanie săriseră din paturile lor înzăpezite.
Sie wurden sofort von den bösartigen, hungrigen Huskys angegriffen.
Au fost atacați instantaneu de husky-ii flămânzi și feroce.
Buck hatte noch nie zuvor so wilde und ausgehungerte Tiere gesehen.
Buck nu mai văzuse niciodată creaturi atât de sălbatice și înfometate.
Ihre Haut hing lose und verbarg kaum ihr Skelett.
Pielea lor atârna moale, abia ascunzându-le scheletele.
In ihren Augen brannte ein Feuer aus Hunger und Wahnsinn
Era o flacără în ochii lor, de la foame și nebunie
Sie waren nicht aufzuhalten, ihrem wilden Ansturm war kein Widerstand zu leisten.
Nu exista nicio modalitate de a-i opri; nicio modalitate de a le rezista năvalei sălbatice.
Die Schlittenhunde wurden zurückgedrängt und gegen die Felswand gedrückt.
Câinii de sanie au fost împinși înapoi, lipiți de peretele stâncii.
Drei Huskies griffen Buck gleichzeitig an und rissen ihm das Fleisch auf.
Trei câini husky l-au atacat pe Buck deodată, sfâșiindu-i carnea.
Aus den Schnittwunden an seinem Kopf und seinen Schultern strömte Blut.
Sângele îi curgea șiroaie din cap și din umeri, unde fusese tăiat.
Der Lärm erfüllte das Lager: Knurren, Jaulen und Schmerzensschreie.

Zgomotul umplea tabăra; mârâite, schelălăite și strigăte de durere.
Billee weinte wie immer laut, gefangen im Kampf und in der Panik.
Billee a plâns tare, ca de obicei, prins în încăierare și panică.
Dave und Solleks standen Seite an Seite, blutend, aber trotzig.
Dave și Solleks stăteau unul lângă altul, sângerând, dar sfidători.
Joe kämpfte wie ein Dämon und biss alles, was ihm zu nahe kam.
Joe se lupta ca un demon, mușcând tot ce se apropia.
Mit einem brutalen Schnappen seines Kiefers zerquetschte er das Bein eines Huskys.
A zdrobit piciorul unui husky cu o singură pocnitură brutală a fălcilor.
Pike sprang auf den verletzten Husky und brach ihm sofort das Genick.
Pike a sărit pe husky-ul rănit și i-a rupt gâtul instantaneu.
Buck packte einen Husky an der Kehle und riss ihm die Ader auf.
Buck a prins un husky de gât și i-a sfâșiat vena.
Blut spritzte und der warme Geschmack trieb Buck in Raserei.
Sângele a țâșnit, iar gustul cald l-a făcut pe Buck să intre în frenezie.
Ohne zu zögern stürzte er sich auf einen anderen Angreifer.
S-a aruncat asupra unui alt atacator fără ezitare.
Im selben Moment gruben sich scharfe Zähne in Bucks Kehle.
În același moment, niște dinți ascuțiți i se înfipseră în gâtul lui Buck.
Spitz hatte von der Seite zugeschlagen und ohne Vorwarnung angegriffen.
Spitz lovise din lateral, atacând fără avertisment.
Perrault und François hatten die Hunde besiegt, die das Futter stahlen.

Perrault și François i-au învins pe câinii care furau mâncarea.
Nun eilten sie ihren Hunden zu Hilfe, um die Angreifer abzuwehren.
Acum s-au grăbit să-și ajute câinii să riposteze împotriva atacatorilor.
Die ausgehungerten Hunde zogen sich zurück, als die Männer ihre Keulen schwangen.
Câinii înfometați s-au retras în timp ce bărbații își loveau bâtele.
Buck konnte sich dem Angriff befreien, doch die Flucht war nur von kurzer Dauer.
Buck a scăpat din atac, dar evadarea a fost scurtă.
Die Männer rannten los, um ihre Hunde zu retten, und die Huskies kamen erneut zum Vorschein.
Bărbații au alergat să-și salveze câinii, iar husky-ii au năvălit din nou în roi.
Billee, der aus Angst Mut fasste, sprang in die Hundemeute.
Billee, înspăimântat și curajos, sări în haita de câini.
Doch dann floh er in blanker Angst und Panik über das Eis.
Dar apoi a fugit peste gheață, cuprins de teroare și panică.
Pike und Dub folgten dicht dahinter und rannten um ihr Leben.
Pike și Dub i-au urmat îndeaproape, fugind să-și salveze viața.
Der Rest des Teams löste sich auf, zerstreute sich und folgte ihnen.
Restul echipei s-a împrăștiat, urmându-i.
Buck nahm all seine Kräfte zusammen, um loszurennen, doch dann sah er einen Blitz.
Buck și-a adunat puterile să alerge, dar apoi a văzut o străfulgerare.
Spitz stürzte sich auf Buck und versuchte, ihn zu Boden zu schlagen.
Spitz s-a repezit la Buck, încercând să-l trântească la pământ.
Unter dieser Meute von Huskys hätte Buck nicht entkommen können.
Sub gloata aceea de câini husky, Buck n-ar fi avut scăpare.

Aber Buck blieb standhaft und wappnete sich für den Schlag von Spitz.
Dar Buck a rămas neclintit și s-a pregătit pentru lovitura lui Spitz.
Dann drehte er sich um und rannte mit dem fliehenden Team auf das Eis hinaus.
Apoi s-a întors și a fugit pe gheață cu echipa care fugea.

Später versammelten sich die neun Schlittenhunde im Schutz des Waldes.
Mai târziu, cei nouă câini de sanie s-au adunat la adăpostul pădurii.
Niemand verfolgte sie mehr, aber sie waren geschlagen und verwundet.
Nimeni nu i-a mai urmărit, dar au fost bătuți și răniți.
Jeder Hund hatte Wunden; vier oder fünf tiefe Schnitte an jedem Körper.
Fiecare câine avea răni; patru sau cinci tăieturi adânci pe fiecare corp.
Dub hatte ein verletztes Hinterbein und konnte kaum noch laufen.
Dub avea un picior din spate rănit și acum se chinuia să meargă.
Dolly, der neueste Hund aus Dyea, hatte eine aufgeschlitzte Kehle.
Dolly, cea mai nouă cățelușă din Dyea, avea gâtul tăiat.
Joe hatte ein Auge verloren und Billees Ohr war in Stücke geschnitten
Joe își pierduse un ochi, iar urechea lui Billee fusese tăiată în bucăți.
Alle Hunde schrien die ganze Nacht vor Schmerz und Niederlage.
Toți câinii au plâns de durere și înfrângere toată noaptea.
Im Morgengrauen krochen sie wund und gebrochen zurück ins Lager.
În zori s-au strecurat înapoi în tabără, îndurerați și zdrobiți.

Die Huskies waren verschwunden, aber der Schaden war angerichtet.
Câinii husky dispăruseră, dar paguba fusese făcută.
Perrault und François standen schlecht gelaunt vor der Ruine.
Perrault și François stăteau prost dispuși deasupra ruinelor.
Die Hälfte der Lebensmittel war verschwunden und von den hungrigen Dieben geschnappt worden.
Jumătate din mâncare dispăruse, furată de hoții flămânzi.
Die Huskies hatten Schlittenbindungen und Planen zerrissen.
Câinii husky rupseseră legăturile de sanie și prelata.
Alles, was nach Essen roch, wurde vollständig verschlungen.
Orice lucru care mirosea a mâncare fusese devorat complet.
Sie aßen ein Paar von Perraults Reisestiefeln aus Elchleder.
Au mâncat o pereche de cizme de călătorie din piele de elan ale lui Perrault.
Sie zerkauten Lederreis und ruinierten Riemen, sodass sie nicht mehr verwendet werden konnten.
Au mestecat reis-uri de piele și au stricat curelele până le-au fost nefolosite.
François hörte auf, auf die zerrissene Peitsche zu starren, um nach den Hunden zu sehen.
François s-a oprit din privit biciul rupt ca să se uite la câini.
„Ah, meine Freunde", sagte er mit leiser, besorgter Stimme.
„Ah, prietenii mei", a spus el cu o voce joasă și plină de îngrijorare.
„Vielleicht verwandeln euch all diese Bisse in tollwütige Tiere."
„Poate că toate mușcăturile astea vă vor transforma în bestii nebune."
„Vielleicht alles tollwütige Hunde, heiliger Scheiß! Was meinst du, Perrault?"
„Poate că toți sunt câini turbați, sancta! Ce crezi, Perrault?"
Perrault schüttelte den Kopf, seine Augen waren dunkel vor Sorge und Angst.

Perrault clătină din cap, cu ochii întunecați de îngrijorare și frică.
Zwischen ihnen und Dawson lagen noch sechshundertvierzig Kilometer.
Patru sute de mile se mai aflau încă între ei și Dawson.
Der Hundewahnsinn könnte nun jede Überlebenschance zerstören.
Nebunia câinilor ar putea distruge acum orice șansă de supraviețuire.
Sie verbrachten zwei Stunden damit, zu fluchen und zu versuchen, die Ausrüstung zu reparieren.
Au petrecut două ore înjurând și încercând să repare echipamentul.
Das verwundete Team verließ schließlich gebrochen und besiegt das Lager.
Echipa rănită a părăsit în cele din urmă tabăra, înfrântă și zdrobită.
Dies war der bisher schwierigste Weg und jeder Schritt war schmerzhaft.
Aceasta a fost cea mai grea potecă de până acum, și fiecare pas a fost dureros.
Der Thirty Mile River war nicht zugefroren und rauschte wild.
Râul Thirty Mile nu înghețase și curgea cu putere.
Nur an ruhigen Stellen und in wirbelnden Wirbeln konnte das Eis halten.
Doar în locuri calme și vârtejuri învolburate gheața a reușit să reziste.
Sechs Tage harter Arbeit vergingen, bis die dreißig Meilen geschafft waren.
Au trecut șase zile de muncă grea până când au fost parcurși cei treizeci de mile.
Jeder Kilometer des Weges barg Gefahren und Todesgefahr.
Fiecare milă a potecii aducea pericol și amenințarea morții.
Die Männer und Hunde riskierten mit jedem schmerzhaften Schritt ihr Leben.
Bărbații și câinii își riscau viața la fiecare pas dureros.

Perrault durchbrach ein Dutzend Mal dünne Eisbrücken.
Perrault a spart poduri subțiri de gheață de o duzină de ori.
Er trug eine Stange und ließ sie über das Loch fallen, das sein Körper hinterlassen hatte.
A cărat o prăjină și a lăsat-o să cadă peste gaura pe care o făcuse corpul său.
Mehr als einmal rettete diese Stange Perrault vor dem Ertrinken.
De mai multe ori, acel stâlp l-a salvat pe Perrault de la înec.
Die Kältewelle hielt an, die Lufttemperatur lag bei minus fünfzig Grad.
Valul de frig s-a ținut, aerul era sub cincizeci de grade.
Jedes Mal, wenn er hineinfiel, musste Perrault ein Feuer anzünden, um zu überleben.
De fiecare dată când cădea, Perrault trebuia să aprindă un foc pentru a supraviețui.
Nasse Kleidung gefror schnell, also trocknete er sie in der Nähe der sengenden Hitze.
Hainele ude înghețau repede, așa că le-a uscat aproape de o căldură arzătoare.
Perrault hatte nie Angst und das machte ihn zu einem Kurier.
Nicio teamă nu l-a cuprins vreodată pe Perrault, iar asta l-a făcut curier.
Er wurde für die Gefahr auserwählt und begegnete ihr mit stiller Entschlossenheit.
A fost ales pentru pericol și l-a înfruntat cu o hotărâre liniștită.
Er drängte sich gegen den Wind vorwärts, sein runzliges Gesicht war erfroren.
A înaintat în vânt, cu fața zbârcită și degerată.
Von der Morgendämmerung bis zum Einbruch der Nacht führte Perrault sie weiter.
De la zorii palizi până la căderea nopții, Perrault i-a condus mai departe.
Er ging auf einer schmalen Eiskante, die bei jedem Schritt knackte.
A mers pe gheața îngustă care crăpa la fiecare pas.

Sie wagten nicht, anzuhalten – jede Pause hätte das Risiko eines tödlichen Zusammenbruchs bedeutet.
Nu îndrăzneau să se oprească – fiecare pauză risca o prăbușire fatală.
Einmal brach der Schlitten durch und zog Dave und Buck hinein.
Odată, sania a spart calea, trăgându-i pe Dave și Buck înăuntru.
Als sie freigezogen wurden, waren beide fast erfroren.
Până când au fost târâți să se elibereze, amândoi erau aproape înghețați.
Die Männer machten schnell ein Feuer, um Buck und Dave am Leben zu halten.
Bărbații au făcut repede un foc pentru a-i ține în viață pe Buck și Dave.
Die Hunde waren von der Nase bis zum Schwanz mit Eis bedeckt und steif wie geschnitztes Holz.
Câinii erau acoperiți de gheață din nas până la coadă, țepeni ca lemnul sculptat.
Die Männer ließen sie in der Nähe des Feuers im Kreis laufen, um ihre Körper aufzutauen.
Bărbații le-au alergat în cerc lângă foc pentru a le dezgheța corpurile.
Sie kamen den Flammen so nahe, dass ihr Fell versengt wurde.
S-au apropiat atât de mult de flăcări încât blana li s-a pârlit.
Als nächster durchbrach Spitz das Eis und zog das Team hinter sich her.
Spitz a spart gheața apoi, trăgând echipa în urma lui.
Der Bruch reichte bis zu der Stelle, an der Buck zog.
Rupa a ajuns până la locul unde trăgea Buck.
Buck lehnte sich weit zurück, seine Pfoten rutschten und zitterten auf der Kante.
Buck se lăsă puternic pe spate, labele alunecându-i și tremurând pe margine.
Dave streckte sich ebenfalls nach hinten, direkt hinter Buck auf der Leine.

Și Dave s-a întins înapoi, chiar în spatele lui Buck, pe linie.
François zog den Schlitten, seine Muskeln knackten vor Anstrengung.
François a tras de sanie, mușchii îi trosnind de la efort.
Ein anderes Mal brach das Randeis vor und hinter dem Schlitten.
Altă dată, gheața de pe margine s-a crăpat în fața și în spatele saniei.
Sie hatten keinen anderen Ausweg, als eine gefrorene Felswand zu erklimmen.
Nu aveau nicio ieșire decât să escaladeze un perete de stâncă înghețat.
Perrault schaffte es irgendwie, die Mauer zu erklimmen; wie durch ein Wunder blieb er am Leben.
Perrault a reușit cumva să escaladeze zidul; un miracol l-a ținut în viață.
François blieb unten und betete um dasselbe Glück.
François a rămas jos, rugându-se pentru același noroc.
Sie banden jeden Riemen, jede Zurrschnur und jede Leine zu einem langen Seil zusammen.
Au legat fiecare curea, legături și fire într-o singură frânghie lungă.
Die Männer zogen jeden Hund einzeln nach oben.
Bărbații au târât fiecare câine, unul câte unul, până în vârf.
François kletterte als Letzter, nach dem Schlitten und der gesamten Ladung.
François a urcat ultimul, după sanie și întreaga încărcătură.
Dann begann eine lange Suche nach einem Weg von den Klippen hinunter.
Apoi a început o lungă căutare a unei poteci care să coboare de pe stânci.
Schließlich stiegen sie mit demselben Seil ab, das sie selbst hergestellt hatten.
În cele din urmă au coborât folosind aceeași frânghie pe care o făcuseră.
Es wurde Nacht, als sie erschöpft und wund zum Flussbett zurückkehrten.

S-a lăsat noaptea când s-au întors la albia râului, epuizați și îndoliați.
Der ganze Tag hatte ihnen nur eine Viertelmeile Gewinn eingebracht.
Le-a luat o zi întreagă să parcurgă doar un sfert de milă.
Als sie das Hootalinqua erreichten, war Buck erschöpft.
Când au ajuns la Hootalinqua, Buck era deja epuizat.
Die anderen Hunde litten ebenso sehr unter den Bedingungen auf dem Trail.
Ceilalți câini au avut la fel de mult de suferit din cauza condițiilor de pe potecă.
Aber Perrault musste Zeit gutmachen und trieb sie jeden Tag weiter an.
Dar Perrault avea nevoie să recupereze timp și i-a forțat în fiecare zi.
Am ersten Tag reisten sie dreißig Meilen nach Big Salmon.
În prima zi au călătorit treizeci de mile până la Big Salmon.
Am nächsten Tag reisten sie fünfunddreißig Meilen nach Little Salmon.
A doua zi au călătorit treizeci și cinci de mile până la Little Salmon.
Am dritten Tag kämpften sie sich durch sechzig Kilometer lange, eisige Strecken.
În a treia zi, au străbătut patruzeci de mile lungi și înghețate.
Zu diesem Zeitpunkt näherten sie sich der Siedlung Five Fingers.
Până atunci, se apropiau de așezarea Five Fingers.

Bucks Füße waren weicher als die harten Füße der einheimischen Huskys.
Picioarele lui Buck erau mai moi decât picioarele tari ale husky-urilor nativi.
Seine Pfoten waren im Laufe vieler zivilisierter Generationen zart geworden.
Labele lui deveniseră fragede de-a lungul multor generații civilizate.

Vor langer Zeit wurden seine Vorfahren von Flussmännern oder Jägern gezähmt.
Cu mult timp în urmă, strămoșii săi fuseseră îmblânziți de oamenii râului sau de vânători.
Jeden Tag humpelte Buck unter Schmerzen und ging auf wunden, schmerzenden Pfoten.
În fiecare zi, Buck șchiopăta de durere, mergând pe labele dureroase și rănite.
Im Lager fiel Buck wie eine leblose Gestalt in den Schnee.
În tabără, Buck a căzut ca o formă fără viață pe zăpadă.
Obwohl Buck am Verhungern war, stand er nicht auf, um sein Abendessen einzunehmen.
Deși era înfometat, Buck nu s-a trezit să mănânce cina.
François brachte Buck seine Ration und legte ihm Fisch neben die Schnauze.
François i-a adus lui Buck rația, punând peștele lângă bot.
Jeden Abend massierte der Fahrer Bucks Füße eine halbe Stunde lang.
În fiecare seară, șoferul îi masa picioarele lui Buck timp de o jumătate de oră.
François hat sogar seine eigenen Mokassins zerschnitten, um daraus Hundeschuhe zu machen.
François chiar și-a tăiat propriii mocasini pentru a face încălțăminte pentru câini.
Vier warme Schuhe waren für Buck eine große und willkommene Erleichterung.
Patru pantofi călduroși i-au dat lui Buck o mare și binevenită ușurare.
Eines Morgens vergaß François die Schuhe und Buck weigerte sich aufzustehen.
Într-o dimineață, François a uitat pantofii, iar Buck a refuzat să se trezească.
Buck lag auf dem Rücken, die Füße in der Luft, und wedelte mitleiderregend damit herum.
Buck zăcea pe spate, cu picioarele în aer, fluturându-le jalnic.
Sogar Perrault grinste beim Anblick von Bucks dramatischer Bitte.

Chiar și Perrault a rânjit la vederea pledoariei dramatice a lui Buck.
Bald wurden Bucks Füße hart und die Schuhe konnten weggeworfen werden.
Curând, picioarele lui Buck s-au întărit, iar pantofii au putut fi aruncați.
In Pelly stieß Dolly beim Angeschirrtwerden ein schreckliches Heulen aus.
La Pelly, în timpul orei de ham, Dolly a scos un urlet îngrozitor.
Der Schrei war lang und voller Wahnsinn und erschütterte jeden Hund.
Strigătul a fost lung și plin de nebunie, zguduind toți câinii.
Jeder Hund zuckte vor Angst zusammen, ohne den Grund zu kennen.
Fiecare câine tresări de frică, fără să știe motivul.
Dolly war verrückt geworden und stürzte sich direkt auf Buck.
Dolly înnebunise și se aruncase direct asupra lui Buck.
Buck hatte noch nie Wahnsinn gesehen, aber sein Herz war von Entsetzen erfüllt.
Buck nu mai văzuse niciodată nebunia, dar groaza îi umplea inima.
Ohne nachzudenken, drehte er sich um und floh in absoluter Panik.
Fără să stea pe gânduri, s-a întors și a fugit cuprins de panică.
Dolly jagte ihm hinterher, ihre Augen waren wild, Speichel spritzte aus ihrem Maul.
Dolly l-a urmărit, cu ochii sălbatici și saliva șiroindu-i de pe fălci.
Sie blieb direkt hinter Buck, holte nie auf und fiel nie zurück.
Ea a ținut imediat în spatele lui Buck, fără să câștige niciodată teren și fără să se retragă.
Buck rannte durch den Wald, die Insel hinunter und über zerklüftetes Eis.
Buck a alergat prin pădure, pe insulă, peste gheața zimțată.

Er überquerte die Insel und erreichte eine weitere, bevor er im Kreis zurück zum Fluss ging.
A traversat spre o insulă, apoi spre alta, înconjurând înapoi spre râu.
Dolly jagte ihn immer noch und knurrte ihn bei jedem Schritt an.
Dolly tot îl urmărea, mârâind îndeaproape la fiecare pas.
Buck konnte ihren Atem und ihre Wut hören, obwohl er es nicht wagte, zurückzublicken.
Buck îi putea auzi respirația și furia, deși nu îndrăznea să se uite înapoi.
François rief aus der Ferne und Buck drehte sich in die Richtung der Stimme um.
François a strigat de departe, iar Buck s-a întors spre voce.
Immer noch nach Luft schnappend rannte Buck vorbei und setzte seine ganze Hoffnung auf François.
Încă gâfâind după aer, Buck a trecut în fugă, punându-și toată speranța în François.
Der Hundeführer hob eine Axt und wartete, während Buck vorbeiflog.
Conducătorul de câine a ridicat un topor și a așteptat în timp ce Buck trecea în viteză pe lângă el.
Die Axt kam schnell herunter und traf Dollys Kopf mit tödlicher Wucht.
Toporul a căzut repede și a lovit-o pe Dolly în cap cu o forță mortală.
Buck brach neben dem Schlitten zusammen, keuchte und konnte sich nicht bewegen.
Buck s-a prăbușit lângă sanie, gâfâind și incapabil să se miște.
In diesem Moment hatte Spitz die Chance, einen erschöpften Gegner zu schlagen.
Acel moment i-a oferit lui Spitz șansa de a lovi un dușman epuizat.
Zweimal biss er Buck und riss das Fleisch bis auf den weißen Knochen auf.
De două ori l-a mușcat pe Buck, sfâșiind carnea până la osul alb.

François' Peitsche knallte und traf Spitz mit voller, wütender Wucht.
Biciul lui François trosni, lovindu-l pe Spitz cu o forță deplină și furioasă.
Buck sah mit Freude zu, wie Spitz seine bisher härteste Tracht Prügel bekam.
Buck a privit cu bucurie cum Spitz a primit cea mai aspră bătaie de până acum.
„Er ist ein Teufel, dieser Spitz", murmelte Perrault düster vor sich hin.
„E un diavol, Spitzul ăsta," mormăi Perrault sumbru.
„Eines Tages wird dieser verfluchte Hund Buck töten – das schwöre ich."
„Într-o zi, în curând, câinele ăla blestemat îl va ucide pe Buck – jur."
„Dieser Buck hat zwei Teufel in sich", antwortete François mit einem Nicken.
„Buck ăsta are doi diavoli în el", răspunse François dând din cap.
„Wenn ich Buck beobachte, weiß ich, dass etwas Wildes in ihm lauert."
„Când îl privesc pe Buck, știu că ceva feroce se ascunde în el."
„Eines Tages wird er rasend vor Wut werden und Spitz in Stücke reißen."
„Într-o zi, se va înfuria ca focul și îl va sfâșia pe Spitz."
„Er wird den Hund zerkauen und ihn auf den gefrorenen Schnee spucken."
„O să roadă câinele ăla și o să-l scuipe pe zăpada înghețată."
„Das weiß ich ganz sicher tief in meinem Innern."
„Sigur că știu asta în adâncul oaselor mele."
Von diesem Moment an befanden sich die beiden Hunde im Krieg.
Din acel moment, cei doi câini au fost prinși într-un război.
Spitz führte das Team an und hatte die Macht, aber Buck stellte das in Frage.
Spitz conducea echipa și deținea puterea, dar Buck a contestat acest lucru.

Spitz sah seinen Rang durch diesen seltsamen Fremden aus dem Süden bedroht.
Spitz își vedea rangul amenințat de acest ciudat străin din Southland.
Buck war anders als alle Südstaatenhunde, die Spitz zuvor gekannt hatte.
Buck era diferit de orice câine din sud pe care Spitz îl cunoscuse până atunci.
Die meisten von ihnen scheiterten – sie waren zu schwach, um Kälte und Hunger zu überleben.
Majoritatea au eșuat — prea slabi ca să supraviețuiască frigului și foamei.
Sie starben schnell unter der harten Arbeit, dem Frost und der langsamen Hungersnot.
Au murit repede din cauza muncii, a gerului și a arsurilor lente ale foametei.
Buck stand abseits – mit jedem Tag stärker, klüger und wilder.
Buck s-a detașat - mai puternic, mai deștept și mai sălbatic în fiecare zi.
Er gedieh trotz aller Härte und wuchs heran, bis er den nördlichen Huskies ebenbürtig war.
A prosperat în greutăți, devenind egal cu husky-ii nordici.
Buck hatte Kraft, wilde Geschicklichkeit und einen geduldigen, tödlichen Instinkt.
Buck avea forță, îndemânare sălbatică și un instinct răbdător și mortal.
Der Mann mit der Keule hatte Buck die Unbesonnenheit ausgetrieben.
Bărbatul cu bâta îl făcuse pe Buck să se strice.
Die blinde Wut war verschwunden und durch stille Gerissenheit und Kontrolle ersetzt worden.
Furia oarbă dispăruse, înlocuită de viclenie tăcută și control.
Er wartete ruhig und ursprünglich und wartete auf den richtigen Moment.
A așteptat, calm și primordial, așteptând momentul potrivit.

Ihr Kampf um die Vorherrschaft wurde unvermeidlich und deutlich.
Lupta lor pentru comandă a devenit inevitabilă și clară.
Buck strebte nach einer Führungsposition, weil sein Geist es verlangte.
Buck își dorea conducerea pentru că spiritul său o cerea.
Er wurde von dem seltsamen Stolz getrieben, der aus der Jagd und dem Geschirr entstand.
Era mânat de strania mândrie născută din potecă și ham.
Dieser Stolz ließ die Hunde ziehen, bis sie im Schnee zusammenbrachen.
Mândria aceea i-a făcut pe câini să tragă până s-au prăbușit în zăpadă.
Der Stolz verleitete sie dazu, all ihre Kraft einzusetzen.
Mândria i-a ademenit să dea toată puterea pe care o aveau.
Stolz kann einen Schlittenhund sogar in den Tod treiben.
Mândria poate ademeni un câine de sanie chiar până la moarte.
Der Verlust des Geschirrs ließ die Hunde gebrochen und ziellos zurück.
Pierderea hamului i-a lăsat pe câini frânți și fără scop.
Das Herz eines Schlittenhundes kann vor Scham brechen, wenn er in den Ruhestand geht.
Inima unui câine de sanie poate fi zdrobită de rușine când se retrage.
Dave lebte von diesem Stolz, während er den Schlitten hinter sich herzog.
Dave trăia după acea mândrie în timp ce trăgea sania din spate.
Auch Solleks gab mit grimmiger Stärke und Loyalität alles.
Și Solleks a dat totul cu o forță sumbră și o loialitate sumbre.
Jeden Morgen verwandelte der Stolz ihre Verbitterung in Entschlossenheit.
În fiecare dimineață, mândria îi transforma din amărăciune în hotărâre.
Sie drängten den ganzen Tag und verstummten dann am Ende des Lagers.

Au împins toată ziua, apoi au tăcut la capătul taberei.
Dieser Stolz gab Spitz die Kraft, Drückeberger zur Räson zu bringen.
Această mândrie i-a dat lui Spitz puterea să-i învingă pe escroci și să-i pună la punct.
Spitz fürchtete Buck, weil Buck denselben tiefen Stolz in sich trug.
Spitz se temea de Buck pentru că Buck purta aceeași mândrie profundă.
Bucks Stolz wandte sich nun gegen Spitz, und er ließ nicht locker.
Mândria lui Buck s-a înfuriat acum împotriva lui Spitz și nu s-a mai oprit.
Buck widersetzte sich Spitz' Macht und hinderte ihn daran, Hunde zu bestrafen.
Buck a sfidat puterea lui Spitz și l-a împiedicat să pedepsească câinii.
Als andere versagten, stellte sich Buck zwischen sie und ihren Anführer.
Când alții au eșuat, Buck s-a interpus între ei și liderul lor.
Er tat dies mit Absicht und brachte seine Herausforderung offen und deutlich zum Ausdruck.
A făcut asta cu intenție, făcându-și provocarea deschisă și clară.
In einer Nacht hüllte schwerer Schnee die Welt in tiefe Stille.
Într-o noapte, o ninsoare abundentă a acoperit lumea într-o liniște adâncă.
Am nächsten Morgen stand Pike, faul wie immer, nicht zur Arbeit auf.
A doua zi dimineață, Pike, leneșă ca întotdeauna, nu s-a trezit ca să lucreze.
Er blieb in seinem Nest unter einer dicken Schneeschicht verborgen.
A rămas ascuns în cuibul său sub un strat gros de zăpadă.
François rief und suchte, konnte den Hund jedoch nicht finden.

François a strigat și a căutat, dar nu a putut găsi câinele.
Spitz wurde wütend und stürmte durch das schneebedeckte Lager.
Spitz s-a înfuriat și a năvălit prin tabăra acoperită de zăpadă.
Er knurrte und schnüffelte und grub wie verrückt mit flammenden Augen.
A mârâit și a adulmecat, săpând nebunește cu ochi arzători.
Seine Wut war so heftig, dass Pike vor Angst unter dem Schnee zitterte.
Furia lui era atât de aprigă încât Pike tremura sub zăpadă de frică.
Als Pike schließlich gefunden wurde, stürzte sich Spitz auf den versteckten Hund, um ihn zu bestrafen.
Când Pike a fost în sfârșit găsit, Spitz s-a repezit să-l pedepsească pe câinele care se ascundea.
Doch Buck sprang mit einer Wut zwischen sie, die Spitz' eigener ebenbürtig war.
Dar Buck sări între ei cu o furie egală cu a lui Spitz.
Der Angriff erfolgte so plötzlich und geschickt, dass Spitz umfiel.
Atacul a fost atât de brusc și ingenios încât Spitz a căzut din picioare.
Pike, der gezittert hatte, schöpfte aus diesem Trotz neuen Mut.
Pike, care tremura, prinse curaj din cauza acestei sfidări.
Er sprang auf den gefallenen Spitz und folgte Bucks mutigem Beispiel.
A sărit pe Spitzul căzut, urmând exemplul îndrăzneț al lui Buck.
Buck, der nicht länger an Fairness gebunden war, beteiligte sich am Angriff auf Spitz.
Buck, nemaifiind obligat de corectitudine, s-a alăturat grevei de pe Spitz.
François, amüsiert, aber dennoch diszipliniert, schwang seine schwere Peitsche.
François, amuzat, dar ferm în disciplina sa, își lovi biciul greu.
Er schlug Buck mit aller Kraft, um den Kampf zu beenden.

L-a lovit pe Buck cu toată puterea ca să oprească lupta.
Buck weigerte sich, sich zu bewegen und blieb auf dem gefallenen Anführer sitzen.
Buck a refuzat să se miște și a rămas deasupra liderului căzut.
Dann benutzte François den Griff der Peitsche und schlug Buck damit heftig.
François a folosit apoi mânerul biciului, lovindu-l puternic pe Buck.
Buck taumelte unter dem Schlag und fiel zurück.
Clătinându-se din cauza loviturii, Buck a căzut înapoi sub asalt.
François schlug immer wieder zu, während Spitz Pike bestrafte.
François lovea iar și iar, în timp ce Spitz îl pedepsea pe Pike.

Die Tage vergingen und Dawson City kam immer näher.
Zilele treceau, iar Dawson City se apropia din ce în ce mai mult.
Buck mischte sich immer wieder ein und schlüpfte zwischen Spitz und andere Hunde.
Buck se tot amesteca, strecurându-se între Spitz și alți câini.
Er wählte seine Momente gut und wartete immer darauf, dass François ging.
Își alegea bine momentele, așteptând mereu ca François să plece.
Bucks stille Rebellion breitete sich aus und im Team breitete sich Unordnung aus.
Revolta tăcută a lui Buck s-a răspândit, iar dezordinea a prins rădăcini în echipă.
Dave und Solleks blieben loyal, andere jedoch wurden widerspenstig.
Dave și Solleks au rămas loiali, dar alții au devenit indisciplinați.
Die Situation im Team wurde immer schlimmer – es wurde unruhig, streitsüchtig und geriet aus der Reihe.
Echipa a devenit din ce în ce mai neliniștită - neliniștită, certăreață și dezechilibrată.

Nichts lief mehr reibungslos und es kam immer wieder zu Streit.
Nimic nu a mai funcționat bine, iar luptele au devenit frecvente.
Buck blieb im Zentrum des Chaos und provozierte ständig Unruhe.
Buck a rămas în centrul necazurilor, provocând mereu tulburări.
François blieb wachsam, aus Angst vor dem Kampf zwischen Buck und Spitz.
François a rămas alert, temându-se de lupta dintre Buck și Spitz.
Jede Nacht wurde er durch Rangeleien geweckt, aus Angst, dass es endlich losgehen würde.
În fiecare noapte, încăierările îl trezeau, temându-se că, în sfârșit, începea.
Er sprang aus seiner Robe, bereit, den Kampf zu beenden.
A sărit din roba sa, gata să oprească lupta.
Aber der Moment kam nie und sie erreichten schließlich Dawson.
Dar momentul nu a venit niciodată și au ajuns în sfârșit la Dawson.
Das Team betrat die Stadt an einem trüben Nachmittag, angespannt und still.
Echipa a intrat în oraș într-o după-amiază mohorâtă, tensionată și liniștită.
Der große Kampf um die Führung hing noch immer in der eisigen Luft.
Marea bătălie pentru conducere încă plutea în aerul înghețat.
Dawson war voller Männer und Schlittenhunde, die alle mit der Arbeit beschäftigt waren.
Dawson era plin de bărbați și câini de sanie, toți ocupați cu munca.
Buck beobachtete die Hunde von morgens bis abends beim Lastenziehen.
Buck a privit câinii cum trăgeau poverile de dimineața până seara.

Sie transportierten Baumstämme und Brennholz und lieferten Vorräte an die Minen.
Cărau bușteni și lemne de foc, transportau provizii la mine.
Wo früher im Süden Pferde arbeiteten, schufteten heute Hunde.
Acolo unde odinioară lucrau caii în Southland, acum munceau câinii.
Buck sah einige Hunde aus dem Süden, aber die meisten waren wolfsähnliche Huskys.
Buck a văzut niște câini din Sud, dar majoritatea erau husky-uri care semănau cu lupii.
Nachts erhoben die Hunde pünktlich zum ersten Mal ihre Stimmen zum Singen.
Noaptea, ca un ceasornic, câinii își ridicau vocile în cântec.
Um neun, um Mitternacht und erneut um drei begann der Gesang.
La nouă, la miezul nopții și din nou la trei, au început cântecele.
Buck liebte es, in ihren unheimlichen Gesang einzustimmen, der wild und uralt klang.
Lui Buck îi plăcea să se alăture cântecului lor straniu, al cărui sunet era sălbatic și străvechi.
Das Polarlicht flammte, die Sterne tanzten und das Land war mit Schnee bedeckt.
Aurora strălucea, stelele dansau, iar zăpada acoperea pământul.
Der Gesang der Hunde erhob sich als Aufschrei gegen die Stille und die bittere Kälte.
Cântecul câinilor se înălța ca un strigăt împotriva tăcerii și a frigului aspru.
Doch in jedem langen Ton ihres Heulens war Trauer und nicht Trotz zu hören.
Dar urletul lor conținea tristețe, nu sfidare, în fiecare notă lungă.
Jeder Klageschrei war voller Flehen; die Last des Lebens selbst.

Fiecare strigăt de vaier era plin de implorări; povara vieții însăși.
Dieses Lied war alt – älter als Städte und älter als Feuer
Cântecul acela era vechi - mai vechi decât orașele și mai vechi decât incendiile
Dieses Lied war sogar älter als die Stimmen der Menschen.
Cântecul acela era mai vechi chiar decât vocile oamenilor.
Es war ein Lied aus der jungen Welt, als alle Lieder traurig waren.
A fost un cântec din lumea tânără, când toate cântecele erau triste.
Das Lied trug den Kummer unzähliger Hundegenerationen in sich.
Cântecul purta durerea nenumărate generații de câini.
Buck spürte die Melodie tief und stöhnte vor jahrhundertealtem Schmerz.
Buck a simțit melodia adânc, gemând din cauza unei dureri înrădăcinate în secole.
Er schluchzte aus einem Kummer, der so alt war wie das wilde Blut in seinen Adern.
A plâns din suspine din cauza unei dureri la fel de veche ca sângele sălbatic din venele sale.
Die Kälte, die Dunkelheit und das Geheimnisvolle berührten Bucks Seele.
Frigul, întunericul și misterul au atins sufletul lui Buck.
Dieses Lied bewies, wie weit Buck zu seinen Ursprüngen zurückgekehrt war.
Cântecul acela a dovedit cât de mult se întorsese Buck la originile sale.
Durch Schnee und Heulen hatte er den Anfang seines eigenen Lebens gefunden.
Prin zăpadă și urlete, își găsise începutul propriei vieți.

Sieben Tage nach ihrer Ankunft in Dawson brachen sie erneut auf.
La șapte zile după sosirea în Dawson, au pornit din nou la drum.

Das Team verließ die Kaserne und fuhr hinunter zum Yukon Trail.
Echipa a coborât de la cazarmă pe traseul Yukon.
Sie begannen die Rückreise nach Dyea und Salt Water.
Au început călătoria înapoi spre Dyea și Salt Water.
Perrault überbrachte noch dringlichere Depeschen als zuvor.
Perrault a transportat corespondențe și mai urgente decât înainte.
Auch ihn packte der Trail-Stolz, und er wollte einen Rekord aufstellen.
De asemenea, a fost cuprins de mândria patinajului și și-a propus să stabilească un record.
Diesmal hatte Perrault mehrere Vorteile.
De data aceasta, mai multe avantaje erau de partea lui Perrault.
Die Hunde hatten eine ganze Woche lang geruht und ihre Kräfte wiedererlangt.
Câinii se odihniseră o săptămână întreagă și își recăpătaseră puterile.
Die Spur, die sie gebahnt hatten, wurde nun von anderen festgestampft.
Drumul pe care îl croiseră era acum brăzdat de alții.
An manchen Stellen hatte die Polizei Futter für Hunde und Menschen gelagert.
În unele locuri, poliția depozitase mâncare atât pentru câini, cât și pentru bărbați.
Perrault reiste mit leichtem Gepäck und bewegte sich schnell, ohne dass ihn etwas belastete.
Perrault a călătorit ușor, mișcându-se repede, cu puține lucruri care să-l împovăreze.
Sie erreichten Sixty-Mile, eine Strecke von achtzig Kilometern, noch in der ersten Nacht.
Au ajuns la Sixty-Mile, o alergare de cincizeci de mile, în prima noapte.
Am zweiten Tag eilten sie den Yukon hinauf nach Pelly.
În a doua zi, au pornit în grabă pe Yukon spre Pelly.

Doch dieser tolle Fortschritt war für François mit vielen Strapazen verbunden.
Însă un astfel de progres excelent a venit cu mult efort pentru François.
Bucks stille Rebellion hatte die Disziplin des Teams zerstört.
Rebeliunea tăcută a lui Buck spulberase disciplina echipei.
Sie zogen nicht mehr wie ein Tier an den Zügeln.
Nu se mai țineau laolaltă ca o singură fiară în frâie.
Buck hatte durch sein mutiges Beispiel andere zum Trotz verleitet.
Buck îi determinase pe alții să se răzgândească prin exemplul său îndrăzneț.
Spitz' Befehl stieß weder auf Furcht noch auf Respekt.
Ordinul lui Spitz nu mai era întâmpinat cu frică sau respect.
Die anderen verloren ihre Ehrfurcht vor ihm und wagten es, sich seiner Herrschaft zu widersetzen.
Ceilalți și-au pierdut venerația față de el și au îndrăznit să se opună domniei sale.
Eines Nachts stahl Pike einen halben Fisch und aß ihn vor Bucks Augen.
Într-o noapte, Pike a furat jumătate de pește și l-a mâncat sub ochiul lui Buck.
In einer anderen Nacht kämpften Dub und Joe gegen Spitz und blieben ungestraft.
Într-o altă noapte, Dub și Joe s-au luptat cu Spitz și au rămas nepedepsiți.
Sogar Billee jammerte weniger süß und zeigte eine neue Schärfe.
Chiar și Billee se văicărea mai puțin dulce și dădea dovadă de o nouă ascuțime.
Buck knurrte Spitz jedes Mal an, wenn sich ihre Wege kreuzten.
Buck mârâia la Spitz de fiecare dată când se intersectau.
Bucks Haltung wurde dreist und bedrohlich, fast wie die eines Tyrannen.

Atitudinea lui Buck deveni îndrăzneață și amenințătoare, aproape ca a unui bătăuș.

Mit stolzgeschwellter Brust und voller spöttischer Bedrohung schritt er vor Spitz auf und ab.

Pășea prin fața lui Spitz cu o aroganță arogantă, plină de o amenințare batjocoritoare.

Dieser Zusammenbruch der Ordnung breitete sich auch unter den Schlittenhunden aus.

Acea prăbușire a ordinii s-a răspândit și printre câinii de sanie.

Sie stritten und stritten mehr denn je und erfüllten das Lager mit Lärm.

S-au luptat și s-au certat mai mult ca niciodată, umplând tabăra cu gălăgie.

Das Lagerleben verwandelte sich jede Nacht in ein wildes, heulendes Chaos.

Viața în tabără se transforma în fiecare noapte într-un haos sălbatic, urlător.

Nur Dave und Solleks blieben ruhig und konzentriert.

Doar Dave și Solleks au rămas calmi și concentrați.

Doch selbst sie wurden durch die ständigen Schlägereien ungehalten.

Dar chiar și ei au devenit irascibili din cauza certurilor constante.

François fluchte in fremden Sprachen und stampfte frustriert auf.

François a înjurat în limbi ciudate și a călcat în picioare de frustrare.

Er riss sich die Haare aus und schrie, während der Schnee unter seinen Füßen wirbelte.

Și-a smuls părul și a țipat în timp ce zăpada cădea sub picioare.

Seine Peitsche knallte über das Rudel, konnte es aber kaum in Schach halten.

Biciul său a lovit haita cu putere, dar abia i-a ținut în linie.

Immer wenn er sich umdrehte, brachen die Kämpfe erneut aus.

Ori de câte ori îi întorcea spatele, luptele izbucneau din nou.

François setzte die Peitsche für Spitz ein, während Buck die Rebellen anführte.
François a folosit biciul pentru Spitz, în timp ce Buck i-a condus pe rebeli.
Jeder kannte die Rolle des anderen, aber Buck vermied jegliche Schuldzuweisungen.
Fiecare știa rolul celuilalt, dar Buck evita orice învinovățire.
François hat Buck nie dabei erwischt, wie er eine Schlägerei anfing oder sich vor seiner Arbeit drückte.
François nu l-a prins niciodată pe Buck inițiind o ceartă sau eschivându-se de la serviciu.
Buck arbeitete hart im Geschirr – die Mühe erfüllte ihn jetzt mit Begeisterung.
Buck muncea din greu, purtat de hamuri — truda îi încânta acum spiritul.
Doch noch mehr Freude bereitete ihm das Anzetteln von Kämpfen und Chaos im Lager.
Dar găsea și mai multă bucurie în a stârni lupte și haos în tabără.

Eines Abends schreckte Dub an der Mündung des Tahkeena ein Kaninchen auf.
Într-o seară, la gura Tahkeenei, Dub a speriat un iepure.
Er verpasste den Fang und das Schneeschuhkaninchen sprang davon.
A ratat captura, iar iepurele cu rachete de zăpadă a sărit departe.
Innerhalb von Sekunden nahm das gesamte Schlittenteam unter wildem Geschrei die Verfolgung auf.
În câteva secunde, întregul echipaj de sanie i-a urmărit cu țipete sălbatice.
In der Nähe beherbergte ein Lager der Northwest Police fünfzig Huskys.
În apropiere, o tabără a Poliției de Nord-Vest adăpostea cincizeci de câini husky.
Sie schlossen sich der Jagd an und stürmten gemeinsam den zugefrorenen Fluss hinunter.

S-au alăturat vânătorii, coborând împreună râul înghețat.
Das Kaninchen verließ den Fluss und floh in ein gefrorenes Bachbett.
Iepurele a ocolit râul, fugind în susul unui pârâu înghețat.
Das Kaninchen hüpfte leichtfüßig über den Schnee, während die Hunde sich durchkämpften.
Iepurele sărea ușor prin zăpadă, în timp ce câinii se chinuiau să treacă prin ea.
Buck führte das riesige Rudel von sechzig Hunden um jede Kurve.
Buck conducea haita masivă de șaizeci de câini în jurul fiecărei curbe șerpuitoare.
Er drängte tief und eifrig vorwärts, konnte jedoch keinen Boden gutmachen.
A înaintat, jos și nerăbdător, dar nu a putut câștiga teren.
Bei jedem kraftvollen Sprung blitzte sein Körper im blassen Mondlicht auf.
Corpul său sclipea sub lumina palidă a lunii la fiecare salt puternic.
Vor uns bewegte sich das Kaninchen wie ein Geist, lautlos und zu schnell, um es einzufangen.
În față, iepurele se mișca ca o fantomă, tăcut și prea repede pentru a fi prins.
All diese alten Instinkte – der Hunger, der Nervenkitzel – durchströmten Buck.
Toate acele vechi instincte – foamea, fiorul – l-au străbătut pe Buck.
Manchmal verspüren Menschen diesen Instinkt und werden dazu getrieben, mit Gewehr und Kugel zu jagen.
Oamenii simt acest instinct uneori, fiind împinși să vâneze cu pușca și gloanțele.
Aber Buck empfand dieses Gefühl auf einer tieferen und persönlicheren Ebene.
Dar Buck a simțit acest sentiment la un nivel mai profund și mai personal.
Sie konnten die Wildnis nicht in ihrem Blut spüren, so wie Buck sie spüren konnte.

Nu puteau simți sălbăticia din sângele lor așa cum o simțea Buck.
Er jagte lebendes Fleisch, bereit, mit seinen Zähnen zu töten und Blut zu schmecken.
A urmărit carne vie, gata să ucidă cu dinții și să guste sânge.
Sein Körper spannte sich vor Freude, er wollte in warmem, rotem Leben baden.
Corpul său se încorda de bucurie, dorind să se scalde în viața caldă și roșie.
Eine seltsame Freude markiert den höchsten Punkt, den das Leben jemals erreichen kann.
O bucurie stranie marchează cel mai înalt punct pe care viața îl poate atinge vreodată.
Das Gefühl eines Gipfels, bei dem die Lebenden vergessen, dass sie überhaupt am Leben sind.
Sentimentul unui vârf unde cei vii uită că sunt în viață.
Diese tiefe Freude berührt den Künstler, der sich in glühender Inspiration verliert.
Această bucurie profundă îl atinge pe artistul pierdut în inspirația aprinsă.
Diese Freude ergreift den Soldaten, der wild kämpft und keinen Feind verschont.
Această bucurie îl cuprinde pe soldatul care luptă cu sălbăticie și nu cruță niciun dușman.
Diese Freude erfasste nun Buck, der das Rudel mit seinem Urhunger anführte.
Această bucurie îl cuprinse acum pe Buck, în timp ce conducea haita cu o foame primordială.
Er heulte mit dem uralten Wolfsschrei, aufgeregt durch die lebendige Jagd.
A urlat cu străvechiul strigăt de lup, încântat de goana vie.
Buck hat den ältesten Teil seiner selbst angezapft, der in der Wildnis verloren war.
Buck a atins cea mai veche parte a ființei sale, pierdută în sălbăticie.
Er griff tief in sein Inneres, in die Vergangenheit, in die raue, uralte Zeit.

A sărit adânc în suflet, dincolo de amintiri, în timpul brut, străvechi.

Eine Welle puren Lebens durchströmte jeden Muskel und jede Sehne.

Un val de viață pură a năvălit prin fiecare mușchi și tendon.

Jeder Sprung schrie, dass er lebte, dass er durch den Tod ging.

Fiecare salt striga că trăiește, că trece prin moarte.

Sein Körper schwebte freudig über stilles, kaltes Land, das sich nie regte.

Corpul său se înălța bucuros peste un ținut nemișcat și rece, care nu se mișca niciodată.

Spitz blieb selbst in seinen wildesten Momenten kalt und listig.

Spitz a rămas rece și viclean, chiar și în cele mai nebunești momente ale sale.

Er verließ den Pfad und überquerte das Land, wo der Bach eine weite Biegung machte.

A părăsit poteca și a traversat un ținut unde pârâul se curba larg.

Buck, der davon nichts wusste, blieb auf dem gewundenen Pfad des Kaninchens.

Buck, fără să știe de asta, a rămas pe cărarea șerpuitoare a iepurelui.

Dann, als Buck um eine Kurve bog, stand das geisterhafte Kaninchen vor ihm.

Apoi, când Buck a luat o curbă, iepurele cu aspect de fantomă a apărut în fața lui.

Er sah, wie eine zweite Gestalt vor der Beute vom Ufer sprang.

A văzut o a doua siluetă sărind de pe mal înaintea prăzii.

Bei der Gestalt handelte es sich um Spitz, der direkt auf dem Weg des fliehenden Kaninchens landete.

Silueta era Spitz, care ateriza chiar în calea iepurelui care fugea.

Das Kaninchen konnte sich nicht umdrehen und traf mitten in der Luft auf Spitz' Kiefer.

Iepurele nu se putea întoarce și a lovit fălcile lui Spitz în aer.
Das Rückgrat des Kaninchens brach mit einem Schrei, der so scharf war wie der Schrei eines sterbenden Menschen.
Șira spinării iepurelui s-a rupt cu un țipăt la fel de ascuțit ca strigătul unui om pe moarte.
Bei diesem Geräusch – dem Sturz vom Leben in den Tod – heulte das Rudel laut auf.
La acel sunet – căderea de la viață la moarte – haita a urlat tare.
Hinter Buck erhob sich ein wilder Chor voller dunkler Freude.
Un cor sălbatic s-a ridicat din spatele lui Buck, plin de o încântare sumbră.
Buck gab keinen Schrei von sich, keinen Laut, und stürmte direkt auf Spitz zu.
Buck nu a scos niciun țipăt, niciun sunet și s-a năpustit direct asupra lui Spitz.
Er zielte auf die Kehle, traf aber stattdessen die Schulter.
A țintit spre gât, dar a lovit în schimb umărul.
Sie stürzten durch den weichen Schnee, ihre Körper waren in einen Kampf verstrickt.
Se rostogoleau prin zăpadă moale; trupurile lor erau înlănțuite în luptă.
Spitz sprang schnell auf, als wäre er nie niedergeschlagen worden.
Spitz a sărit repede în sus, ca și cum n-ar fi fost doborât deloc.
Er schlug auf Bucks Schulter und sprang dann aus dem Kampf.
L-a lovit pe Buck la umăr, apoi a sărit din luptă.
Zweimal schnappten seine Zähne wie Stahlfallen, seine Lippen waren grimmig gekräuselt.
De două ori dinții i-au pocnit ca niște capcane de oțel, buzele strâmbate și fioroase.
Er wich langsam zurück und suchte festen Boden unter seinen Füßen.
S-a retras încet, căutând teren solid sub picioare.
Buck verstand den Moment sofort und vollkommen.

Buck a înțeles momentul instantaneu și pe deplin.
Die Zeit war gekommen; der Kampf würde ein Kampf auf Leben und Tod werden.
Sosise momentul; lupta urma să fie o luptă pe viață și pe moarte.
Die beiden Hunde umkreisten knurrend den Raum, legten die Ohren an und kniffen die Augen zusammen.
Cei doi câini se învârteau în cerc, mârâind, cu urechile plesnite și ochii mijiți.
Jeder Hund wartete darauf, dass der andere Schwäche zeigte oder einen Fehltritt machte.
Fiecare câine aștepta ca celălalt să arate slăbiciune sau să facă un pas greșit.
Buck hatte ein unheimliches Gefühl, die Szene zu kennen und tief in Erinnerung zu behalten.
Pentru Buck, scena părea straniu de cunoscută și profund amintită.
Die weißen Wälder, die kalte Erde, die Schlacht im Mondlicht.
Pădurile albe, pământul rece, bătălia sub lumina lunii.
Eine schwere Stille erfüllte das Land, tief und unnatürlich.
O liniște apăsătoare umplea pământul, adâncă și nefirească.
Kein Wind regte sich, kein Blatt bewegte sich, kein Geräusch unterbrach die Stille.
Niciun vânt nu se mișca, nicio frunză nu spargea, niciun sunet nu strica liniștea.
Der Atem der Hunde stieg wie Rauch in die eiskalte, stille Luft.
Respirațiile câinilor se înălțau ca fumul în aerul înghețat și liniștit.
Das Kaninchen war von der Meute der wilden Tiere längst vergessen.
Iepurele a fost de mult uitat de haita de animale sălbatice.
Diese halb gezähmten Wölfe standen nun still in einem weiten Kreis.
Acești lupi pe jumătate îmblânziți stăteau acum nemișcați, formând un cerc larg.

Sie waren still, nur ihre leuchtenden Augen verrieten ihren Hunger.
Erau tăcuți, doar ochii lor strălucitori le dezvăluia foamea.
Ihr Atem stieg auf, als sie den Beginn des Endkampfes beobachteten.
Respirația li s-a ridicat, privind cum începe lupta finală.
Für Buck war dieser Kampf alt und erwartet, überhaupt nicht ungewöhnlich.
Pentru Buck, această bătălie era veche și așteptată, deloc ciudată.
Es fühlte sich an wie die Erinnerung an etwas, das schon immer passieren sollte.
Părea o amintire a ceva menit să se întâmple mereu.
Spitz war ein ausgebildeter Kampfhund, gestählt durch zahllose wilde Schlägereien.
Spitzul era un câine de luptă dresat, perfecționat prin nenumărate încăierări sălbatice.
Von Spitzbergen bis Kanada hatte er viele Feinde besiegt.
De la Spitzbergen până în Canada, el stăpânise mulți dușmani.
Er war voller Wut, ließ seiner Wut jedoch nie freien Lauf.
Era cuprins de furie, dar nu și-a dat niciodată stăpânire de furie.
Seine Leidenschaft war scharf, aber immer durch einen harten Instinkt gemildert.
Pasiunea lui era ascuțită, dar întotdeauna temperată de un instinct dur.
Er griff nie an, bis seine eigene Verteidigung stand.
Nu a atacat niciodată până când nu și-a pus în aplicare propria apărare.
Buck versuchte immer wieder, Spitz' verwundbaren Hals zu erreichen.
Buck a încercat iar și iar să ajungă la gâtul vulnerabil al lui Spitz.
Doch jeder Schlag wurde von Spitz' scharfen Zähnen mit einem Hieb beantwortet.
Dar fiecare lovitură era întâmpinată de o tăietură din dinții ascuțiți ai lui Spitz.

Ihre Reißzähne prallten aufeinander und beide Hunde bluteten aus den aufgerissenen Lippen.
Colții li s-au ciocnit, iar ambii câini au sângerat din buzele sfâșiate.
Egal, wie sehr Buck sich auch wehrte, er konnte die Verteidigung nicht durchbrechen.
Indiferent cum s-ar fi aruncat Buck, nu a putut sparge apărarea.
Er wurde immer wütender und stürmte mit wilden Kraftausbrüchen hinein.
A devenit și mai furios, năvălind cu izbucniri sălbatice de putere.
Immer wieder schlug Buck nach der weißen Kehle von Spitz.
Buck a lovit iar și iar gâtul alb al lui Spitz.
Jedes Mal wich Spitz aus und schlug mit einem schneidenden Biss zurück.
De fiecare dată, Spitz se eschiva și riposta cu o mușcătură tăioasă.
Dann änderte Buck seine Taktik und stürzte sich erneut darauf, als wolle er ihm die Kehle zu Leibe rücken.
Apoi Buck și-a schimbat tactica, năvălind din nou ca și cum ar fi prins gâtul.
Doch er zog sich mitten im Angriff zurück und drehte sich um, um von der Seite zuzuschlagen.
Dar s-a retras în mijlocul atacului, întorcându-se să lovească din lateral.
Er warf Spitz seine Schulter entgegen, um ihn niederzuschlagen.
L-a izbit cu umărul pe Spitz, cu intenția de a-l doborî.
Bei jedem Versuch wich Spitz aus und konterte mit einem Hieb.
De fiecare dată când încerca, Spitz se eschiva și riposta cu o lovitură tăioasă.
Bucks Schulter wurde wund, als Spitz nach jedem Schlag davonsprang.

Umărul lui Buck se înțepenea când Spitz sărea după fiecare lovitură.
Spitz war nicht berührt worden, während Buck aus vielen Wunden blutete.
Spitz nu fusese atins, în timp ce Buck sângera din multe răni.
Bucks Atem ging schnell und schwer, sein Körper war blutverschmiert.
Respirația lui Buck era rapidă și grea, iar corpul îi era alunecos de sânge.
Mit jedem Biss und Angriff wurde der Kampf brutaler.
Lupta devenea mai brutală cu fiecare mușcătură și atac.
Um sie herum warteten sechzig stille Hunde darauf, dass der erste fiel.
În jurul lor, șaizeci de câini tăcuți așteptau ca primii să cadă.
Wenn ein Hund zu Boden ging, würde das Rudel den Kampf beenden.
Dacă un câine cădea, haita urma să termine lupta.
Spitz sah, dass Buck schwächer wurde, und begann, den Angriff voranzutreiben.
Spitz l-a văzut pe Buck slăbind și a început să atace în forță.
Er brachte Buck aus dem Gleichgewicht und zwang ihn, um Halt zu kämpfen.
L-a dezechilibrat pe Buck, forțându-l să se lupte pentru a se menține în echilibru.
Einmal stolperte Buck und fiel, und alle Hunde standen auf.
Odată Buck s-a împiedicat și a căzut, iar toți câinii s-au ridicat.
Doch Buck richtete sich mitten im Fall auf und alle sanken wieder zu Boden.
Dar Buck s-a îndreptat la mijlocul căderii și toată lumea s-a prăbușit la loc.
Buck hatte etwas Seltenes – eine Vorstellungskraft, die aus tiefem Instinkt geboren war.
Buck avea ceva rar – imaginație născută dintr-un instinct profund.
Er kämpfte mit natürlichem Antrieb, aber auch mit List.
A luptat din instinct natural, dar a luptat și cu viclenie.

Er griff erneut an, als würde er seinen Schulterangriffstrick wiederholen.
A năvălit din nou, ca și cum și-ar fi repetat trucul de atac cu umărul.
Doch in der letzten Sekunde ließ er sich fallen und flog unter Spitz hindurch.
Dar în ultima secundă, a coborât și a trecut sub Spitz.
Seine Zähne schnappten um Spitz' linkes Vorderbein.
Dinții i s-au înfipt în piciorul stâng din față al lui Spitz cu un pocnet.
Spitz stand nun unsicher da, sein Gewicht ruhte nur noch auf drei Beinen.
Spitz stătea acum nesigur, sprijinindu-se doar pe trei picioare.
Buck schlug erneut zu und versuchte dreimal, ihn zu Fall zu bringen.
Buck a lovit din nou, încercând de trei ori să-l doboare.
Beim vierten Versuch nutzte er denselben Zug mit Erfolg
La a patra încercare a folosit aceeași mișcare cu succes.
Diesmal gelang es Buck, Spitz in das rechte Bein zu beißen.
De data aceasta, Buck a reușit să muște piciorul drept al lui Spitz.
Obwohl Spitz verkrüppelt war und große Schmerzen litt, kämpfte er weiter ums Überleben.
Spitz, deși schilodit și în agonie, a continuat să se lupte pentru a supraviețui.
Er sah, wie der Kreis der Huskys enger wurde, die Zungen herausstreckten und deren Augen leuchteten.
A văzut cercul de husky-i strângându-se, cu limbile scoase și ochii strălucind.
Sie warteten darauf, ihn zu verschlingen, so wie sie es mit anderen getan hatten.
Așteptau să-l devoreze, așa cum făcuseră și cu alții.
Dieses Mal stand er im Mittelpunkt: besiegt und verdammt.
De data aceasta, stătea în centru; învins și condamnat.
Für den weißen Hund gab es jetzt keine Möglichkeit mehr zu entkommen.
Câinele alb nu mai avea nicio opțiune de scăpare acum.

Buck kannte keine Gnade, denn Gnade hatte in der Wildnis nichts zu suchen.
Buck n-a arătat milă, căci mila nu-și avea locul în sălbăticie.
Buck bewegte sich vorsichtig und bereitete sich auf den letzten Angriff vor.
Buck s-a mișcat cu grijă, pregătindu-se pentru atacul final.
Der Kreis der Huskys schloss sich, er spürte ihren warmen Atem.
Cercul de câini husky se strânse; el le simți respirația caldă.
Sie duckten sich und waren bereit, im richtigen Moment zu springen.
S-au ghemuit, pregătiți să sară când va veni momentul.
Spitz zitterte im Schnee, knurrte und veränderte seine Haltung.
Spitz tremura în zăpadă, mârâind și schimbându-și poziția.
Seine Augen funkelten, seine Lippen waren gekräuselt und seine Zähne blitzten in verzweifelter Drohung.
Ochii îi străluceau, buzele i se strâmbau, iar dinții îi sclipeau într-o amenințare disperată.
Er taumelte und versuchte immer noch, dem kalten Biss des Todes standzuhalten.
S-a clătinat, încercând încă să se abțină de la mușcătura rece a morții.
Er hatte das schon früher erlebt, aber immer von der Gewinnerseite.
Mai văzuse asta și înainte, dar întotdeauna din partea câștigătoarei.
Jetzt war er auf der Verliererseite, der Besiegte, die Beute, der Tod.
Acum era de partea pierzătorilor; cel învins; prada; moartea.
Buck umkreiste ihn für den letzten Schlag, der Hundekreis rückte näher.
Buck se învârti pentru lovitura finală, cercul de câini strângându-se tot mai aproape.
Er konnte ihren heißen Atem spüren; bereit zum Töten.
Le putea simți respirația fierbinte; gata de ucidere.

Stille breitete sich aus; alles war an seinem Platz; die Zeit war stehen geblieben.
S-a lăsat liniștea; totul era la locul lui; timpul se oprise.
Sogar die kalte Luft zwischen ihnen gefror für einen letzten Moment.
Chiar și aerul rece dintre ei a înghețat pentru o ultimă clipă.
Nur Spitz bewegte sich und versuchte, sein bitteres Ende abzuwenden.
Doar Spitz s-a mișcat, încercând să-și amâne sfârșitul amar.
Der Kreis der Hunde schloss sich um ihn, und das war sein Schicksal.
Cercul câinilor se strângea în jurul lui, la fel ca și destinul său.
Er war jetzt verzweifelt, da er wusste, was passieren würde.
Era disperat acum, știind ce urma să se întâmple.
Buck sprang hinein, Schulter an Schulter traf ein letztes Mal.
Buck a sărit înăuntru, umărul s-a întâlnit cu umărul pentru ultima oară.
Die Hunde drängten vorwärts und deckten Spitz in der verschneiten Dunkelheit.
Câinii s-au năpustit înainte, acoperindu-l pe Spitz în întunericul ca zăpada.
Buck sah zu, aufrecht stehend; der Sieger in einer wilden Welt.
Buck privea, stând drept în picioare; învingătorul într-o lume sălbatică.
Das dominante Urtier hatte seine Beute gemacht, und es war gut.
Fiara primordială dominantă își făcuse prada, și era bună.

Wer die Meisterschaft erlangt hat
El, care a câștigat spre măiestrie

„Wie? Was habe ich gesagt? Ich sage die Wahrheit, wenn ich sage, dass Buck ein Teufel ist."
„Eh? Ce-am spus? Spun adevărul când spun că Buck e un diavol."
François sagte dies am nächsten Morgen, nachdem er festgestellt hatte, dass Spitz verschwunden war.
François a spus asta a doua zi dimineață, după ce l-a găsit pe Spitz dispărut.
Buck stand da, übersät mit Wunden aus dem erbitterten Kampf.
Buck stătea acolo, acoperit de rănile provocate de lupta aprigă.
François zog Buck zum Feuer und zeigte auf die Verletzungen.
François l-a tras pe Buck lângă foc și a arătat spre răni.
„Dieser Spitz hat gekämpft wie der Devik", sagte Perrault und beäugte die tiefen Schnittwunden.
„Spitz-ul ăla s-a luptat ca Devik-ul", a spus Perrault, privind tăieturile adânci.
„Und dieser Buck hat wie zwei Teufel gekämpft", antwortete François sofort.
„Și Buck-ul ăla s-a luptat ca doi diavoli", a răspuns François imediat.
„Jetzt kommen wir gut voran; kein Spitz mehr, kein Ärger mehr."
„Acum o să ne descurcăm bine; gata cu Spitz-ii, gata cu necazurile."
Perrault packte die Ausrüstung und belud den Schlitten sorgfältig.
Perrault împacheta echipamentul și încărca sania cu grijă.
François spannte die Hunde für den Lauf des Tages an.
François a înhămat câinii în pregătire pentru cursa zilei.
Buck trabte direkt an die Führungsposition, die einst Spitz innehatte.

Buck a alergat direct în poziția de frunte, deținută cândva de Spitz.
Doch François bemerkte es nicht und führte Solleks nach vorne.
Dar François, fără să observe, l-a condus pe Solleks în față.
Nach François' Einschätzung war Solleks nun der beste Leithund.
După părerea lui François, Solleks era acum cel mai bun câine de conducere.
Buck stürzte sich wütend auf Solleks und trieb ihn aus Protest zurück.
Buck a sărit furios asupra lui Solleks și l-a respins în semn de protest.
Er stand dort, wo einst Spitz gestanden hatte, und beanspruchte die Führungsposition.
El a stat acolo unde stătuse odinioară Spitz, revendicând poziția de lider.
„Wie? Wie?", rief François und schlug sich amüsiert auf die Schenkel.
„Ăă? Ăă?" a strigat François, bătându-și palmele peste coapsă amuzat.
„Sehen Sie sich Buck an – er hat Spitz umgebracht und jetzt will er ihm den Job wegnehmen!"
„Uite-te la Buck - l-a omorât pe Spitz, iar acum vrea să ia slujba!"
„Geh weg, Chook!", schrie er und versuchte, Buck zu vertreiben.
„Plecați-vă, Chook!", a strigat el, încercând să-l alunge pe Buck.
Aber Buck weigerte sich, sich zu bewegen und blieb fest im Schnee stehen.
Dar Buck a refuzat să se miște și a rămas nemișcat în zăpadă.
François packte Buck am Genick und zog ihn beiseite.
François l-a apucat pe Buck de guler, trăgându-l deoparte.
Buck knurrte leise und drohend, griff aber nicht an.
Buck mârâi încet și amenințător, dar nu atacă.

François brachte Solleks wieder in Führung und versuchte, den Streit zu schlichten
François l-a readus pe Solleks în frunte, încercând să aplaneze disputa.
Der alte Hund zeigte Angst vor Buck und wollte nicht bleiben.
Câinele bătrân a arătat frică de Buck și nu a vrut să rămână.
Als François ihm den Rücken zuwandte, verjagte Buck Solleks wieder.
Când François i-a întors spatele, Buck l-a alungat din nou pe Solleks.
Solleks leistete keinen Widerstand und trat erneut leise zur Seite.
Solleks nu s-a opus și s-a dat din nou la o parte în liniște.
François wurde wütend und schrie: „Bei Gott, ich werde dich heilen!"
François s-a înfuriat și a strigat: „Pe Dumnezeu, te vindec!"
Er kam mit einer schweren Keule in der Hand auf Buck zu.
A venit spre Buck ținând în mână o bâtă grea.
Buck erinnerte sich gut an den Mann im roten Pullover.
Buck își amintea bine de bărbatul în pulover roșu.
Er zog sich langsam zurück, beobachtete François, knurrte jedoch tief.
Se retrase încet, privindu-l pe François, dar mârâind adânc.
Er eilte nicht zurück, auch nicht, als Solleks an seiner Stelle stand.
Nu s-a grăbit să se întoarcă, nici măcar atunci când Solleks i-a luat locul.
Buck kreiste knapp außerhalb seiner Reichweite und knurrte wütend und protestierend.
Buck se învârtea în cerc, puțin mai departe de el, mârâind furios și protestând.
Er behielt den Schläger im Auge und war bereit auszuweichen, falls François warf.
Și-a ținut ochii ațintiți asupra măciucii, gata să se eschiveze dacă François ar fi aruncat.

Er war weise und vorsichtig geworden im Umgang mit bewaffneten Männern.
Devenise înțelept și precaut în felul în care se descurcă oamenii înarmați.
François gab auf und rief Buck erneut an seinen alten Platz.
François a renunțat și l-a chemat din nou pe Buck la fosta lui locuință.
Aber Buck trat vorsichtig zurück und weigerte sich, dem Befehl Folge zu leisten.
Dar Buck făcu un pas înapoi cu precauție, refuzând să se supună ordinului.
François folgte ihm, aber Buck wich nur ein paar Schritte zurück.
François l-a urmat, dar Buck s-a retras doar câțiva pași.
Nach einiger Zeit warf François frustriert die Waffe hin.
După un timp, François a aruncat arma jos, frustrat.
Er dachte, Buck hätte Angst vor einer Tracht Prügel und würde ruhig kommen.
El credea că Buck se temea de o bătaie și avea de gând să vină în liniște.
Aber Buck wollte sich nicht vor einer Strafe drücken – er kämpfte um seinen Rang.
Dar Buck nu evita pedeapsa — el lupta pentru rang.
Er hatte sich den Platz als Leithund durch einen Kampf auf Leben und Tod verdient
El își câștigase locul de câine principal printr-o luptă pe viață și pe moarte.
er würde sich mit nichts Geringerem zufrieden geben, als der Anführer zu sein.
nu avea de gând să se mulțumească cu nimic mai puțin decât să fie lider.

Perrault beteiligte sich an der Verfolgung, um den rebellischen Buck zu fangen.
Perrault a participat la urmărire pentru a-l prinde pe rebelul Buck.

Gemeinsam ließen sie ihn fast eine Stunde lang durch das Lager laufen.
Împreună, l-au plimbat prin tabără timp de aproape o oră.
Sie warfen Knüppel nach ihm, aber Buck wich jedem Schlag geschickt aus.
Au aruncat cu bâte în el, dar Buck le-a evitat pe fiecare cu abilitate.
Sie verfluchten ihn, seine Vorfahren, seine Nachkommen und jedes Haar an ihm.
L-au blestemat pe el, strămoșii lui, urmașii lui și fiecare fir de păr de pe el.
Aber Buck knurrte nur zurück und blieb gerade außerhalb ihrer Reichweite.
Dar Buck doar a mârâit înapoi și a rămas cât să nu le ajungă.
Er versuchte nie wegzulaufen, sondern umkreiste das Lager absichtlich.
Nu a încercat niciodată să fugă, ci a înconjurat tabăra în mod deliberat.
Er machte klar, dass er gehorchen würde, sobald sie ihm gäben, was er wollte.
A spus clar că va asculta odată ce îi vor da ceea ce își dorește.
Schließlich setzte sich François hin und kratzte sich frustriert am Kopf.
În cele din urmă, François s-a așezat și s-a scărpinat în cap de frustrare.
Perrault sah auf seine Uhr, fluchte und murmelte etwas über die verlorene Zeit.
Perrault și-a verificat ceasul, a înjurat și a mormăit despre timpul pierdut.
Obwohl sie eigentlich auf der Spur sein sollten, war bereits eine Stunde vergangen.
Trecuse deja o oră când ar fi trebuit să fie pe potecă.
François zuckte verlegen mit den Achseln, als der Kurier resigniert seufzte.
François ridică din umeri timid spre curier, care oftă învins.
Dann ging François zu Solleks und rief Buck noch einmal.
Apoi François s-a dus la Solleks și l-a strigat din nou pe Buck.

Buck lachte wie ein Hund, wahrte jedoch vorsichtig seine Distanz.
Buck a râs ca un câine, dar și-a păstrat distanța precaută.
François nahm Solleks das Geschirr ab und brachte ihn an seinen Platz zurück.
François i-a scos hamul lui Solleks și l-a pus înapoi la locul lui.
Das Schlittenteam stand voll angespannt da, nur ein Platz war unbesetzt.
Echipa de sanie stătea complet înhamată, cu un singur loc liber.
Die Führungsposition blieb leer und war eindeutig nur für Buck bestimmt.
Poziția de frunte a rămas goală, evident destinată doar lui Buck.
François rief erneut, und wieder lachte Buck und blieb standhaft.
François a strigat din nou, iar Buck a râs din nou și și-a menținut poziția.
„Wirf die Keule weg", befahl Perrault ohne zu zögern.
„Aruncă bâta jos", ordonă Perrault fără ezitare.
François gehorchte und Buck trabte sofort stolz vorwärts.
François s-a supus, iar Buck a pornit imediat înainte cu mâna.
Er lachte triumphierend und übernahm die Führungsposition.
A râs triumfător și a pășit în poziția de frunte.
François befestigte seine Leinen und der Schlitten wurde losgerissen.
François și-a asigurat cheile, iar sania a fost desprinsă.
Beide Männer liefen neben dem Team her, als es auf den Flusspfad rannte.
Amândoi bărbații au alergat alături de ei în timp ce echipa a alergat pe poteca de pe râu.
François hatte Bucks „zwei Teufel" sehr geschätzt,
François îi prețuise mult pe „cei doi diavoli" ai lui Buck,
aber er merkte bald, dass er den Hund tatsächlich unterschätzt hatte.
dar și-a dat seama curând că, de fapt, subestimase câinele.

Buck übernahm schnell die Führung und erbrachte hervorragende Leistungen.
Buck a preluat rapid conducerea și a performat cu excelență.
In puncto Urteilsvermögen, schnelles Denken und schnelles Handeln übertraf Buck Spitz.
Buck l-a depășit pe Spitz în judecată, gândire rapidă și acțiune rapidă.
François hatte noch nie einen Hund gesehen, der dem von Buck gleichkam.
François nu mai văzuse niciodată un câine egal cu cel pe care îl arăta acum Buck.
Aber Buck war wirklich herausragend darin, für Ordnung zu sorgen und Respekt zu erlangen.
Dar Buck a excelat cu adevărat în a impune ordinea și a impune respect.
Dave und Solleks akzeptierten die Änderung ohne Bedenken oder Protest.
Dave și Solleks au acceptat schimbarea fără griji sau proteste.
Sie konzentrierten sich nur auf die Arbeit und zogen kräftig die Zügel an.
S-au concentrat doar pe muncă și pe a trage tare de frâie.
Es war ihnen egal, wer führte, solange der Schlitten in Bewegung blieb.
Puțin le păsa cine conducea, atâta timp cât sania continua să se miște.
Billee, der Fröhliche, hätte, soweit es sie interessierte, die Führung übernehmen können.
Billee, cel vesel, ar fi putut conduce, oricât le-ar fi păsat.
Was ihnen wichtig war, waren Frieden und Ordnung in den Reihen.
Ceea ce conta pentru ei era pacea și ordinea în rânduri.

Der Rest des Teams war während Spitz' Niedergang unbändig geworden.
Restul echipei devenise rebel în timpul declinului lui Spitz.
Sie waren schockiert, als Buck sie sofort zur Ordnung rief.
Au fost șocați când Buck i-a adus imediat la ordine.

Pike war immer faul gewesen und hatte Buck hinterhergehangen.
Pike fusese întotdeauna leneș și își târâse picioarele în urma lui Buck.
Doch nun wurde er von der neuen Führung scharf diszipliniert.
Dar acum a fost aspru disciplinat de noua conducere.
Und er lernte schnell, seinen Teil zum Team beizutragen.
Și a învățat repede să-și facă treaba în echipă.
Am Ende des Tages hatte Pike härter gearbeitet als je zuvor.
Până la sfârșitul zilei, Pike a muncit mai mult ca niciodată.
In dieser Nacht im Lager wurde Joe, der mürrische Hund, endlich beruhigt.
În noaptea aceea, în tabără, Joe, câinele acru, a fost în sfârșit imobilizat.
Spitz hatte es nicht geschafft, ihn zu disziplinieren, aber Buck versagte nicht.
Spitz nu reușise să-l disciplineze, dar Buck nu a eșuat.
Durch die Nutzung seines größeren Gewichts überwältigte Buck Joe in Sekundenschnelle.
Folosindu-se de greutatea sa mai mare, Buck l-a copleșit pe Joe în câteva secunde.
Er biss und schlug Joe, bis dieser wimmerte und aufhörte, sich zu wehren.
L-a mușcat și l-a bătut pe Joe până când acesta a gemut și a încetat să se mai opună.
Von diesem Moment an verbesserte sich das gesamte Team.
Întreaga echipă s-a îmbunătățit din acel moment.
Die Hunde erlangten ihre alte Einheit und Disziplin zurück.
Câinii și-au recăpătat vechea unitate și disciplină.
In Rink Rapids kamen zwei neue einheimische Huskies hinzu, Teek und Koona.
La Rink Rapids, s-au alăturat doi noi câini husky nativi, Teek și Koona.
Bucks schnelle Ausbildung erstaunte sogar François.
Rapiditatea cu care Buck i-a dresat l-a uimit chiar și pe François.

„So einen Hund wie diesen Buck hat es noch nie gegeben!", rief er erstaunt.

„N-a mai fost niciodată un câine ca Buck-ul ăsta!", a strigat el uimit.

„Nein, niemals! Er ist tausend Dollar wert, bei Gott!"

„Nu, niciodată! Merită o mie de dolari, pe Dumnezeule!"

„Wie? Was sagst du dazu, Perrault?", fragte er stolz.

„Eh? Ce zici, Perrault?", a întrebat el cu mândrie.

Perrault nickte zustimmend und überprüfte seine Notizen.

Perrault dădu din cap în semn de aprobare și își verifică notițele.

Wir liegen bereits vor dem Zeitplan und kommen täglich weiter voran.

Suntem deja înainte de termen și câștigăm mai mult în fiecare zi.

Der Weg war festgestampft und glatt, es lag kein Neuschnee.

Drumul era batut și neted, fără zăpadă proaspătă.

Es war konstant kalt und lag die ganze Zeit bei minus fünfzig Grad.

Frigul era constant, oscilant sub cincizeci de grade pe tot parcursul zilei.

Die Männer ritten und rannten abwechselnd, um sich warm zu halten und Zeit zu gewinnen.

Bărbații călăreau și alergau pe rând ca să se încălzească și să facă timp.

Die Hunde rannten schnell, mit wenigen Pausen, immer vorwärts.

Câinii alergau repede, cu puține opriri, mereu înaintând înainte.

Der Thirty Mile River war größtenteils zugefroren und leicht zu überqueren.

Râul Thirty Mile era în mare parte înghețat și ușor de traversat.

Was zehn Tage gedauert hatte, wurde an einem Tag verschickt.

Au ieșit într-o singură zi după ce ajunseseră în zece zile.

Sie legten einen sechsundneunzig Kilometer langen Sprint vom Lake Le Barge nach White Horse zurück.
Au parcurs o cursă de șasezeci de mile de la Lacul Le Barge până la Calul Alb.
Sie bewegten sich unglaublich schnell über die Seen Marsh, Tagish und Bennett.
S-au mișcat incredibil de repede peste lacurile Marsh, Tagish și Bennett.
Der laufende Mann wird an einem Seil hinter dem Schlitten hergezogen.
Bărbatul alergător, remorcat în spatele saniei pe o frânghie.
In der letzten Nacht der zweiten Woche erreichten sie ihr Ziel.
În ultima noapte a celei de-a doua săptămâni, au ajuns la destinație.
Sie hatten gemeinsam die Spitze des White Pass erreicht.
Ajunseseră împreună în vârful Trecătorii Albe.
Sie sanken auf Meereshöhe hinab, mit den Lichtern von Skaguay unter ihnen.
Au coborât la nivelul mării cu luminile lui Skaguay sub ei.
Es war ein Rekordlauf durch kilometerlange kalte Wildnis.
Fusese o alergare record prin kilometri întregi de sălbăticie rece.
An vierzehn aufeinanderfolgenden Tagen legten sie im Durchschnitt satte vierundsechzig Kilometer zurück.
Timp de paisprezece zile consecutive, au parcurs o medie de patruzeci de mile.
In Skaguay transportierten Perrault und François Fracht durch die Stadt.
În Skaguay, Perrault și François au mutat marfă prin oraș.
Die bewundernde Menge jubelte ihnen zu und bot ihnen viele Getränke an.
Au fost aclamați și li s-au oferit multe băuturi de către mulțimea admirată.
Hundefänger und Arbeiter versammelten sich um das berühmte Hundegespann.

Vânătorii de câini și muncitorii s-au adunat în jurul faimosului acompaniament canin.

Dann kamen Gesetzlose aus dem Westen in die Stadt und erlitten eine brutale Niederlage.

Apoi, haiducii din vest au venit în oraș și au suferit o înfrângere violentă.

Die Leute vergaßen bald das Team und konzentrierten sich auf neue Dramen.

Oamenii au uitat curând de echipă și s-au concentrat pe o nouă dramă.

Dann kamen die neuen Befehle, die alles auf einen Schlag veränderten.

Apoi au venit noile ordine care au schimbat totul dintr-o dată.

François rief Buck zu sich und umarmte ihn mit tränenreichem Stolz.

François l-a chemat pe Buck la el și l-a îmbrățișat cu o mândrie plină de lacrimi.

In diesem Moment sah Buck François zum letzten Mal wieder.

Acel moment a fost ultima dată când Buck l-a mai văzut pe François.

Wie viele Männer zuvor waren sowohl François als auch Perrault nicht mehr da.

Ca mulți alții înaintea lor, atât François, cât și Perrault dispăruseră.

Ein schottischer Mischling übernahm das Kommando über Buck und seine Schlittenhunde-Kollegen.

Un metis scoțian a preluat controlul asupra lui Buck și a coechipierilor săi trași de câini de sanie.

Mit einem Dutzend anderer Hundegespanne kehrten sie auf dem Weg nach Dawson zurück.

Împreună cu alte douăsprezece atelaje de câini, s-au întors pe potecă spre Dawson.

Es war kein Schnelllauf mehr, sondern harte Arbeit mit einer schweren Last jeden Tag.

Nu mai era o alergare rapidă acum – ci doar o trudă grea cu o povară grea în fiecare zi.

Dies war der Postzug, der den Goldsuchern in der Nähe des Pols Nachrichten brachte.
Acesta era trenul poștal, care ducea vești căutătorilor de aur de lângă Pol.
Buck mochte die Arbeit nicht, ertrug sie jedoch gut und war stolz auf seine Leistung.
Lui Buck nu i-a plăcut munca, dar a suportat-o bine, fiind mândru de efortul său.
Wie Dave und Solleks zeigte Buck Hingabe bei jeder täglichen Aufgabe.
La fel ca Dave și Solleks, Buck a dat dovadă de devotament față de fiecare sarcină zilnică.
Er stellte sicher, dass jeder seiner Teamkollegen seinen Teil beitrug.
S-a asigurat că fiecare coechipierilor săi și-a dat cu ce putea.
Das Leben auf dem Trail wurde langweilig und wiederholte sich mit der Präzision einer Maschine.
Viața pe potecă a devenit plictisitoare, repetată cu precizia unei mașini.
Jeder Tag fühlte sich gleich an, ein Morgen ging in den nächsten über.
Fiecare zi părea la fel, o dimineață contopindu-se cu următoarea.
Zur gleichen Stunde standen die Köche auf, um Feuer zu machen und Essen zuzubereiten.
La aceeași oră, bucătarii s-au ridicat să aprindă focuri și să pregătească mâncarea.
Nach dem Frühstück verließen einige das Lager, während andere die Hunde anspannten.
După micul dejun, unii au părăsit tabăra, în timp ce alții au înhămat câinii.
Sie machten sich auf den Weg, bevor die schwache Morgendämmerung den Himmel berührte.
Au pornit pe potecă înainte ca avertismentul vag al zorilor să atingă cerul.
Nachts hielten sie an, um ihr Lager aufzuschlagen, wobei jeder Mann eine festgelegte Aufgabe hatte.

Noaptea, se opreau să-și facă tabăra, fiecare om având o îndatorire stabilită.

Einige stellten die Zelte auf, andere hackten Feuerholz und sammelten Kiefernzweige.

Unii și-au ridicat corturile, alții au tăiat lemne de foc și au adunat crengi de pin.

Zum Abendessen wurde den Köchen Wasser oder Eis mitgebracht.

Apa sau gheața erau aduse înapoi bucătarilor pentru masa de seară.

Die Hunde wurden gefüttert und das war für sie der schönste Teil des Tages.

Câinii au fost hrăniți, iar aceasta a fost cea mai bună parte a zilei pentru ei.

Nachdem sie Fisch gegessen hatten, entspannten sich die Hunde und machten es sich in der Nähe des Feuers gemütlich.

După ce au mâncat pește, câinii s-au relaxat și s-au lenevit lângă foc.

Im Konvoi waren noch hundert andere Hunde, unter die man sich mischen konnte.

În convoi mai erau o sută de câini cu care să se amestece.

Viele dieser Hunde waren wild und kämpften ohne Vorwarnung.

Mulți dintre acei câini erau feroși și se luptau repede fără avertisment.

Doch nach drei Siegen war Buck selbst den härtesten Kämpfern überlegen.

Dar după trei victorii, Buck i-a stăpânit chiar și pe cei mai aprigi luptători.

Als Buck nun knurrte und die Zähne fletschte, traten sie zur Seite.

Acum, când Buck a mârâit și și-a arătat dinții, s-au dat la o parte.

Und das Beste war vielleicht, dass Buck es liebte, neben dem flackernden Lagerfeuer zu liegen.

Poate cel mai important dintre toate, lui Buck îi plăcea să stea întins lângă focul de tabără pâlpâitor.
Er hockte mit angezogenen Hinterbeinen und nach vorne gestreckten Vorderbeinen.
Stătea ghemuit cu picioarele din spate strânse și cele din față întinse înainte.
Er hatte den Kopf erhoben und blinzelte sanft in die glühenden Flammen.
Avea capul ridicat în timp ce clipea ușor la flăcările strălucitoare.
Manchmal musste er an Richter Millers großes Haus in Santa Clara denken.
Uneori își amintea de casa mare a judecătorului Miller din Santa Clara.
Er dachte an den Zementpool, an Ysabel und den Mops namens Toots.
S-a gândit la piscina de ciment, la Ysabel și la mopsul pe nume Toots.
Aber häufiger musste er an die Keule des Mannes mit dem roten Pullover denken.
Dar își amintea mai des de bâta bărbatului cu pulover roșu.
Er erinnerte sich an Curlys Tod und seinen erbitterten Kampf mit Spitz.
Și-a amintit de moartea lui Creț și de lupta lui aprigă cu Spitz.
Er erinnerte sich auch an das gute Essen, das er gegessen hatte oder von dem er immer noch träumte.
Și-a amintit și de mâncarea bună pe care o mâncase sau la care încă visase.
Buck hatte kein Heimweh – das warme Tal war weit weg und unwirklich.
Buck nu-i era dor de casă — valea caldă era îndepărtată și ireală.
Die Erinnerungen an Kalifornien hatten keine große Anziehungskraft mehr auf ihn.
Amintirile din California nu mai aveau nicio influență reală asupra lui.

Stärker als die Erinnerung waren die tief in seinem Blut verwurzelten Instinkte.
Mai puternice decât memoria erau instinctele adânc în neamul său genealogic.
Einst verlorene Gewohnheiten waren zurückgekehrt und durch den Weg und die Wildnis wiederbelebt worden.
Obiceiuri odinioară pierdute se întorseseră, reînviate de potecă și de sălbăticie.
Während Buck das Feuerlicht betrachtete, veränderte sich seine Wahrnehmung manchmal.
În timp ce Buck privea lumina focului, uneori aceasta se transforma în altceva.
Er sah im Feuerschein ein anderes Feuer, älter und tiefer als das gegenwärtige.
A văzut în lumina focului un alt foc, mai vechi și mai adânc decât cel actual.
Neben dem anderen Feuer hockte ein Mann, der anders aussah als der Mischlingskoch.
Lângă celălalt foc zăcea ghemuit un bărbat, diferit de bucătarul metis.
Diese Figur hatte kurze Beine, lange Arme und harte, verknotete Muskeln.
Această figură avea picioare scurte, brațe lungi și mușchi tari și încordați.
Sein Haar war lang und verfilzt und fiel von den Augen nach hinten ab.
Părul lui era lung și încâlcit, căzându-i pe spate de la ochi.
Er gab seltsame Geräusche von sich und starrte voller Angst in die Dunkelheit.
Scotea sunete ciudate și privea cu frică la întuneric.
Er hielt eine Steinkeule tief in seiner langen, rauen Hand fest.
Ținea jos o bâtă de piatră, strânsă strâns în mâna sa lungă și aspră.
Der Mann trug wenig, nur eine verkohlte Haut, die ihm den Rücken hinunterhing.

Bărbatul purta puține haine; doar o piele carbonizată care îi atârna pe spate.
Sein Körper war an Armen, Brust und Oberschenkeln mit dichtem Haar bedeckt.
Corpul său era acoperit de păr des pe brațe, piept și coapse.
Einige Teile des Haares waren zu rauen Fellbüscheln verfilzt.
Unele părți ale părului erau încâlcite în petice de blană aspră.
Er stand nicht gerade, sondern war von der Hüfte bis zu den Knien nach vorne gebeugt.
Nu stătea drept, ci se apleca înainte de la șolduri până la genunchi.
Seine Schritte waren federnd und katzenartig, als wäre er immer zum Sprung bereit.
Pașii lui erau elastici și pisici, ca și cum ar fi fost mereu gata să sară.
Er war in höchster Wachsamkeit, als lebte er in ständiger Angst.
Exista o alertă ascuțită, ca și cum ar fi trăit în frică constantă.
Dieser alte Mann schien mit Gefahr zu rechnen, ob er die Gefahr nun sah oder nicht.
Acest om bătrân părea să se aștepte la pericol, indiferent dacă pericolul era văzut sau nu.
Manchmal schlief der haarige Mann am Feuer, den Kopf zwischen die Beine gesteckt.
Uneori, bărbatul păros dormea lângă foc, cu capul între picioare.
Seine Ellbogen ruhten auf seinen Knien, die Hände waren über seinem Kopf gefaltet.
Cu coatele sprijinite pe genunchi, cu mâinile împreunate deasupra capului.
Wie ein Hund benutzte er seine haarigen Arme, um den fallenden Regen abzuschütteln.
Ca un câine, își folosea brațele păroase ca să se apere de ploaia care cădea.
Hinter dem Feuerschein sah Buck zwei Kohlen im Dunkeln glühen.

Dincolo de lumina focului, Buck văzu doi cărbuni strălucind în întuneric.
Immer zu zweit, waren sie die Augen der sich anpirschenden Raubtiere.
Mereu doi câte doi, erau ochii unor animale de pradă care pândeau.
Er hörte, wie Körper durchs Unterholz krachten und Geräusche in der Nacht.
A auzit corpuri zdrobindu-se prin tufișuri și sunete scoase în noapte.
Buck lag blinzelnd am Ufer des Yukon und träumte am Feuer.
Întins pe malul Yukonului, clipind din ochi, Buck visa lângă foc.
Die Anblicke und Geräusche dieser wilden Welt ließen ihm die Haare zu Berge stehen.
Priveliștile și sunetele acelei lumi sălbatice i-au făcut părul să se ridice.
Das Fell stand ihm über den Rücken, die Schultern und den Hals hinauf.
Blana i s-a ridicat de-a lungul spatelui, al umerilor și pe gât.
Er wimmerte leise oder gab ein tiefes Knurren aus der Brust von sich.
A scâncit încet sau a mârâit înăbușit adânc în piept.
Dann rief der Mischlingskoch: „Hey, du Buck, wach auf!"
Apoi, bucătarul metis a strigat: „Hei, Buck, trezește-te!"
Die Traumwelt verschwand und das wirkliche Leben kehrte in Bucks Augen zurück.
Lumea viselor a dispărut, iar viața reală s-a întors în ochii lui Buck.
Er wollte aufstehen, sich strecken und gähnen, als wäre er aus einem Nickerchen erwacht.
Avea să se ridice, să se întindă și să caște, ca și cum s-ar fi trezit dintr-un pui de somn.
Die Reise war anstrengend, da sie den Postschlitten hinter sich herziehen mussten.
Călătoria a fost grea, cu sania poștală târându-se în urma lor.

Schwere Lasten und harte Arbeit zermürbten die Hunde jeden langen Tag.
Poverile grele și munca grea îi epuizau pe câini în fiecare zi lungă.
Sie kamen dünn und müde in Dawson an und brauchten über eine Woche Ruhe.
Au ajuns la Dawson slăbiți, obosiți și având nevoie de peste o săptămână de odihnă.
Doch nur zwei Tage später machten sie sich erneut auf den Weg den Yukon hinunter.
Dar doar două zile mai târziu, au pornit din nou pe Yukon.
Sie waren mit weiteren Briefen beladen, die für die Außenwelt bestimmt waren.
Erau încărcate cu mai multe scrisori destinate lumii exterioare.
Die Hunde waren erschöpft und die Männer beschwerten sich ständig.
Câinii erau epuizați, iar bărbații se plângeau încontinuu.
Jeden Tag fiel Schnee, der den Weg weicher machte und die Schlitten verlangsamte.
Ninsoarea cădea în fiecare zi, înmuind poteca și încetinind săniile.
Dies führte zu einem stärkeren Ziehen und einem größeren Widerstand der Läufer.
Acest lucru a dus la o tracțiune mai puternică și la o rezistență mai mare asupra patinelor.
Trotzdem waren die Fahrer fair und kümmerten sich um ihre Teams.
În ciuda acestui fapt, piloții au fost corecți și au avut grijă de echipele lor.
Jeden Abend wurden die Hunde gefüttert, bevor die Männer etwas zu essen bekamen.
În fiecare seară, câinii erau hrăniți înainte ca bărbații să apuce să mănânce.
Kein Mann geht schlafen, ohne vorher die Pfoten seines eigenen Hundes zu kontrollieren.
Niciun bărbat nu a dormit înainte de a-și verifica picioarele propriului câine.

Dennoch wurden die Hunde mit jeder zurückgelegten Strecke schwächer.
Totuși, câinii au slăbit pe măsură ce kilometrii le măturau corpurile.
Sie waren den ganzen Winter über zweitausendachthundert Kilometer gereist.
Călătoriseră opt sute opt sute de mile pe parcursul iernii.
Sie zogen Schlitten über jede Meile dieser brutalen Distanz.
Au tras săniile peste fiecare milă din acea distanță brutală.
Selbst die härtesten Schlittenhunde spüren nach so vielen Kilometern die Belastung.
Chiar și cei mai rezistenți câini de sanie simt efort după atâția kilometri.
Buck hielt durch, sorgte für die Weiterarbeit seines Teams und sorgte für die nötige Disziplin.
Buck a rezistat, și-a menținut echipa în mișcare și a menținut disciplina.
Aber Buck war müde, genau wie die anderen auf der langen Reise.
Dar Buck era obosit, la fel ca ceilalți din lunga călătorie.
Billee wimmerte und weinte jede Nacht ohne Ausnahme im Schlaf.
Billee scâncea și plângea în somn în fiecare noapte, fără greș.
Joe wurde noch verbitterter und Solleks blieb kalt und distanziert.
Joe a devenit și mai amărât, iar Solleks a rămas rece și distant.
Doch Dave war derjenige des gesamten Teams, der am meisten darunter litt.
Dar Dave a fost cel care a avut cel mai mult de suferit din întreaga echipă.
Irgendetwas in seinem Inneren war schiefgelaufen, doch niemand wusste, was.
Ceva nu mergea bine în interiorul lui, deși nimeni nu știa ce.
Er wurde launischer und fuhr andere mit wachsender Wut an.
Deveni mai morocănos și se izbea de ceilalți cu o furie crescândă.

Jede Nacht ging er direkt zu seinem Nest und wartete
darauf, gefüttert zu werden.
În fiecare noapte se ducea direct la cuibul său, așteptând să fie
hrănit.

**Als Dave einmal unten war, stand er bis zum Morgen nicht
mehr auf.**
Odată ce a fost jos, Dave nu s-a mai ridicat până dimineața.

**Plötzliche Rucke oder Anlaufe an den Zügeln ließen ihn vor
Schmerzen aufschreien.**
Pe frâie, smucituri sau tresăriri bruște îl făceau să țipe de
durere.

**Sein Fahrer suchte nach der Ursache, konnte jedoch keine
Verletzungen feststellen.**
Șoferul său a căutat cauza accidentului, dar nu a găsit nicio
rană asupra lui.

Alle Fahrer beobachteten Dave und besprachen seinen Fall.
Toți șoferii au început să-l privească pe Dave și au discutat
cazul lui.

**Sie unterhielten sich beim Essen und während ihrer letzten
Zigarette des Tages.**
Vorbeau la mese și în timpul ultimei lor țigări din ziua
respectivă.

**Eines Nachts hielten sie eine Versammlung ab und brachten
Dave zum Feuer.**
Într-o seară au ținut o întâlnire și l-au adus pe Dave la foc.

**Sie drückten und untersuchten seinen Körper und er schrie
oft.**
I-au apăsat și i-au tatonat corpul, iar el țipa des.

**Offensichtlich stimmte etwas nicht, auch wenn keine
Knochen gebrochen zu sein schienen.**
Evident, ceva nu era în regulă, deși niciun os nu părea rupt.

Als sie Cassiar Bar erreichten, war Dave am Umfallen.
Până au ajuns la Cassiar Bar, Dave deja cădea.

**Der schottische Mischling machte Schluss und nahm Dave
aus dem Team.**
Metișul scoțian a oprit echipa și l-a scos pe Dave din echipă.

Er befestigte Solleks an Daves Stelle, ganz vorne am Schlitten.
A fixat Solleks în locul lui Dave, cel mai aproape de partea din față a saniei.
Er wollte Dave ausruhen und ihm die Freiheit geben, hinter dem fahrenden Schlitten herzulaufen.
Intenționa să-l lase pe Dave să se odihnească și să alerge liber în spatele saniei în mișcare.
Doch selbst als er krank war, hasste Dave es, von seinem Job geholt zu werden.
Dar chiar și bolnav, Dave ura să fie luat de la slujba pe care o deținuse.
Er knurrte und wimmerte, als ihm die Zügel aus dem Körper gerissen wurden.
A mârâit și a gemut când hățurile i-au fost trase de pe corp.
Als er Solleks an seiner Stelle sah, weinte er vor gebrochenem Herzen.
Când l-a văzut pe Solleks în locul lui, a plâns de durere.
Dave war noch immer stolz auf seine Arbeit auf dem Weg, selbst als der Tod nahte.
Mândria muncii pe traseu era adânc în Dave, chiar și atunci când moartea se apropia.
Während der Schlitten fuhr, kämpfte sich Dave durch den weichen Schnee in der Nähe des Pfades.
Pe măsură ce sania se mișca, Dave se împleticea prin zăpada moale de lângă potecă.
Er griff Solleks an, biss ihn und stieß ihn von der Seite des Schlittens.
L-a atacat pe Solleks, mușcându-l și împingându-l de pe marginea saniei.
Dave versuchte, in das Geschirr zu springen und seinen Arbeitsplatz zurückzuerobern.
Dave a încercat să sară în hamul și să-și recupereze locul de lucru.
Er schrie, jammerte und weinte, hin- und hergerissen zwischen Schmerz und Stolz auf die Wehen.

A țipat, a văitat și a plâns, sfâșiat între durere și mândria travaliului.

Der Mischling versuchte, Dave mit seiner Peitsche vom Team zu vertreiben.

Metișul și-a folosit biciul ca să încerce să-l alunge pe Dave din echipă.

Doch Dave ignorierte den Hieb und der Mann konnte nicht härter zuschlagen.

Dar Dave a ignorat lovitura de bici, iar bărbatul nu l-a putut lovi mai tare.

Dave lehnte den einfacheren Weg hinter dem Schlitten ab, wo der Schnee festgefahren war.

Dave a refuzat calea mai ușoară din spatele saniei, unde zăpada era batată.

Stattdessen kämpfte er sich elend durch den tiefen Schnee neben dem Weg.

În schimb, s-a zbătut în zăpada groasă de lângă potecă, în suferință.

Schließlich brach Dave zusammen, blieb im Schnee liegen und schrie vor Schmerzen.

În cele din urmă, Dave s-a prăbușit, zăcând în zăpadă și urlând de durere.

Er schrie auf, als die lange Schlittenkette einer nach dem anderen an ihm vorbeifuhr.

A strigat când lungul șir de sănii a trecut pe lângă el, una câte una.

Dennoch stand er mit der ihm verbleibenden Kraft auf und stolperte ihnen hinterher.

Totuși, cu puterea care îi mai rămăsese, se ridică și porni împleticindu-se după ei.

Als der Zug wieder anhielt, holte er ihn ein und fand seinen alten Schlitten.

L-a ajuns din urmă când trenul s-a oprit din nou și și-a găsit vechea sanie.

Er kämpfte sich an den anderen Teams vorbei und stand wieder neben Solleks.

A trecut cu greu pe lângă celelalte echipe și s-a oprit din nou lângă Solleks.

Als der Fahrer anhielt, um seine Pfeife anzuzünden, nutzte Dave seine letzte Chance.

În timp ce șoferul se opri să-și aprindă pipa, Dave și-a profitat de ultima șansă.

Als der Fahrer zurückkam und schrie, bewegte sich das Team nicht weiter.

Când șoferul s-a întors și a strigat, echipa nu a mai pornit.

Die Hunde hatten ihre Köpfe gedreht, verwirrt durch den plötzlichen Stopp.

Câinii își întorseseră capetele, nedumeriți de oprirea bruscă.

Auch der Fahrer war schockiert – der Schlitten hatte sich keinen Zentimeter vorwärts bewegt.

Șoferul a fost și el șocat — sania nu se mișcase niciun centimetru înainte.

Er rief den anderen zu, sie sollten kommen und nachsehen, was passiert sei.

I-a chemat pe ceilalți să vină să vadă ce s-a întâmplat.

Dave hatte Solleks' Zügel durchgekaut und beide auseinandergerissen.

Dave rossese hățurile lui Solleks, rupându-le amândouă.

Nun stand er vor dem Schlitten, wieder an seinem rechtmäßigen Platz.

Acum stătea în fața saniei, înapoi în poziția sa cuvenită.

Dave blickte zum Fahrer auf und flehte ihn stumm an, in der Spur zu bleiben.

Dave s-a uitat la șofer, implorându-l în tăcere să rămână pe șine.

Der Fahrer war verwirrt und wusste nicht, was er für den zappelnden Hund tun sollte.

Șoferul era nedumerit, neștiind ce să facă pentru câinele care se zbătea.

Die anderen Männer sprachen von Hunden, die beim Rausbringen gestorben waren.

Ceilalți bărbați au vorbit despre câini care muriseră după ce fuseseră scoși afară.

Sie erzählten von alten oder verletzten Hunden, denen es das Herz brach, als sie zurückgelassen wurden.

Au povestit despre câini bătrâni sau răniți ale căror inimi li s-au frânt când au fost lăsați acasă.

Sie waren sich einig, dass es Gnade wäre, Dave sterben zu lassen, während er noch im Geschirr steckte.

Au fost de acord că a fost o faptă milostivă să-l lase pe Dave să moară cât timp era încă în hamul său.

Er wurde wieder auf dem Schlitten festgeschnallt und Dave zog voller Stolz.

Fusese legat la loc de sanie, iar Dave trăgea cu mândrie.

Obwohl er manchmal schrie, arbeitete er, als könne man den Schmerz ignorieren.

Deși uneori țipa, lucra ca și cum durerea putea fi ignorată.

Mehr als einmal fiel er und wurde mitgeschleift, bevor er wieder aufstand.

De mai multe ori a căzut și a fost târât înainte de a se ridica din nou.

Einmal wurde er vom Schlitten überrollt und von diesem Moment an humpelte er.

Odată, sania s-a rostogolit peste el, iar din acel moment a șchiopătat.

Trotzdem arbeitete er, bis das Lager erreicht war, und legte sich dann ans Feuer.

Totuși, a lucrat până a ajuns în tabără, apoi a rămas întins lângă foc.

Am Morgen war Dave zu schwach, um zu reisen oder auch nur aufrecht zu stehen.

Spre dimineață, Dave era prea slăbit ca să călătorească sau măcar să stea în picioare.

Als es Zeit war, das Geschirr anzulegen, versuchte er mit zitternder Anstrengung, seinen Fahrer zu erreichen.

La ora de a-și lega hamurile, a încercat să ajungă la șoferul său cu un efort tremurând.

Er rappelte sich auf, taumelte und brach auf dem schneebedeckten Boden zusammen.

S-a ridicat cu forța, s-a clătinat și s-a prăbușit pe pământul înzăpezit.

Mithilfe seiner Vorderbeine zog er seinen Körper in Richtung des Angeschirrs.

Folosindu-și picioarele din față, și-a târât corpul spre zona de ham.

Zentimeter für Zentimeter schob er sich auf die Arbeitshunde zu.

S-a îngrămădit înainte, centimetru cu centimetru, spre câinii de muncă.

Er verließ die Kraft, aber er machte mit seinem letzten verzweifelten Vorstoß weiter.

Puterile i-au cedat, dar a continuat să meargă în ultima sa împingere disperată.

Seine Teamkollegen sahen ihn im Schnee nach Luft schnappen und sich immer noch danach sehnen, zu ihnen zu kommen.

Coechipierii lui l-au văzut gâfâind în zăpadă, încă dorind să li se alăture.

Sie hörten ihn vor Kummer schreien, als sie das Lager hinter sich ließen.

L-au auzit urlând de tristețe în timp ce părăseau tabăra.

Als das Team zwischen den Bäumen verschwand, hallte Daves Schrei hinter ihnen wider.

În timp ce echipa dispărea printre copaci, strigătul lui Dave a răsunat în spatele lor.

Der Schlittenzug hielt kurz an, nachdem er einen Abschnitt des Flusswalds überquert hatte.

Trenul de sanie s-a oprit scurt după ce a traversat o fâșie de pădure de râu.

Der schottische Mischling ging langsam zurück zum Lager dahinter.

Metișul scoțian se îndrepta încet spre tabăra din spate.

Die Männer verstummten, als sie ihn den Schlittenzug verlassen sahen.

Bărbații au încetat să vorbească când l-au văzut coborând din trenul de sanie.

Dann ertönte ein einzelner Schuss klar und scharf über den Weg.
Apoi, o singură împușcătură a răsunat clar și ascuțit pe potecă.
Der Mann kam schnell zurück und nahm wortlos seinen Platz ein.
Bărbatul s-a întors repede și și-a ocupat locul fără un cuvânt.
Peitschen knallten, Glöckchen bimmelten und die Schlitten rollten durch den Schnee.
Biciurile pocneau, clopoțeii zăngăneau, iar săniile se rostogoleau mai departe prin zăpadă.
Aber Buck wusste, was passiert war – und alle anderen Hunde auch.
Dar Buck știa ce se întâmplase – și la fel știau toți ceilalți câini.

Die Mühen der Zügel und des Trails
Truna hățurilor și a potecii

Dreißig Tage nach dem Verlassen von Dawson erreichte die Salt Water Mail Skaguay.
La treizeci de zile după ce a plecat din Dawson, Salt Water Mail a ajuns în Skaguay.
Buck und seine Teamkollegen gingen in Führung, kamen aber in einem erbärmlichen Zustand an.
Buck și coechipierii săi au preluat conducerea, sosind într-o stare jalnică.
Buck hatte von hundertvierzig auf hundertfünfzehn Pfund abgenommen.
Buck slăbise de la o sută patruzeci la o sută cincisprezece kilograme.
Die anderen Hunde hatten, obwohl kleiner, noch mehr Körpergewicht verloren.
Ceilalți câini, deși mai mici, slăbiseră și mai mult în greutate.
Pike, einst ein vorgetäuschter Hinker, schleppte nun ein wirklich verletztes Bein hinter sich her.
Pike, cândva un șchiopătator fals, trăgea acum după el un picior cu adevărat rănit.
Solleks humpelte stark und Dub hatte ein verrenktes Schulterblatt.
Solleks șchiopăta rău, iar Dub avea omoplatul rupt.
Die Füße aller Hunde im Team waren von den Wochen auf dem gefrorenen Pfad wund.
Fiecare câine din echipă avea dureri de picioare după săptămânile petrecute pe poteca înghețată.
Ihre Schritte waren völlig federnd und bewegten sich nur langsam und schleppend.
Nu mai aveau niciun fel de elasticitate în pașii lor, doar o mișcare lentă, târâtă.
Ihre Füße treffen den Weg hart und jeder Schritt belastet ihren Körper stärker.
Picioarele lor ating calea puternic, fiecare pas adăugând și mai multă presiune asupra corpurilor lor.

Sie waren nicht krank, sondern nur so erschöpft, dass sie sich auf natürliche Weise nicht mehr erholen konnten.
Nu erau bolnavi, ci doar epuizați până la capătul oricărei vindecări naturale.
Dies war nicht die Müdigkeit eines harten Tages, die durch eine Nachtruhe geheilt werden konnte.
Aceasta nu era oboseală după o zi grea, vindecată cu o noapte de odihnă.
Es war eine Erschöpfung, die sich durch monatelange, zermürbende Anstrengungen langsam aufgebaut hatte.
Era o epuizare acumulată încetul cu încetul, de-a lungul lunilor de eforturi extenuante.
Es waren keine Kraftreserven mehr vorhanden, sie hatten alles aufgebraucht, was sie hatten.
Nu mai rămăseseră nicio rezervă de forțe — își consumaseră tot ce le mai rămăsese.
Jeder Muskel, jede Faser und jede Zelle ihres Körpers war erschöpft und abgenutzt.
Fiecare mușchi, fibră și celulă din corpurile lor era epuizată și uzată.
Und das hatte seinen Grund: Sie hatten zweitausendfünfhundert Meilen zurückgelegt.
Și exista un motiv – parcurseseră două mii cinci sute de mile.
Auf den letzten zweitausendachthundert Kilometern hatten sie sich nur fünf Tage ausgeruht.
Se odihniseră doar cinci zile în ultimele opt sute de mile.
Als sie Skaguay erreichten, sahen sie aus, als könnten sie kaum aufrecht stehen.
Când au ajuns la Skaguay, păreau că abia se mai pot ține în picioare.
Sie hatten Mühe, die Zügel straff zu halten und vor dem Schlitten zu bleiben.
Se chinuiau să țină hățurile strânse și să rămână în fața saniei.
Auf abschüssigen Hängen konnten sie nur noch vermeiden, überfahren zu werden.
Pe pantele de coborâre, au reușit doar să evite să fie călcați.

„Weiter, ihr armen, wunden Füße", sagte der Fahrer, während sie weiterhumpelten.
„Mărșăluiți mai departe, bietele picioare dureroase", a spus șoferul în timp ce șchiopătau.
„Das ist die letzte Strecke, danach bekommen wir alle auf jeden Fall noch eine lange Pause."
„Aceasta e ultima porțiune, apoi cu siguranță ne vom odihni cu toții mult."
„Eine richtig lange Pause", versprach er und sah ihnen nach, wie sie weiter taumelten.
„O odihnă cu adevărat lungă", promise el, privindu-i cum se clătină înainte.
Die Fahrer rechneten damit, dass sie nun eine lange, notwendige Pause bekommen würden.
Șoferii se așteptau să aibă acum o pauză lungă și binemeritată.
Sie hatten zweitausend Meilen zurückgelegt und nur zwei Tage Pause gemacht.
Parcurseseră două sute două sute de mile, cu doar două zile de odihnă.
Sie waren der Meinung, dass sie sich die Zeit zum Entspannen verdient hätten, und das aus fairen und vernünftigen Gründen.
Prin corectitudine și rațiune, au simțit că își câștigaseră timp să se relaxeze.
Aber zu viele waren zum Klondike gekommen und zu wenige waren zu Hause geblieben.
Dar prea mulți veniseră în Klondike și prea puțini rămăseseră acasă.
Es gingen unzählige Briefe von Familien ein, die zu Bergen verspäteter Post führten.
Scrisorile de la familii au sosit în valuri, creând grămezi de corespondență întârziate.
Offizielle Anweisungen trafen ein – neue Hudson Bay-Hunde würden die Nachfolge antreten.
Au sosit ordinele oficiale — noi câini din Hudson Bay urmau să preia controlul.

Die erschöpften Hunde, die nun als wertlos galten, sollten entsorgt werden.
Câinii epuizați, numiți acum fără valoare, urmau să fie eliminați.
Da Geld wichtiger war als Hunde, sollten sie billig verkauft werden.
Întrucât banii contau mai mult decât câinii, urmau să fie vânduți ieftin.
Drei weitere Tage vergingen, bevor die Hunde spürten, wie schwach sie waren.
Au mai trecut trei zile până când câinii au simțit cât de slăbiți erau.
Am vierten Morgen kauften zwei Männer aus den Staaten das gesamte Team.
În a patra dimineață, doi bărbați din State au cumpărat întreaga echipă.
Der Verkauf umfasste alle Hunde sowie ihre abgenutzte Geschirrausrüstung.
Vânzarea a inclus toți câinii, plus hamurile lor uzate.
Die Männer nannten sich gegenseitig „Hal" und „Charles", als sie den Deal abschlossen.
Bărbații și-au spus reciproc „Hal" și „Charles" în timp ce finalizau tranzacția.
Charles war mittleren Alters, blass, hatte schlaffe Lippen und wilde Schnurrbartspitzen.
Charles era de vârstă mijlocie, palid, cu buze flasce și vârfuri de mustață aprige.
Hal war ein junger Mann, vielleicht neunzehn, der einen Patronengürtel trug.
Hal era un tânăr, poate de nouăsprezece ani, purtând o centură umplută cu cartușe.
Am Gürtel befanden sich ein großer Revolver und ein Jagdmesser, beide unbenutzt.
Centura conținea un revolver mare și un cuțit de vânătoare, ambele nefolosite.
Es zeigte, wie unerfahren und ungeeignet er für das Leben im Norden war.

A arătat cât de lipsit de experiență și nepotrivit era pentru viața din nord.
Keiner der beiden Männer gehörte in die Wildnis; ihre Anwesenheit widersprach jeder Vernunft.
Niciunul dintre ei nu avea locul în sălbăticie; prezența lor sfida orice rațiune.
Buck beobachtete, wie das Geld zwischen Käufer und Makler den Besitzer wechselte.
Buck a privit cum banii se schimbau între cumpărător și agent.
Er wusste, dass die Postzugführer sein Leben wie alle anderen verlassen würden.
Știa că mecanicii de locomotivă îi părăseau viața la fel ca toți ceilalți.
Sie folgten Perrault und François, die nun unwiederbringlich verschwunden waren.
I-au urmat pe Perrault și François, acum dispăruți și fără nicio amintire.
Buck und das Team wurden in das schlampige Lager ihrer neuen Besitzer geführt.
Buck și echipa au fost conduși în tabăra neglijentă a noilor lor proprietari.
Das Zelt hing durch, das Geschirr war schmutzig und alles lag in Unordnung.
Cortul era lăsat, vasele erau murdare și totul zăcea în dezordine.
Buck bemerkte dort auch eine Frau – Mercedes, Charles' Frau und Hals Schwester.
Buck a observat și o femeie acolo — Mercedes, soția lui Charles și sora lui Hal.
Sie bildeten eine vollständige Familie, obwohl sie alles andere als für den Wanderpfad geeignet waren.
Alcătuiau o familie completă, deși departe de a fi potriviți pentru traseu.
Buck beobachtete nervös, wie das Trio begann, die Vorräte einzupacken.
Buck i-a privit nervos pe cei trei cum începeau să împacheteze proviziile.

Sie arbeiteten hart, aber ohne Ordnung – nur Aufhebens und vergeudete Mühe.
Au muncit din greu, dar fără ordine – doar agitație și efort irosit.

Das Zelt war zu einer sperrigen Form zusammengerollt und viel zu groß für den Schlitten.
Cortul a fost rulat într-o formă voluminoasă, mult prea mare pentru sanie.

Schmutziges Geschirr wurde eingepackt, ohne dass es gespült oder getrocknet worden wäre.
Vasele murdare erau împachetate fără a fi spălate sau uscate deloc.

Mercedes flatterte herum, redete, korrigierte und mischte sich ständig ein.
Mercedes se foia de colo-colo, vorbind, corectând și amestecându-se întruna.

Als ein Sack vorne platziert wurde, bestand sie darauf, dass er hinten drankam.
Când i-a fost pus un sac în față, ea a insistat să fie pus în spate.

Sie packte den Sack ganz unten rein und im nächsten Moment brauchte sie ihn.
A împachetat sacul jos și în clipa următoare a avut nevoie de el.

Also wurde der Schlitten erneut ausgepackt, um an die eine bestimmte Tasche zu gelangen.
Așa că sania a fost despachetată din nou pentru a ajunge la geanta specifică.

In der Nähe standen drei Männer vor einem Zelt und beobachteten die Szene.
În apropiere, trei bărbați stăteau în fața unui cort, privind desfășurarea scenei.

Sie lächelten, zwinkerten und grinsten über die offensichtliche Verwirrung der Neuankömmlinge.
Au zâmbit, au făcut cu ochiul și au rânjit la vederea nedumeririi evidente a nou-veniților.

„Sie haben schon eine ziemlich schwere Last", sagte einer der Männer.

„Ai deja o încărcătură foarte grea", a spus unul dintre bărbați.
„Ich glaube nicht, dass Sie das Zelt tragen sollten, aber es ist Ihre Entscheidung."
„Nu cred că ar trebui să cari cortul acela, dar e alegerea ta."
„Unvorstellbar!", rief Mercedes und warf verzweifelt die Hände in die Luft.
„Niciodată!", a strigat Mercedes, ridicând mâinile în semn de disperare.
„Wie könnte ich ohne Zelt reisen, unter dem ich übernachten kann?"
„Cum aș putea călători fără un cort sub care să stau?"
„Es ist Frühling – Sie werden kein kaltes Wetter mehr erleben", antwortete der Mann.
„E primăvară — nu veți mai vedea vreme rece", a răspuns bărbatul.
Aber sie schüttelte den Kopf und sie stapelten weiterhin Gegenstände auf den Schlitten.
Dar ea clătină din cap, iar ei continuau să îngrămădească obiecte pe sanie.
Als sie die letzten Dinge hinzufügten, türmte sich die Ladung gefährlich hoch auf.
Încărcătura se înălța periculos de sus în timp ce adăugau ultimele lucruri.
„Glauben Sie, der Schlitten fährt?", fragte einer der Männer mit skeptischem Blick.
„Crezi că sania va merge?" a întrebat unul dintre bărbați cu o privire sceptică.
„Warum sollte es nicht?", blaffte Charles mit scharfer Verärgerung zurück.
„De ce n-ar trebui?", a replicat Charles tăios, cu o iritare ascuțită.
„Oh, das ist schon in Ordnung", sagte der Mann schnell und wich seiner Beleidigung aus.
„O, e-n regulă", spuse bărbatul repede, dându-se înapoi pentru a nu se simți ofensat.
„Ich habe mich nur gewundert – es sah für mich einfach ein bisschen zu kopflastig aus."

„Mă întrebam doar — mie mi s-a părut pur și simplu puțin prea greu în partea de sus."

Charles drehte sich um und band die Ladung so gut fest, wie er konnte.

Charles s-a întors și a legat încărcătura cât de bine a putut.

Allerdings waren die Zurrgurte locker und die Verpackung insgesamt schlecht ausgeführt.

Dar legăturile erau slăbite, iar ambalajul era prost făcut per total.

„Klar, die Hunde machen das den ganzen Tag", sagte ein anderer Mann sarkastisch.

„Sigur, câinii vor trage de asta toată ziua", a spus sarcastic un alt bărbat.

„Natürlich", antwortete Hal kalt und packte die lange Lenkstange des Schlittens.

— Desigur, răspunse Hal rece, apucând bara lungă de ancorare a saniei.

Mit einer Hand an der Stange schwang er mit der anderen die Peitsche.

Cu o mână pe prăjină, lovea biciul în cealaltă.

„Los geht's!", rief er. „Bewegt euch!", und trieb die Hunde zum Aufbruch an.

„Hai să mergem!", a strigat el. „Mișcați-o!", îndemnându-i pe câini să pornească.

Die Hunde lehnten sich in das Geschirr und spannten sich einige Augenblicke lang an.

Câinii s-au aplecat în ham și s-au încordat câteva clipe.

Dann blieben sie stehen, da sie den überladenen Schlitten keinen Zentimeter bewegen konnten.

Apoi s-au oprit, incapabili să miște sania supraîncărcată nici măcar un centimetru.

„Diese faulen Bestien!", schrie Hal und hob die Peitsche, um sie zu schlagen.

„Brutele leneșe!" a strigat Hal, ridicând biciul să-i lovească.

Doch Mercedes stürzte herein und riss Hal die Peitsche aus der Hand.

Dar Mercedes s-a repezit înăuntru și i-a luat biciul din mâini lui Hal.

„**Oh, Hal, wage es ja nicht, ihnen wehzutun**", rief sie alarmiert.

„O, Hal, nu îndrăzni să le faci rău!", a strigat ea alarmată.

„**Versprich mir, dass du nett zu ihnen bist, sonst gehe ich keinen Schritt weiter.**"

„Promite-mi că vei fi amabil cu ei, altfel nu voi mai face niciun pas."

„**Du weißt nichts über Hunde**", fuhr Hal seine Schwester an.

„Habar n-ai despre câini", i-a răspuns Hal surorii sale.

„**Sie sind faul, und die einzige Möglichkeit, sie zu bewegen, besteht darin, sie zu peitschen.**"

„Sunt leneși și singura modalitate de a-i mișca este să-i biciuiești."

„**Fragen Sie irgendjemanden – fragen Sie einen dieser Männer dort drüben, wenn Sie mir nicht glauben.**"

„Întreabă pe oricine – întreabă pe unul dintre oamenii aceia de acolo dacă te îndoiești de mine."

Mercedes sah die Zuschauer mit flehenden, tränennassen Augen an.

Mercedes se uita la privitori cu ochi rugători și în lacrimi.

Ihr Gesicht zeigte, wie sehr sie den Anblick jeglichen Schmerzes hasste.

Fața ei citea cât de profund ura vederea oricărei dureri.

„**Sie sind schwach, das ist alles**", sagte ein Mann. „**Sie sind erschöpft.**"

„Sunt slabi, asta e tot", a spus un bărbat. „Sunt epuizați."

„**Sie brauchen Ruhe – sie haben zu lange ohne Pause gearbeitet.**"

„Au nevoie de odihnă — au fost munciți prea mult timp fără pauză."

„**Der Rest sei verflucht**", murmelte Hal mit verzogenen Lippen.

„Blestem să fie odihnă în pace", mormăi Hal cu buza strâmbă.

Mercedes schnappte nach Luft, sein grobes Wort schmerzte sie sichtlich.

Mercedes a gâfâit, evident dureroasă de cuvântul vulgar rostit de el.

Dennoch blieb sie loyal und verteidigte ihren Bruder sofort.

Totuși, ea a rămas loială și și-a apărat imediat fratele.

„Kümmere dich nicht um den Mann", sagte sie zu Hal. „Das sind unsere Hunde."

„Nu-l lua în seamă pe omul ăla", i-a spus ea lui Hal. „Sunt câinii noștri."

„Fahren Sie sie, wie Sie es für richtig halten – tun Sie, was Sie für richtig halten."

„Le conduci cum consideri de cuviință – fă ce crezi că e corect."

Hal hob die Peitsche und schlug die Hunde erneut gnadenlos.

Hal a ridicat biciul și a lovit din nou câinii fără milă.

Sie stürzten sich nach vorne, die Körper tief gebeugt, die Füße in den Schnee gedrückt.

S-au năpustit înainte, cu corpurile joase, cu picioarele înfipte în zăpadă.

Sie gaben sich alle Mühe, den Schlitten zu ziehen, aber er bewegte sich nicht.

Toată puterea lor s-a îndreptat spre tragere, dar sania nu se mișca.

Der Schlitten blieb wie ein im Schnee festgefrorener Anker stecken.

Sania a rămas blocată, ca o ancoră înghețată în zăpada batată.

Nach einem zweiten Versuch blieben die Hunde wieder stehen und keuchten schwer.

După un al doilea efort, câinii s-au oprit din nou, gâfâind greu.

Hal hob die Peitsche noch einmal, gerade als Mercedes erneut eingriff.

Hal a ridicat din nou biciul, exact când Mercedes a intervenit din nou.

Sie fiel vor Buck auf die Knie und umarmte seinen Hals.

Ea a căzut în genunchi în fața lui Buck și l-a îmbrățișat.

Tränen traten ihr in die Augen, als sie den erschöpften Hund anflehte.
Lacrimile i s-au umplut de lacrimi în timp ce îl implora pe câinele epuizat.
„Ihr Armen", sagte sie, „warum zieht ihr nicht einfach stärker?"
„Săracii de voi", a spus ea, „de ce nu trageți mai tare?"
„Wenn du ziehst, wirst du nicht so ausgepeitscht."
„Dacă tragi, atunci n-o să fii biciuit așa."
Buck mochte Mercedes nicht, aber er war zu müde, um ihr jetzt zu widerstehen.
Buck nu o iubea pe Mercedes, dar era prea obosit ca să-i mai reziste acum.
Er akzeptierte ihre Tränen als einen weiteren Teil dieses elenden Tages.
El a acceptat lacrimile ei ca pe doar încă o parte a zilei mizerabile.
Einer der zuschauenden Männer ergriff schließlich das Wort, nachdem er seinen Ärger unterdrückt hatte.
Unul dintre bărbații care priveau a vorbit în sfârșit, după ce și-a stăpânit furia.
„Es ist mir egal, was mit euch passiert, Leute, aber diese Hunde sind wichtig."
„Nu-mi pasă ce se întâmplă cu voi, oameni buni, dar câinii aceia contează."
„Wenn du helfen willst, mach den Schlitten los – er ist am Schnee festgefroren."
„Dacă vrei să ajuți, dezlănțuie sania aia — e înghețată până la zăpadă."
„Drücken Sie fest auf die Gee-Stange, rechts und links, und brechen Sie die Eisversiegelung."
„Apăsați tare pe stâlp, la dreapta și la stânga, și rupeți sigiliul de gheață."
Ein dritter Versuch wurde unternommen, diesmal auf Vorschlag des Mannes.
S-a făcut o a treia încercare, de data aceasta urmând sugestia bărbatului.

Hal schaukelte den Schlitten von einer Seite auf die andere und löste so die Kufen.
Hal a legănat sania dintr-o parte în alta, desprinzând glisierele.
Obwohl der Schlitten überladen und unhandlich war, machte er schließlich einen Satz nach vorne.
Sania, deși supraîncărcată și stângace, în cele din urmă s-a clătinat înainte.
Buck und die anderen zogen wild, angetrieben von einem Sturm aus Schleudertraumen.
Buck și ceilalți trăgeau nebunește, împinși de o furtună de lovituri de bici.
Hundert Meter weiter machte der Weg eine Biegung und führte in die Straße hinein.
La o sută de metri mai în față, poteca se curba și cobora în pantă în stradă.
Um den Schlitten aufrecht zu halten, hätte es eines erfahrenen Fahrers bedurft.
Ar fi fost nevoie de un șofer priceput ca să țină sania în poziție verticală.
Hal war nicht geschickt und der Schlitten kippte, als er um die Kurve schwang.
Hal nu era priceput, iar sania s-a răsturnat când a luat-o după curbă.
Lose Zurrgurte gaben nach und die Hälfte der Ladung ergoss sich auf den Schnee.
Legăturile slăbite au cedat, iar jumătate din încărcătură s-a vărsat pe zăpadă.
Die Hunde hielten nicht an; der leichtere Schlitten flog auf der Seite weiter.
Câinii nu s-au oprit; sania mai ușoară zbura pe o parte.
Wütend über die Beschimpfungen und die schwere Last rannten die Hunde noch schneller.
Furioși din cauza abuzurilor și a poverii grele, câinii au alergat mai repede.
Buck rannte wütend los und das Team folgte ihm.
Buck, furios, a început să alerge, urmat de echipă.

Hal rief „Whoa! Whoa!", aber das Team beachtete ihn nicht.
Hal a strigat „Uau! Uau!", dar echipa nu l-a băgat în seamă.
Er stolperte, fiel und wurde am Geschirr über den Boden geschleift.
S-a împiedicat, a căzut și a fost târât pe pământ de ham.
Der umgekippte Schlitten wurde über ihn geworfen, als die Hunde weiterrasten.
Sania răsturnată s-a lovit de el în timp ce câinii goneau înainte.
Die restlichen Vorräte verteilten sich über die belebte Straße von Skaguay.
Restul proviziilor împrăștiate pe strada aglomerată din Skaguay.
Gutherzige Menschen eilten herbei, um die Hunde anzuhalten und die Ausrüstung einzusammeln.
Oameni buni la suflet s-au grăbit să oprească câinii și să adune echipamentul.
Sie gaben den neuen Reisenden auch direkte und praktische Ratschläge.
De asemenea, le-au dat sfaturi, directe și practice, noilor călători.
„Wenn Sie Dawson erreichen wollen, nehmen Sie die halbe Ladung und die doppelte Anzahl an Hunden mit."
„Dacă vrei să ajungi la Dawson, ia jumătate din încărcătură și dublează numărul de câini."
Hal, Charles und Mercedes hörten zu, wenn auch nicht mit Begeisterung.
Hal, Charles și Mercedes au ascultat, deși nu cu entuziasm.
Sie bauten ihr Zelt auf und begannen, ihre Vorräte zu sortieren.
Și-au instalat cortul și au început să-și sorteze proviziile.
Heraus kamen Konserven, die die Zuschauer laut lachen ließen.
Au ieșit conserve, ceea ce i-a făcut pe spectatori să râdă în hohote.
„Konserven auf dem Weg? Bevor die schmelzen, verhungern Sie", sagte einer.

„Conserve pe potecă? O să mori de foame înainte să se topească alea", a spus unul.

„Hoteldecken? Die wirfst du am besten alle weg."

„Pături de hotel? Mai bine le arunci pe toate."

„Schmeißen Sie auch das Zelt weg, und hier spült niemand mehr Geschirr."

„Aruncă și cortul, și nimeni nu spală vase aici."

„Sie glauben, Sie fahren in einem Pullman-Zug mit Bediensteten an Bord?"

„Crezi că mergi într-un tren Pullman cu servitori la bord?"

Der Prozess begann – jeder nutzlose Gegenstand wurde beiseite geworfen.

Procesul a început — fiecare obiect inutil a fost aruncat deoparte.

Mercedes weinte, als ihre Taschen auf den schneebedeckten Boden geleert wurden.

Mercedes a plâns când gențile ei au fost golite pe pământul înzăpezit.

Sie schluchzte ohne Pause über jeden einzelnen hinausgeworfenen Gegenstand.

A plâns fără pauză pentru fiecare obiect aruncat, unul câte unul.

Sie schwor, keinen Schritt weiterzugehen – nicht einmal für zehn Charleses.

Ea a jurat să nu mai facă niciun pas — nici măcar pentru zece Charles-uri.

Sie flehte alle Menschen in ihrer Nähe an, ihr ihre wertvollen Sachen zu überlassen.

Ea a implorat fiecare persoană din apropiere să o lase să-și păstreze lucrurile prețioase.

Schließlich wischte sie sich die Augen und begann, auch die wichtigsten Kleidungsstücke wegzuwerfen.

În cele din urmă, și-a șters ochii și a început să arunce chiar și hainele esențiale.

Als sie mit ihrem eigenen fertig war, begann sie, die Vorräte der Männer auszuräumen.

Când a terminat cu ale ei, a început să golească proviziile bărbaților.
Wie ein Wirbelwind verwüstete sie die Habseligkeiten von Charles und Hal.
Ca un vârtej, a sfâșiat lucrurile lui Charles și ale lui Hal.
Obwohl die Ladung halbiert wurde, war sie immer noch viel schwerer als nötig.
Deși încărcătura fusese înjumătățită, era totuși mult mai grea decât era necesar.
In dieser Nacht gingen Charles und Hal los und kauften sechs neue Hunde.
În seara aceea, Charles și Hal au ieșit și au cumpărat șase câini noi.
Diese neuen Hunde gesellten sich zu den ursprünglichen sechs, plus Teek und Koona.
Acești câini noi s-au alăturat celor șase originali, plus Teek și Koona.
Zusammen bildeten sie ein Gespann aus vierzehn Hunden, die vor den Schlitten gespannt wurden.
Împreună au format o pereche de paisprezece câini înhămați de sanie.
Doch die neuen Hunde waren für die Schlittenarbeit ungeeignet und schlecht ausgebildet.
Dar noii câini erau nepotriviți și prost dresați pentru lucrul cu sania.
Drei der Hunde waren kurzhaarige Vorstehhunde und einer war ein Neufundländer.
Trei dintre câini erau pointer cu păr scurt, iar unul era un Newfoundland.
Bei den letzten beiden Hunden handelte es sich um Mischlinge ohne eindeutige Rasse oder Zweckbestimmung.
Ultimii doi câini erau câini metiși, fără o rasă sau un scop clar.
Sie haben den Weg nicht verstanden und ihn nicht schnell gelernt.
Nu au înțeles poteca și nu au învățat-o repede.
Buck und seine Kameraden beobachteten sie mit Verachtung und tiefer Verärgerung.

Buck și tovarășii săi îi priveau cu dispreț și profundă iritare.
Obwohl Buck ihnen beibrachte, was sie nicht tun sollten, konnte er ihnen keine Pflicht beibringen.
Deși Buck i-a învățat ce să nu facă, nu putea să-i învețe ce înseamnă datoria.
Sie kamen mit dem Leben auf dem Wanderpfad und dem Ziehen von Zügeln und Schlitten nicht gut zurecht.
Nu s-au adaptat bine la viața de drumeție sau la tragerea hățurilor și a săniilor.
Nur die Mischlinge versuchten, sich anzupassen, und selbst ihnen fehlte der Kampfgeist.
Doar corciturile au încercat să se adapteze și chiar și lor le-a lipsit spiritul de luptă.
Die anderen Hunde waren durch ihr neues Leben verwirrt, geschwächt und gebrochen.
Ceilalți câini erau confuzi, slăbiți și distruși de noua lor viață.
Da die neuen Hunde ahnungslos und die alten erschöpft waren, gab es kaum Hoffnung.
Cu câinii noi neștiutori și cei vechi epuizați, speranța era slabă.
Bucks Team hatte zweitausendfünfhundert Meilen eines rauen Pfades zurückgelegt.
Echipa lui Buck parcursese două mii cinci sute de mile de potecă accidentată.
Dennoch waren die beiden Männer fröhlich und stolz auf ihr großes Hundegespann.
Totuși, cei doi bărbați erau veseli și mândri de marele lor acompaniament de câini.
Sie dachten, sie würden mit Stil reisen, mit vierzehn Hunden an der Leine.
Credeau că călătoresc cu stil, cu paisprezece câini însoțiți.
Sie hatten gesehen, wie Schlitten nach Dawson aufbrachen und andere von dort ankamen.
Văzuseră sănii plecând spre Dawson și altele sosind de acolo.
Aber noch nie hatten sie eins gesehen, das von bis zu vierzehn Hunden gezogen wurde.
Dar niciodată nu văzuseră unul tras de paisprezece câini.

Es gab einen Grund, warum solche Teams in der arktischen Wildnis selten waren.
Exista un motiv pentru care astfel de echipe erau rare în sălbăticia arctică.
Kein Schlitten konnte genug Futter transportieren, um vierzehn Hunde für die Reise zu versorgen.
Nicio sanie nu putea căra suficientă mâncare pentru a hrăni paisprezece câini pe parcursul călătoriei.
Aber Charles und Hal wussten das nicht – sie hatten nachgerechnet.
Dar Charles și Hal nu știau asta – făcuseră calculele.
Sie haben das Futter berechnet: so viel pro Hund, so viele Tage, fertig.
Au desenat mâncarea cu creionul: atât de multă per câine, atâtea zile, gata.
Mercedes betrachtete ihre Zahlen und nickte, als ob es Sinn machte.
Mercedes s-a uitat la cifrele lor și a dat din cap ca și cum ar fi avut sens.
Zumindest auf dem Papier erschien ihr alles sehr einfach.
Totul i se părea foarte simplu, cel puțin pe hârtie.

Am nächsten Morgen führte Buck das Team langsam die verschneite Straße hinauf.
A doua zi dimineață, Buck a condus echipa încet pe strada înzăpezită.
Weder er noch die Hunde hinter ihm hatten Energie oder Tatendrang.
Nu avea nicio energie sau spirit în el, nici în câinii din spatele lui.
Sie waren von Anfang an todmüde, es waren keine Reserven mehr vorhanden.
Erau morți de oboseală de la început — nu mai rămăseseră rezerve.
Buck hatte bereits vier Fahrten zwischen Salt Water und Dawson unternommen.
Buck făcuse deja patru călătorii între Salt Water și Dawson.

Als er nun erneut vor derselben Spur stand, empfand er nichts als Bitterkeit.
Acum, confruntat din nou cu aceeași potecă, nu simțea decât amărăciune.
Er war nicht mit dem Herzen dabei und die anderen Hunde auch nicht.
Inima lui nu era în asta, nici inimile celorlalți câini.
Die neuen Hunde waren schüchtern und den Huskys fehlte jegliches Vertrauen.
Noii câini erau timizi, iar husky-ii nu aveau deloc încredere.
Buck spürte, dass er sich auf diese beiden Männer oder ihre Schwester nicht verlassen konnte.
Buck simțea că nu se putea baza pe acești doi bărbați sau pe sora lor.
Sie wussten nichts und zeigten auf dem Weg keine Anzeichen, etwas zu lernen.
Nu știau nimic și nu dădeau semne că ar învăța pe drum.
Sie waren unorganisiert und es fehlte ihnen jeglicher Sinn für Disziplin.
Erau dezorganizați și lipsiți de orice simț al disciplinei.
Sie brauchten jedes Mal die halbe Nacht, um ein schlampiges Lager aufzubauen.
De fiecare dată le lua jumătate de noapte să instaleze o tabără neîngrijită.
Und den halben nächsten Morgen verbrachten sie wieder damit, am Schlitten herumzufummeln.
Și jumătate din dimineața următoare au petrecut-o din nou bâlbâind cu sania.
Gegen Mittag hielten sie oft nur an, um die ungleichmäßige Beladung zu korrigieren.
Până la prânz, se opreau adesea doar ca să repare încărcătura neuniformă.
An manchen Tagen legten sie insgesamt weniger als sechzehn Kilometer zurück.
În unele zile, au parcurs mai puțin de zece mile în total.
An anderen Tagen schafften sie es überhaupt nicht, das Lager zu verlassen.

În alte zile, nu au reușit să părăsească deloc tabăra.
Sie kamen nie auch nur annähernd an die geplante Nahrungsdistanz heran.
Niciodată nu au fost aproape de a acoperi distanța alimentară planificată.
Wie erwartet ging das Futter für die Hunde sehr schnell aus.
Așa cum era de așteptat, au rămas foarte repede fără mâncare pentru câini.
Sie haben die Sache noch schlimmer gemacht, indem sie in den ersten Tagen zu viel gefüttert haben.
Au înrăutățit lucrurile prin suprahrănirea din primele zile.
Mit jeder unvorsichtigen Ration rückte der Hungertod näher.
Aceasta a adus foametea mai aproape cu fiecare rație neglijentă.
Die neuen Hunde hatten nicht gelernt, mit sehr wenig zu überleben.
Noii câini nu învățaseră să supraviețuiască cu foarte puțin.
Sie aßen hungrig, ihr Appetit war zu groß für den Weg.
Au mâncat cu poftă, cu o poftă prea mare pentru drum.
Als Hal sah, wie die Hunde schwächer wurden, glaubte er, dass das Futter nicht ausreichte.
Văzând câinii slăbind, Hal a crezut că mâncarea nu era suficientă.
Er verdoppelte die Rationen und verschlimmerte damit den Fehler noch.
A dublat rațiile, ceea ce a agravat și mai mult greșeala.
Mercedes verschärfte das Problem mit Tränen und leisem Flehen.
Mercedes a agravat problema cu lacrimi și rugăminți blânde.
Als sie Hal nicht überzeugen konnte, fütterte sie die Hunde heimlich.
Când nu l-a putut convinge pe Hal, i-a hrănit pe câini în secret.
Sie stahl den Fisch aus den Säcken und gab ihn ihnen hinter seinem Rücken.
Ea a furat din sacii cu pește și li l-a dat pe la spatele lui.

Doch was die Hunde wirklich brauchten, war nicht mehr Futter, sondern Ruhe.
Dar ceea ce aveau cu adevărat nevoie câinii nu era mai multă mâncare, ci odihnă.
Sie kamen nur langsam voran, aber der schwere Schlitten schleppte sich trotzdem weiter.
Mergeau prost, dar sania grea încă se târa înainte.
Allein dieses Gewicht zehrte jeden Tag an ihrer verbleibenden Kraft.
Numai acea greutate le consuma zilnic puterile rămase.
Dann kam es zur Phase der Unterernährung, da die Vorräte zur Neige gingen.
Apoi a venit etapa de subhrănire, pe măsură ce proviziile se epuizau.
Eines Morgens stellte Hal fest, dass die Hälfte des Hundefutters bereits weg war.
Într-o dimineață, Hal și-a dat seama că jumătate din mâncarea pentru câini dispăruse deja.
Sie hatten nur ein Viertel der gesamten Wegstrecke zurückgelegt.
Parcurseseră doar un sfert din distanța totală a traseului.
Es konnten keine Lebensmittel mehr gekauft werden, egal zu welchem Preis.
Nu se mai putea cumpăra mâncare, indiferent de prețul oferit.
Er reduzierte die Portionen der Hunde unter die normale Tagesration.
A redus porțiile câinilor sub rația zilnică standard.
Gleichzeitig forderte er längere Reisemöglichkeiten, um die Verluste auszugleichen.
În același timp, a cerut călătorii mai lungi pentru a compensa pierderile.
Mercedes und Charles unterstützten diesen Plan, scheiterten jedoch bei der Umsetzung.
Mercedes și Charles au susținut acest plan, dar au eșuat în punerea în aplicare.
Ihr schwerer Schlitten und ihre mangelnden Fähigkeiten machten ein Vorankommen nahezu unmöglich.

Sania lor grea și lipsa de îndemânare făceau progresul aproape imposibil.
Es war einfach, weniger Futter zu geben, aber unmöglich, mehr Anstrengung zu erzwingen.
Era ușor să dai mai puțină mâncare, dar imposibil să forțezi mai mult efort.
Sie konnten weder früher anfangen, noch konnten sie Überstunden machen.
Nu puteau începe devreme și nici nu puteau călători ore suplimentare.
Sie wussten nicht, wie sie mit den Hunden und überhaupt mit sich selbst arbeiten sollten.
Nu știau cum să lucreze cu câinii, nici pe ei înșiși, de altfel.
Der erste Hund, der starb, war Dub, der unglückliche, aber fleißige Dieb.
Primul câine care a murit a fost Dub, hoțul ghinionist, dar harnic.
Obwohl Dub oft bestraft wurde, leistete er ohne zu klagen seinen Beitrag.
Deși adesea pedepsit, Dub își făcuse treaba fără să se plângă.
Seine Schulterverletzung verschlimmerte sich ohne Pflege und nötige Ruhe.
Umărul său rănit s-a agravat fără îngrijire și fără a avea nevoie de odihnă.
Schließlich beendete Hal mit dem Revolver Dubs Leiden.
În cele din urmă, Hal a folosit revolverul pentru a pune capăt suferinței lui Dub.
Ein gängiges Sprichwort besagt, dass normale Hunde an der Husky-Ration sterben.
O zicală populară susținea că câinii normali mor cu rații de hrană pentru husky.
Bucks sechs neue Gefährten bekamen nur die Hälfte des Futteranteils des Huskys.
Cei șase noi tovarăși ai lui Buck aveau doar jumătate din porția de mâncare a husky-ului.
Zuerst starb der Neufundländer, dann die drei kurzhaarigen Vorstehhunde.

Newfoundlandul a murit primul, apoi cei trei pointeri cu păr scurt.
Die beiden Mischlinge hielten länger durch, kamen aber schließlich wie die anderen um.
Cei doi corcituri au rezistat mai mult timp, dar în cele din urmă au pierit ca și ceilalți.
Zu diesem Zeitpunkt waren alle Annehmlichkeiten und die Sanftheit des Südens verschwunden.
În acest moment, toate facilitățile și blândețea din Southland dispăruseră.
Die drei Menschen hatten die letzten Spuren ihrer zivilisierten Erziehung abgelegt.
Cele trei persoane lepădaseră ultimele urme ale educației lor civilizate.
Ohne Glamour und Romantik wurde das Reisen in die Arktis zur brutalen Realität.
Lipsite de strălucire și romantism, călătoriile arctice au devenit brutal de reale.
Es war eine Realität, die zu hart für ihr Männlichkeits- und Weiblichkeitsgefühl war.
Era o realitate prea dură pentru simțul lor de masculinitate și feminitate.
Mercedes weinte nicht mehr um die Hunde, sondern nur noch um sich selbst.
Mercedes nu mai plângea pentru câini, ci acum plângea doar pentru ea însăși.
Sie verbrachte ihre Zeit damit, zu weinen und mit Hal und Charles zu streiten.
Își petrecea timpul plângând și certându-se cu Hal și Charles.
Streiten war das Einzige, wozu sie nie zu müde waren.
Certurile erau singurul lucru pentru care nu erau niciodată prea obosiți.
Ihre Gereiztheit rührte vom Elend her, wuchs mit ihm und übertraf es.
Iritabilitatea lor provenea din nefericire, creștea odată cu ea și o depășea.

Die Geduld des Weges, die diejenigen kennen, die sich abmühen und freundlich leiden, kam nie.
Răbdarea drumului, cunoscută celor care trudesc și suferă cu bunătate, nu a venit niciodată.
Diese Geduld, die die Sprache trotz Schmerzen süß hält, war ihnen unbekannt.
Acea răbdare, care menține vorbirea dulce prin durere, le era necunoscută.
Sie besaßen nicht die geringste Spur von Geduld und schöpften keine Kraft aus dem anmutigen Leiden.
Nu aveau nicio urmă de răbdare, nicio putere trăgându-se din suferința cu har.
Sie waren steif vor Schmerz – ihre Muskeln, Knochen und ihr Herz schmerzten.
Erau înțepeniți de durere — îi dureau mușchii, oasele și inima.
Aus diesem Grund bekamen sie eine scharfe Zunge und waren schnell im Umgang mit harten Worten.
Din această cauză, au devenit ascuțiți la limbă și rapizi la cuvinte aspre.
Jeder Tag begann und endete mit wütenden Stimmen und bitteren Klagen.
Fiecare zi începea și se termina cu voci furioase și plângeri amare.
Charles und Hal stritten sich, wann immer Mercedes ihnen eine Chance gab.
Charles și Hal se certau ori de câte ori Mercedes le oferea o șansă.
Jeder Mann glaubte, dass er mehr als seinen gerechten Anteil an der Arbeit geleistet hatte.
Fiecare om credea că a făcut mai mult decât partea sa echitabilă de muncă.
Keiner von beiden ließ es sich je entgehen, dies immer wieder zu sagen.
Niciunul nu a ratat vreodată ocazia să spună asta, iar și iar.
Manchmal stand Mercedes auf der Seite von Charles, manchmal auf der Seite von Hal.
Uneori, Mercedes era de partea lui Charles, alteori cu Hal.

Dies führte zu einem großen und endlosen Streit zwischen den dreien.
Aceasta a dus la o ceartă mare și nesfârșită între cei trei.
Ein Streit darüber, wer Brennholz hacken sollte, geriet außer Kontrolle.
O dispută despre cine ar trebui să taie lemne de foc a scăpat de sub control.
Bald wurden Väter, Mütter, Cousins und verstorbene Verwandte genannt.
Curând, au fost numiți tații, mamele, verii și rudele decedate.
Hal's Ansichten über Kunst oder die Theaterstücke seines Onkels wurden Teil des Kampfes.
Părerile lui Hal despre artă sau piesele de teatru ale unchiului său au devenit parte a luptei.
Auch Charles' politische Überzeugungen wurden in die Debatte einbezogen.
Convingerile politice ale lui Charles au intrat și ele în dezbatere.
Für Mercedes schienen sogar die Gerüchte über die Schwester ihres Mannes relevant zu sein.
Pentru Mercedes, chiar și bârfele surorii soțului ei i se păreau relevante.
Sie äußerte ihre Meinung dazu und zu vielen Fehlern in Charles' Familie.
Ea și-a exprimat opiniile despre asta și despre multe dintre defectele familiei lui Charles.
Während sie stritten, blieb das Feuer aus und das Lager war halb fertig.
În timp ce se certau, focul a rămas stins și tabăra pe jumătate așezată.
In der Zwischenzeit waren die Hunde unterkühlt und hatten nichts zu fressen.
Între timp, câinii au rămas înghețați și fără mâncare.
Mercedes hegte einen Groll, den sie als zutiefst persönlich betrachtete.
Mercedes avea o nemulțumire pe care o considera profund personală.

Sie fühlte sich als Frau misshandelt und fühlte sich ihrer Privilegien beraubt.
S-a simțit maltratată ca femeie, privată de privilegiile ei blânde.
Sie war hübsch und sanft und pflegte ihr ganzes Leben lang ritterliche Gesten.
Era drăguță și blândă și obișnuită cu cavalerismul toată viața.
Doch ihr Mann und ihr Bruder begegneten ihr nun mit Ungeduld.
Dar soțul și fratele ei o tratau acum cu nerăbdare.
Sie hatte die Angewohnheit, sich hilflos zu verhalten, und sie begannen, sich zu beschweren.
Obiceiul ei era să se comporte ca și cum ar fi fost neajutorată, iar ei au început să se plângă.
Sie war davon beleidigt und machte ihnen das Leben noch schwerer.
Jignită de acest lucru, le-a făcut viața cu atât mai dificilă.
Sie ignorierte die Hunde und bestand darauf, den Schlitten selbst zu fahren.
Ea i-a ignorat pe câini și a insistat să se plimbe ea însăși cu sania.
Obwohl sie von leichter Gestalt war, wog sie fünfundvierzig Kilo.
Deși era ușoară la înfățișare, cântărea o sută douăzeci de kilograme.
Diese zusätzliche Belastung war zu viel für die hungernden, schwachen Hunde.
Aceea povară suplimentară era prea grea pentru câinii înfometați și slabi.
Trotzdem ritt sie tagelang, bis die Hunde in den Zügeln zusammenbrachen.
Totuși, a călărit zile întregi, până când câinii s-au prăbușit în frâie.
Der Schlitten stand still und Charles und Hal baten sie, zu laufen.
Sania s-a oprit, iar Charles și Hal au implorat-o să meargă.

Sie flehten und flehten, aber sie weinte und nannte sie grausam.
Ei au implorat și au implorat, dar ea a plâns și i-a numit cruzi.
Einmal zogen sie sie mit purer Kraft und Wut vom Schlitten.
Odată, au tras-o jos de pe sanie cu forță și furie.
Nach dem, was damals passiert ist, haben sie es nie wieder versucht.
Nu au mai încercat niciodată după ce s-a întâmplat atunci.
Sie wurde schlaff wie ein verwöhntes Kind und setzte sich in den Schnee.
A rămas moale ca un copil răsfățat și a așezat în zăpadă.
Sie gingen weiter, aber sie weigerte sich aufzustehen oder ihnen zu folgen.
Au pornit mai departe, dar ea a refuzat să se ridice sau să-i urmeze.
Nach drei Meilen hielten sie an, kehrten um und trugen sie zurück.
După cinci kilometri, s-au oprit, s-au întors și au dus-o înapoi.
Sie luden sie wieder auf den Schlitten, wobei sie erneut rohe Gewalt anwandten.
Au reîncărcat-o pe sanie, folosind din nou forța brută.
In ihrem tiefen Elend zeigten sie gegenüber dem Leid der Hunde keine Skrupel.
În profunda lor nefericire, erau insensibili la suferința câinilor.
Hal glaubte, man müsse sich abhärten und zwang anderen diesen Glauben auf.
Hal credea că trebuie să te călești și le impune altora această convingere.
Er versuchte zunächst, seiner Schwester seine Philosophie zu predigen
A încercat mai întâi să-i predice filozofia surorii sale
und dann predigte er erfolglos seinem Schwager.
și apoi, fără succes, i-a predicat cumnatului său.
Bei den Hunden hatte er mehr Erfolg, aber nur, weil er ihnen weh tat.
A avut mai mult succes cu câinii, dar numai pentru că i-a rănit.

Bei Five Fingers ist das Hundefutter komplett ausgegangen.
La Five Fingers, hrana pentru câini a rămas complet fără mâncare.
Eine zahnlose alte Squaw verkaufte ein paar Pfund gefrorenes Pferdeleder
O indiancă bătrână fără dinți a vândut câteva kilograme de piele de cal congelată
Hal tauschte seinen Revolver gegen das getrocknete Pferdefell.
Hal și-a schimbat revolverul pe pielea uscată de cal.
Das Fleisch stammte von den Pferden der Viehzüchter, die Monate zuvor verhungert waren.
Carnea provenise de la caii înfometați ai crescătorilor de vite cu luni în urmă.
Gefroren war die Haut wie verzinktes Eisen: zäh und ungenießbar.
Înghețată, pielea arăta ca fierul galvanizat; dură și necomestibilă.
Die Hunde mussten endlos auf dem Fell herumkauen, um es zu fressen.
Câinii trebuiau să mestece pielea la nesfârșit ca să o mănânce.
Doch die ledrigen Fäden und das kurze Haar waren kaum Nahrung.
Dar șnururile pieloase și părul scurt nu erau deloc hrănitor.
Das Fell war größtenteils irritierend und kein echtes Nahrungsmittel.
Cea mai mare parte a pielii era iritantă și nu era mâncare în adevăratul sens al cuvântului.
Und während all dem taumelte Buck vorne herum, wie in einem Albtraum.
Și, în tot acest timp, Buck se clătina în față, ca într-un coșmar.
Er zog, wenn er dazu in der Lage war; wenn nicht, blieb er liegen, bis er mit einer Peitsche oder einem Knüppel hochgehoben wurde.
Tragea când putea; când nu putea, zăcea până când îl ridicau cu biciul sau bâta.

Sein feines, glänzendes Fell hatte jegliche Steifheit und jeglichen Glanz verloren, den es einst hatte.
Blana lui fină și lucioasă își pierduse toată rigiditatea și luciul pe care le avusese odinioară.
Sein Haar hing schlaff herunter, war zerzaust und mit getrocknetem Blut von den Schlägen verklebt.
Părul îi atârna moale, zbârlit și închegat de sânge uscat de la lovituri.
Seine Muskeln schrumpften zu Sehnen und seine Fleischpolster waren völlig abgenutzt.
Mușchii i se contractaseră până la a se transforma în funii vertebrale, iar pernuțele de carne îi erau uzate.
Jede Rippe, jeder Knochen war deutlich durch die Falten der runzligen Haut zu sehen.
Fiecare coastă, fiecare os se vedea clar prin pliurile pielii ridate.
Es war herzzerreißend, doch Bucks Herz konnte nicht brechen.
A fost sfâșietor, totuși inima lui Buck nu se putea frânge.
Der Mann im roten Pullover hatte das getestet und vor langer Zeit bewiesen.
Bărbatul în pulover roșu testase asta și o dovedise cu mult timp în urmă.
So wie es bei Buck war, war es auch bei allen seinen übrigen Teamkollegen.
Așa cum a fost cu Buck, așa a fost și cu toți coechipierii săi rămași.
Insgesamt waren es sieben, jeder einzelne ein wandelndes Skelett des Elends.
Erau șapte în total, fiecare un schelet ambulant al nefericirii.
Sie waren gegenüber den Peitschenhieben taub geworden und spürten nur noch entfernten Schmerz.
Deveniseră amorțiți la lovituri de bici, simțind doar o durere îndepărtată.
Sogar Bild und Ton erreichten sie nur schwach, wie durch dichten Nebel.

Chiar și vederea și sunetul ajungeau slab la ei, ca printr-o ceață densă.
Sie waren nicht halb lebendig – es waren Knochen mit schwachen Funken darin.
Nu erau pe jumătate vii – erau doar oase cu scântei slabe înăuntru.
Als sie angehalten wurden, brachen sie wie Leichen zusammen, ihre Funken waren fast erloschen.
Când s-au oprit, s-au prăbușit ca niște cadavre, scânteile aproape dispărându-le.
Und als die Peitsche oder der Knüppel erneut zuschlug, sprühten schwache Funken.
Și când biciul sau bâta lovea din nou, scânteile fluturau slab.
Dann erhoben sie sich, taumelten vorwärts und schleiften ihre Gliedmaßen vor sich her.
Apoi s-au ridicat, s-au clătinat înainte și și-au târât membrele înainte.
Eines Tages stürzte der nette Billee und konnte überhaupt nicht mehr aufstehen.
Într-o zi, bunul Billee a căzut și nu s-a mai putut ridica deloc.
Hal hatte seinen Revolver eingetauscht und benutzte stattdessen eine Axt, um Billee zu töten.
Hal își renunțase la revolver, așa că a folosit un topor ca să-l omoare pe Billee.
Er schlug ihm auf den Kopf, schnitt dann seinen Körper los und schleifte ihn weg.
L-a lovit în cap, apoi i-a tăiat corpul și l-a târât departe.
Buck sah dies und die anderen auch; sie wussten, dass der Tod nahe war.
Buck a văzut asta, și ceilalți la fel; știau că moartea era aproape.
Am nächsten Tag ging Koona und ließ nur fünf Hunde im hungernden Team zurück.
A doua zi, Koona a plecat, lăsând doar cinci câini în echipa înfometată.
Joe war nicht länger gemein, sondern zu weit weg, um überhaupt noch viel mitzubekommen.

Joe, care nu mai era rău, era prea dispărut ca să mai fie conștient de mare lucru.

Pike täuschte seine Verletzung nicht länger vor und war kaum bei Bewusstsein.

Pike, care nu-și mai prefăcea rana, era abia conștient.

Solleks, der immer noch treu war, beklagte, dass er nicht mehr die Kraft hatte, etwas zu geben.

Solleks, încă credincios, a jelit că nu mai avea puterea să dea.

Teek wurde am häufigsten geschlagen, weil er frischer war, aber schnell nachließ.

Teek a fost cel mai mult bătut pentru că era mai proaspăt, dar se stingea repede.

Und Buck, der immer noch in Führung lag, sorgte nicht länger für Ordnung und setzte sie auch nicht durch.

Iar Buck, încă în frunte, nu mai menținea ordinea și nici nu o mai impunea.

Halb blind vor Schwäche folgte Buck der Spur nur nach Gefühl.

Pe jumătate orb de slăbiciune, Buck a urmat calea doar prin simț.

Es war schönes Frühlingswetter, aber keiner von ihnen bemerkte es.

Era o vreme frumoasă de primăvară, dar niciunul dintre ei n-a observat-o.

Jeden Tag ging die Sonne früher auf und später unter als zuvor.

În fiecare zi soarele răsărea mai devreme și apunea mai târziu decât înainte.

Um drei Uhr morgens dämmerte es, die Dämmerung dauerte bis neun Uhr.

Pe la trei dimineața, se ivise zorii; amurgul dura până la nouă.

Die langen Tage waren erfüllt von der vollen Strahlkraft des Frühlingssonnenscheins.

Zilele lungi erau pline de strălucirea deplină a soarelui de primăvară.

Die gespenstische Stille des Winters hatte sich in ein warmes Murmeln verwandelt.

Tăcerea fantomatică a iernii se transformase într-un murmur cald.
Das ganze Land erwachte und war erfüllt von der Freude am Leben.
Tot pământul se trezea, plin de bucuria ființelor vii.
Das Geräusch kam von etwas, das den Winter über tot und reglos dagelegen hatte.
Sunetul venea din ceea ce zăcuse mort și nemișcat toată iarna.
Jetzt bewegten sich diese Dinger wieder und schüttelten den langen Frostschlaf ab.
Acum, acele lucruri se mișcau din nou, scuturându-se de lungul somn de gheață.
Saft stieg durch die dunklen Stämme der wartenden Kiefern.
Seva se ridica prin trunchiurile întunecate ale pinilor care așteptau.
An jedem Zweig von Weiden und Espen treiben leuchtende junge Knospen aus.
Sălciile și aspenii scot muguri tineri și strălucitori pe fiecare crenguță.
Sträucher und Weinreben erstrahlten in frischem Grün, als der Wald zum Leben erwachte.
Arbuștii și vița-de-vie au prins o culoare verde proaspăt pe măsură ce pădurea a prins viață.
Nachts zirpten Grillen und in der Sonne krabbelten Käfer.
Greierii ciripeau noaptea, iar insectele se târau în soarele zilei.
Rebhühner dröhnten und Spechte klopften tief in den Bäumen.
Potârnichile bubuiau, iar ciocănitoarele băteau adânc în copaci.
Eichhörnchen schnatterten, Vögel sangen und Gänse schnatterten über den Hunden.
Veverițele ciripeau, păsările cântau, iar gâștele claxonau peste câini.
Das Wildgeflügel kam in scharfen Keilen und flog aus dem Süden heran.

Păsările sălbatice veneau în grupuri ascuțite, zburând dinspre sud.
Von jedem Hügel ertönte die Musik verborgener, rauschender Bäche.
De pe fiecare versant se auzea muzica unor pâraie ascunse și repezi.
Alles taute auf, brach, bog sich und geriet wieder in Bewegung.
Toate lucrurile s-au dezghețat și au crăpat, s-au îndoit și au izbucnit din nou în mișcare.
Der Yukon bemühte sich, die Kälteketten des gefrorenen Eises zu durchbrechen.
Yukonul s-a străduit să rupă lanțurile reci ale gheții înghețate.
Das Eis schmolz von unten, während die Sonne es von oben zum Schmelzen brachte.
Gheața s-a topit dedesubt, în timp ce soarele a topit-o de sus.
Luftlöcher öffneten sich, Risse breiteten sich aus und Brocken fielen in den Fluss.
Găurile de aerisire s-au deschis, crăpăturile s-au extins, iar bucăți au căzut în râu.
Inmitten dieses pulsierenden und lodernden Lebens taumelten die Reisenden.
În mijlocul acestei vieți explozive și sclipitoare, călătorii se clătinau.
Zwei Männer, eine Frau und ein Rudel Huskys liefen wie die Toten.
Doi bărbați, o femeie și o haită de câini husky mergeau ca morții.
Die Hunde fielen, Mercedes weinte, fuhr aber immer noch Schlitten.
Câinii cădeau, Mercedes plângea, dar totuși a mers cu sania.
Hal fluchte schwach und Charles blinzelte mit tränenden Augen.
Hal a înjurat slab, iar Charles a clipit cu ochii înlăcrimați.
Sie stolperten in John Thorntons Lager an der Mündung des White River.

Au ajuns împleticindu-se în tabăra lui John Thornton, la gura de vărsare a Râului Alb.
Als sie anhielten, fielen die Hunde flach um, als wären sie alle tot.
Când s-au oprit, câinii s-au prăbușit, ca și cum ar fi fost toți morți.
Mercedes wischte sich die Tränen ab und sah zu John Thornton hinüber.
Mercedes și-a șters lacrimile și s-a uitat la John Thornton.
Charles saß langsam und steif auf einem Baumstamm, mit Schmerzen vom Weg.
Charles ședea pe un buștean, încet și țeapăn, durut de la potecă.
Hal redete, während Thornton das Ende eines Axtstiels schnitzte.
Hal vorbea în timp ce Thornton cioplea capătul mânerului unui topor.
Er schnitzte Birkenholz und antwortete mit kurzen, bestimmten Antworten.
A cioplit lemn de mesteacăn și a răspuns cu replici scurte și ferme.
Wenn man ihn fragte, gab er Ratschläge, war sich jedoch sicher, dass diese nicht befolgt würden.
Când a fost întrebat, a dat un sfat, sigur că nu va fi urmat.
Hal erklärte: „Sie sagten uns, dass das Eis auf dem Weg schmelzen würde."
Hal a explicat: „Ne-au spus că gheața de pe potecă se desprindea."
„Sie sagten, wir sollten bleiben, wo wir waren – aber wir haben es bis nach White River geschafft."
„Au spus că ar trebui să rămânem pe loc — dar am reușit să ajungem la White River."
Er schloss mit höhnischem Ton, als wolle er einen Sieg in der Not für sich beanspruchen.
A încheiat cu un ton batjocoritor, ca și cum ar fi revendicat victoria în greutăți.

„Und sie haben dir die Wahrheit gesagt", antwortete John Thornton Hal ruhig.

— Și ți-au spus adevărul, răspunse John Thornton lui Hal încet.

„Das Eis kann jeden Moment nachgeben – es ist kurz davor, abzufallen."

„Gheața poate ceda în orice moment — e gata să se desprindă."

„Nur durch blindes Glück und ein paar Narren wäre es möglich gewesen, lebend so weit zu kommen."

„Doar norocul oarb și proștii ar fi putut ajunge atât de departe cu viață."

„Ich sage es Ihnen ganz offen: Ich würde mein Leben nicht für alles Gold Alaskas riskieren."

„Îți spun direct, nu mi-aș risca viața pentru tot aurul Alaskăi."

„Das liegt wohl daran, dass Sie kein Narr sind", antwortete Hal.

„Asta e pentru că nu ești prost, presupun", răspunse Hal.

„Trotzdem fahren wir weiter nach Dawson." Er rollte seine Peitsche ab.

„Totuși, vom merge mai departe la Dawson." Și-a desfăcut biciul.

„Komm rauf, Buck! Hallo! Steh auf! Los!", rief er barsch.

„Urcă-te acolo sus, Buck! Salut! Ridică-te! Haide!", a strigat el aspru.

Thornton schnitzte weiter, wohl wissend, dass Narren nicht auf Vernunft hören.

Thornton a continuat să cioplească, știind că proștii nu vor auzi rațiunea.

Einen Narren aufzuhalten war sinnlos – und zwei oder drei Narren änderten nichts.

A opri un prost era zadarnic — și doi sau trei păcăliți nu schimbau nimic.

Doch als das Team Hal's Befehl hörte, bewegte es sich nicht.

Dar echipa nu s-a mișcat la auzul comenzii lui Hal.

Jetzt konnten sie nur noch durch Schläge wieder auf die Beine kommen und weiterkommen.

Până acum, doar loviturile îi mai puteau face să se ridice și să tragă înainte.
Immer wieder knallte die Peitsche über die geschwächten Hunde.
Biciul pocnea iar și iar peste câinii slăbiți.
John Thornton presste die Lippen fest zusammen und sah schweigend zu.
John Thornton și-a strâns buzele și a privit în tăcere.
Solleks war der Erste, der unter der Peitsche auf die Beine kam.
Solleks a fost primul care s-a ridicat în picioare sub bici.
Dann folgte Teek zitternd. Joe schrie auf, als er stolperte.
Apoi Teek l-a urmat, tremurând. Joe a țipat în timp ce se ridica împleticindu-se.
Pike versuchte aufzustehen, scheiterte zweimal und stand schließlich unsicher da.
Pike a încercat să se ridice, a eșuat de două ori, apoi în cele din urmă s-a ridicat nesigur.
Aber Buck blieb liegen, wo er hingefallen war, und bewegte sich dieses Mal überhaupt nicht.
Dar Buck zăcea unde căzuse, nemișcându-se deloc de data asta.
Die Peitsche schlug immer wieder auf ihn ein, aber er gab keinen Laut von sich.
Biciul l-a lovit de nenumărate ori, dar el nu a scos niciun sunet.
Er zuckte nicht zusammen und wehrte sich nicht, sondern blieb einfach still und ruhig.
Nu a tresărit și nici nu a opus rezistență, pur și simplu a rămas nemișcat și tăcut.
Thornton rührte sich mehr als einmal, als wolle er etwas sagen, tat es aber nicht.
Thornton s-a mișcat de mai multe ori, ca și cum ar fi vrut să vorbească, dar nu a făcut-o.
Seine Augen wurden feucht und immer noch knallte die Peitsche gegen Buck.
Ochii i s-au umezit, iar biciul a continuat să pocnească în Buck.

Schließlich begann Thornton langsam auf und ab zu gehen, unsicher, was er tun sollte.
În cele din urmă, Thornton a început să se plimbe încet, neștiind ce să facă.
Es war das erste Mal, dass Buck versagt hatte, und Hal wurde wütend.
Era prima dată când Buck eșuase, iar Hal s-a înfuriat.
Er warf die Peitsche weg und nahm stattdessen die schwere Keule.
A aruncat biciul și a ridicat în schimb bâta grea.
Der Holzknüppel schlug hart auf, aber Buck stand immer noch nicht auf, um sich zu bewegen.
Bâta de lemn a căzut puternic, dar Buck tot nu s-a ridicat să se miște.
Wie seine Teamkollegen war er zu schwach – aber mehr als das.
Ca și coechipierii săi, era prea slab — dar mai mult decât atât.
Buck hatte beschlossen, sich nicht zu bewegen, egal was als Nächstes passieren würde.
Buck hotărâse să nu se miște, indiferent ce ar fi urmat.
Er spürte, wie etwas Dunkles und Bestimmtes direkt vor ihm schwebte.
Simțea ceva întunecat și sigur plutind chiar în față.
Diese Angst hatte ihn ergriffen, sobald er das Flussufer erreicht hatte.
Acea frică îl cuprinsese imediat ce ajunsese la malul râului.
Dieses Gefühl hatte ihn nicht verlassen, seit er das Eis unter seinen Pfoten dünner werden fühlte.
Sentimentul nu-l părăsise de când simțise gheața subțire sub labe.
Etwas Schreckliches wartete – er spürte es gleich weiter unten auf dem Weg.
Ceva îngrozitor îl aștepta – simțea că se prefigura chiar la capătul potecii.
Er würde nicht auf das Schreckliche vor ihm zugehen
Nu avea de gând să meargă spre acel lucru teribil din față.

Er würde keinem Befehl gehorchen, der ihn zu diesem Ding führte.
Nu avea de gând să asculte de nicio poruncă care l-ar fi dus la chestia aia.
Der Schmerz der Schläge war für ihn kaum noch spürbar, er war zu weit weg.
Durerea loviturilor abia dacă îl mai atingea acum – era prea dispărut.
Der Funke des Lebens flackerte schwach und erlosch unter jedem grausamen Schlag.
Scânteia vieții pâlpâia slab, estompată sub fiecare lovitură crudă.
Seine Glieder fühlten sich fremd an, sein ganzer Körper schien einem anderen zu gehören.
Membrele lui păreau îndepărtate; întregul său corp părea să aparțină altcuiva.
Er spürte eine seltsame Taubheit, als der Schmerz vollständig nachließ.
A simțit o amorțeală ciudată pe măsură ce durerea i se dispăruse complet.
Aus der Ferne spürte er, dass er geschlagen wurde, aber er wusste es kaum.
De departe, simțea că este bătut, dar abia dacă își dădea seama.
Er konnte die Schläge schwach hören, aber sie taten nicht mehr wirklich weh.
Auzea slab bufnetele, dar nu îl mai dureau cu adevărat.
Die Schläge trafen, aber sein Körper schien nicht mehr sein eigener zu sein.
Loviturile au nimerit, dar corpul său nu mai părea a fi al lui.
Dann stieß John Thornton plötzlich und ohne Vorwarnung einen wilden Schrei aus.
Apoi, dintr-o dată, fără avertisment, John Thornton a scos un țipăt sălbatic.
Es war unartikuliert, eher der Schrei eines Tieres als eines Menschen.

Era nearticulat, mai degrabă țipătul unei fiare decât al unui om.

Er sprang mit der Keule auf den Mann zu und stieß Hal nach hinten.

A sărit asupra bărbatului cu bâta și l-a trântit pe Hal pe spate.

Hal flog, als wäre er von einem Baum getroffen worden, und landete hart auf dem Boden.

Hal a zburat ca și cum ar fi fost lovit de un copac, aterizând puternic pe pământ.

Mercedes schrie laut vor Panik und umklammerte ihr Gesicht.

Mercedes a țipat tare, panicată, și s-a agățat de față.

Charles sah nur zu, wischte sich die Augen und blieb sitzen.

Charles doar privi, își șterse ochii și rămase așezat.

Sein Körper war vor Schmerzen zu steif, um aufzustehen oder beim Kampf mitzuhelfen.

Corpul îi era prea înțepenit de durere ca să se ridice sau să ajute la luptă.

Thornton stand über Buck, zitterte vor Wut und konnte nicht sprechen.

Thornton stătea deasupra lui Buck, tremurând de furie, incapabil să vorbească.

Er zitterte vor Wut und kämpfte darum, trotz allem seine Stimme wiederzufinden.

Tremura de furie și se lupta să-și găsească vocea printre ele.

„Wenn du den Hund noch einmal schlägst, bringe ich dich um", sagte er schließlich.

„Dacă mai lovești câinele ăla din nou, te omor", a spus el în cele din urmă.

Hal wischte sich das Blut aus dem Mund und kam wieder nach vorne.

Hal și-a șters sângele de pe gură și a venit din nou înainte.

„Es ist mein Hund", murmelte er. „Geh mir aus dem Weg, sonst kriege ich dich wieder in Ordnung."

„E câinele meu", a mormăit el. „Dă-te la o parte sau te rezolv eu."

„Ich gehe nach Dawson und Sie halten mich nicht auf", fügte er hinzu.
„Mă duc la Dawson și nu mă oprești", a adăugat el.
Thornton stand fest zwischen Buck und dem wütenden jungen Mann.
Thornton stătea ferm între Buck și tânărul furios.
Er hatte nicht die Absicht, zur Seite zu treten oder Hal vorbeizulassen.
Nu avea nicio intenție să se dea la o parte sau să-l lase pe Hal să treacă.
Hal zog sein Jagdmesser heraus, das lang und gefährlich in der Hand lag.
Hal și-a scos cuțitul de vânătoare, lung și periculos în mână.
Mercedes schrie, dann weinte sie und lachte dann in wilder Hysterie.
Mercedes a țipat, apoi a plâns, apoi a râs cu o isterie sălbatică.
Thornton schlug mit dem Axtstiel hart und schnell auf Hals Hand.
Thornton l-a lovit pe Hal în mâna cu mânerul toporului, tare și repede.
Das Messer wurde aus Hals Griff gerissen und flog zu Boden.
Cuțitul a fost desprins din strânsoarea lui Hal și a zburat la pământ.
Hal versuchte, das Messer aufzuheben, und Thornton klopfte erneut auf seine Fingerknöchel.
Hal a încercat să ridice cuțitul, iar Thornton și-a lovit din nou încheieturile.
Dann bückte sich Thornton, griff nach dem Messer und hielt es fest.
Apoi Thornton s-a aplecat, a apucat cuțitul și l-a ținut în mână.
Mit zwei schnellen Hieben des Axtstiels zerschnitt er Bucks Zügel.
Cu două lovituri rapide de mânerul toporului, i-a tăiat hățurile lui Buck.
Hal hatte keine Kraft mehr, sich zu wehren, und trat von dem Hund zurück.

Hal nu mai avea nicio putere de luptă și se dădu înapoi de lângă câine.

Außerdem brauchte Mercedes jetzt beide Arme, um aufrecht zu bleiben.

În plus, Mercedes avea nevoie acum de ambele brațe ca să se țină în poziție verticală.

Buck war dem Tod zu nahe, um noch einmal einen Schlitten ziehen zu können.

Buck era prea aproape de moarte ca să mai fie de folos la trasul unei sanii.

Ein paar Minuten später legten sie ab und fuhren flussabwärts.

Câteva minute mai târziu, au plecat, îndreptându-se în josul râului.

Buck hob schwach den Kopf und sah ihnen nach, wie sie die Bank verließen.

Buck își ridică slab capul și îi privi cum părăsesc banca.

Pike führte das Team an, mit Solleks am Ende des Feldes.

Pike a condus echipa, cu Solleks în spate, la volan.

Joe und Teek gingen dazwischen, beide humpelten vor Erschöpfung.

Joe și Teek mergeau printre ei, amândoi șchiopătând de epuizare.

Mercedes saß auf dem Schlitten und Hal hielt die lange Lenkstange fest.

Mercedes s-a așezat pe sanie, iar Hal s-a agățat de bara lungă de ancorare.

Charles stolperte hinterher, seine Schritte waren unbeholfen und unsicher.

Charles se împiedica în urmă, cu pașii stângaci și nesiguri.

Thornton kniete neben Buck und tastete vorsichtig nach gebrochenen Knochen.

Thornton a îngenuncheat lângă Buck și a pipăit ușor dacă avea oase rupte.

Seine Hände waren rau, bewegten sich aber mit Freundlichkeit und Sorgfalt.

Mâinile lui erau aspre, dar se mișcau cu bunătate și grijă.

Bucks Körper wies Blutergüsse auf, wies jedoch keine bleibenden Verletzungen auf.
Corpul lui Buck era învinețit, dar nu prezenta răni permanente.
Zurück blieben schrecklicher Hunger und nahezu völlige Schwäche.
Ceea ce a rămas a fost o foame cumplită și o slăbiciune aproape totală.
Als dies klar wurde, war der Schlitten bereits weit flussabwärts gefahren.
Până când acest lucru a devenit clar, sania mersese mult în avalul râului.
Mann und Hund sahen zu, wie der Schlitten langsam über das knackende Eis kroch.
Bărbatul și câinele au privit sania târându-se încet pe gheața crăpată.
Dann sahen sie, wie der Schlitten in eine Mulde sank.
Apoi, au văzut sania scufundându-se într-o vale.
Die Gee-Stange flog in die Höhe, und Hal klammerte sich immer noch vergeblich daran fest.
Stâlpul a zburat în sus, cu Hal încă agățat de el în zadar.
Mercedes' Schrei erreichte sie über die kalte Ferne.
Țipătul lui Mercedes i-a ajuns dincolo de depărtarea rece.
Charles drehte sich um und trat zurück – aber er war zu spät.
Charles se întoarse și făcu un pas înapoi — dar era prea târziu.
Eine ganze Eisdecke brach nach und sie alle fielen hindurch.
O întreagă calotă de gheață a cedat, și toți au căzut prin ea.
Hunde, Schlitten und Menschen verschwanden im schwarzen Wasser darunter.
Câini, sanie și oameni au dispărut în apa neagră de dedesubt.
An der Stelle, an der sie vorbeigekommen waren, war nur ein breites Loch im Eis zurückgeblieben.
Doar o gaură largă în gheață rămăsese pe locul unde trecuseră.
Der Boden des Pfades war nach unten abgesunken – genau wie Thornton gewarnt hatte.
Partea de jos a potecii se lăsase în urmă – exact așa cum avertizase Thornton.

Thornton und Buck sahen sich einen Moment lang schweigend an.
Thornton și Buck s-au privit unul pe altul, tăcuți o clipă.
„Du armer Teufel", sagte Thornton leise und Buck leckte ihm die Hand.
— Săracul de tine, spuse Thornton încet, iar Buck își linse mâna.

Aus Liebe zu einem Mann
Din dragostea unui bărbat

John Thornton erfror in der Kälte des vergangenen Dezembers seine Füße.
Lui John Thornton i-au înghețat picioarele în frigul lunii decembrie precedente.
Seine Partner machten es ihm bequem und ließen ihn allein genesen.
Partenerii lui l-au făcut să se simtă confortabil și l-au lăsat să se recupereze singur.
Sie fuhren den Fluss hinauf, um ein Floß mit Sägestämmen für Dawson zu holen.
S-au dus în susul râului să adune o plută de bușteni de gater pentru Dawson.
Er humpelte noch leicht, als er Buck vor dem Tod rettete.
Încă șchiopăta puțin când l-a salvat pe Buck de la moarte.
Aber bei anhaltend warmem Wetter verschwand sogar dieses Hinken.
Dar, cum vremea caldă persista, chiar și acea șchiopătare a dispărut.
Buck ruhte sich an langen Frühlingstagen am Flussufer aus.
Întins pe malul râului în lungile zile de primăvară, Buck se odihnea.
Er beobachtete das fließende Wasser und lauschte den Vögeln und Insekten.
El privea apa curgătoare și asculta păsările și insectele.
Langsam erlangte Buck unter Sonne und Himmel seine Kraft zurück.
Încet, Buck și-a recăpătat puterile sub soare și cer.
Nach einer Reise von dreitausend Meilen war eine Pause ein wunderbares Gefühl.
O odihnă a fost minunată după o călătorie de cinci mii de kilometri.
Buck wurde träge, als seine Wunden heilten und sein Körper an Gewicht zunahm.

Buck a devenit leneș pe măsură ce rănile i se vindecau și corpul i se umplea.

Seine Muskeln wurden fester und das Fleisch bedeckte wieder seine Knochen.

Mușchii i s-au întărit, iar carnea i-a acoperit din nou oasele.

Sie ruhten sich alle aus – Buck, Thornton, Skeet und Nig.

Toți se odihneau — Buck, Thornton, Skeet și Nig.

Sie warteten auf das Floß, das sie nach Dawson bringen sollte.

Au așteptat pluta care urma să-i ducă jos la Dawson.

Skeet war ein kleiner Irish Setter, der sich mit Buck anfreundete.

Skeet era un mic setter irlandez care s-a împrietenit cu Buck.

Buck war zu schwach und krank, um ihr bei ihrem ersten Treffen Widerstand zu leisten.

Buck era prea slăbit și bolnav ca să-i reziste la prima lor întâlnire.

Skeet hatte die Heilereigenschaft, die manche Hunde von Natur aus besitzen.

Skeet avea trăsătura de vindecător pe care o posedă în mod natural unii câini.

Wie eine Katzenmutter leckte und reinigte sie Bucks offene Wunden.

Ca o pisică, a lins și a curățat rănile vii ale lui Buck.

Jeden Morgen nach dem Frühstück wiederholte sie ihre sorgfältige Arbeit.

În fiecare dimineață, după micul dejun, își repeta munca minuțioasă.

Buck erwartete ihre Hilfe ebenso sehr wie die von Thornton.

Buck a ajuns să se aștepte la ajutorul ei la fel de mult ca și la cel al lui Thornton.

Nig war auch freundlich, aber weniger offen und weniger liebevoll.

Și Nig era prietenos, dar mai puțin deschis și mai puțin afectuos.

Nig war ein großer schwarzer Hund, halb Bluthund, halb Hirschhund.

Nig era un câine mare și negru, parte copoi și parte copoi.
Er hatte lachende Augen und eine unendlich gute Seele.
Avea ochi râzători și o bunătate nesfârșită în suflet.
Zu Bucks Überraschung zeigte keiner der Hunde Eifersucht ihm gegenüber.
Spre surprinderea lui Buck, niciunul dintre câini nu a arătat gelozie față de el.
Sowohl Skeet als auch Nig erfuhren die Freundlichkeit von John Thornton.
Atât Skeet, cât și Nig împărtășeau bunătatea lui John Thornton.
Als Buck stärker wurde, verleiteten sie ihn zu albernen Hundespielen.
Pe măsură ce Buck devenea mai puternic, l-au ademenit în jocuri prostești de-a câinii.
Auch Thornton spielte oft mit ihnen und konnte ihrer Freude nicht widerstehen.
Și Thornton se juca adesea cu ei, incapabil să le reziste bucuriei.
Auf diese spielerische Weise gelang Buck der Übergang von der Krankheit in ein neues Leben.
În acest mod jucăuș, Buck a trecut de la boală la o viață nouă.
Endlich hatte er Liebe gefunden – wahre, brennende und leidenschaftliche Liebe.
Iubirea — o iubire adevărată, arzătoare și pasională — a fost în sfârșit a lui.
Auf Millers Anwesen hatte er diese Art von Liebe nie erlebt.
Nu cunoscuse niciodată un astfel de fel de dragoste la moșia lui Miller.
Mit den Söhnen des Richters hatte er Arbeit und Abenteuer geteilt.
Cu fiii judecătorului, împărțise munca și aventurile.
Bei den Enkeln sah er steifen und prahlerischen Stolz.
La nepoți, el a văzut o mândrie rigidă și lăudăroasă.
Mit Richter Miller selbst verband ihn eine respektvolle Freundschaft.
Cu judecătorul Miller însuși, a avut o prietenie respectuoasă.

Doch mit Thornton kam eine Liebe, die Feuer, Wahnsinn und Anbetung war.
Dar dragostea care era foc, nebunie și venerație a venit odată cu Thornton.
Dieser Mann hatte Bucks Leben gerettet, und das allein bedeutete sehr viel.
Acest om îi salvase viața lui Buck, iar asta în sine însemna enorm.
Aber darüber hinaus war John Thornton der ideale Meistertyp.
Dar mai mult decât atât, John Thornton era genul ideal de maestru.
Andere Männer kümmerten sich aus Pflichtgefühl oder geschäftlicher Notwendigkeit um Hunde.
Alți bărbați aveau grijă de câini din îndatorire sau din necesitate de afaceri.
John Thornton kümmerte sich um seine Hunde, als wären sie seine Kinder.
John Thornton își îngrijea câinii ca și cum ar fi fost copiii lui.
Er kümmerte sich um sie, weil er sie liebte und einfach nicht anders konnte.
I-a păsat de ei pentru că îi iubea și pur și simplu nu se putea abține.
John Thornton sah sogar weiter, als die meisten Menschen jemals sehen konnten.
John Thornton a văzut chiar mai departe decât au reușit vreodată majoritatea oamenilor.
Er vergaß nie, sie freundlich zu grüßen oder ein aufmunterndes Wort zu sagen.
Nu uita niciodată să-i salute cu amabilitate sau să le adreseze un cuvânt de încurajare.
Er liebte es, mit den Hunden zusammenzusitzen und lange zu reden, oder, wie er sagte, „gasy".
Îi plăcea să stea cu câinii pentru discuții lungi sau „să stea gazoși", cum spunea el.
Er packte Bucks Kopf gern grob zwischen seinen starken Händen.

Îi plăcea să-i apuce brutal capul lui Buck între mâinile sale puternice.

Dann lehnte er seinen Kopf an Bucks und schüttelte ihn sanft.

Apoi și-a sprijinit capul de al lui Buck și l-a clătinat ușor.

Die ganze Zeit über beschimpfte er Buck mit unhöflichen Namen, die für ihn Liebe bedeuteten.

În tot acest timp, el îl numea pe Buck cu porecle grosolane care însemnau dragoste pentru Buck.

Buck bereiteten diese grobe Umarmung und diese Worte große Freude.

Lui Buck, acea îmbrățișare brutală și acele cuvinte i-au adus o bucurie profundă.

Sein Herz schien bei jeder Bewegung vor Glück zu beben.

Inima părea să-i tremure de fericire la fiecare mișcare.

Als er anschließend aufsprang, sah sein Mund aus, als würde er lachen.

Când a sărit în picioare după aceea, gura lui arăta de parcă ar fi râs.

Seine Augen leuchteten hell und seine Kehle zitterte vor unausgesprochener Freude.

Ochii îi străluceau puternic, iar gâtul îi tremura de o bucurie nerostită.

Sein Lächeln blieb in diesem Zustand der Ergriffenheit und glühenden Zuneigung stehen.

Zâmbetul său a rămas nemișcat în acea stare de emoție și afecțiune strălucitoare.

Dann rief Thornton nachdenklich aus: „Gott! Er kann fast sprechen!"

Apoi Thornton exclamă gânditor: „Doamne! Aproape că poate vorbi!"

Buck hatte eine seltsame Art, Liebe auszudrücken, die beinahe Schmerzen verursachte.

Buck avea un mod ciudat de a exprima dragostea care aproape provoca durere.

Er umklammerte Thorntons Hand oft sehr fest mit seinen Zähnen.

Adesea strângea foarte tare mâna lui Thornton în dinți.
Der Biss würde tiefe Spuren hinterlassen, die noch einige Zeit blieben.
Mușcătura urma să lase urme adânci care au rămas ceva timp după aceea.
Buck glaubte, dass diese Eide Liebe waren, und Thornton wusste das auch.
Buck credea că acele jurăminte erau dragoste, iar Thornton știa același lucru.
Meistens zeigte sich Bucks Liebe in stiller, fast stummer Verehrung.
Cel mai adesea, dragostea lui Buck se manifesta printr-o adorație tăcută, aproape tăcută.
Obwohl er sich freute, wenn man ihn berührte oder ansprach, suchte er nicht nach Aufmerksamkeit.
Deși era încântat când era atins sau i se vorbea, nu căuta atenție.
Skeet schob ihre Nase unter Thorntons Hand, bis er sie streichelte.
Skeet și-a împins nasul sub mâna lui Thornton până când acesta a mângâiat-o.
Nig kam leise herbei und legte seinen großen Kopf auf Thorntons Knie.
Nig se apropie în liniște și își odihni capul mare pe genunchiul lui Thornton.
Buck hingegen war zufrieden damit, aus respektvoller Distanz zu lieben.
Buck, în schimb, se mulțumea să iubească de la o distanță respectuoasă.
Er lag stundenlang zu Thorntons Füßen, wachsam und aufmerksam beobachtend.
A zăcut ore în șir la picioarele lui Thornton, alert și privind cu atenție.
Buck studierte jedes Detail des Gesichts seines Herrn und jede kleinste Bewegung.
Buck studia fiecare detaliu al feței stăpânului său și cea mai mică mișcare.

Oder er blieb weiter weg liegen und betrachtete schweigend die Gestalt des Mannes.
Sau a mințit mai departe, studiind silueta bărbatului în tăcere.
Buck beobachtete jede kleine Bewegung, jede Veränderung seiner Haltung oder Geste.
Buck urmărea fiecare mică mișcare, fiecare schimbare de postură sau gest.
Diese Verbindung war so stark, dass sie Thorntons Blick oft auf sich zog.
Atât de puternică era această conexiune, încât adesea îi atrăgea privirea lui Thornton.
Er begegnete Bucks Blick ohne Worte, Liebe schimmerte deutlich hindurch.
A întâlnit privirea lui Buck fără cuvinte, dragostea strălucind clar prin ea.
Nach seiner Rettung ließ Buck Thornton lange Zeit nicht aus den Augen.
Multă vreme după ce a fost salvat, Buck nu l-a mai pierdut din vedere pe Thornton.
Immer wenn Thornton das Zelt verließ, folgte Buck ihm dicht auf den Fersen.
Ori de câte ori Thornton părăsea cortul, Buck îl urma îndeaproape afară.
All die strengen Herren im Nordland hatten Buck Angst gemacht, zu vertrauen.
Toți stăpânii aspri din Țara Nordului îl făcuseră pe Buck să se teamă să aibă încredere.
Er befürchtete, dass kein Mann länger als kurze Zeit sein Herr bleiben könnte.
Se temea că niciun om nu i-ar putea rămâne stăpân mai mult de puțin timp.
Er befürchtete, dass John Thornton wie Perrault und François verschwinden würde.
Se temea că John Thornton avea să dispară precum Perrault și François.
Sogar nachts quälte die Angst, ihn zu verlieren, Buck mit unruhigem Schlaf.

Chiar și noaptea, teama de a-l pierde îi bântuia somnul agitat lui Buck.

Als Buck aufwachte, kroch er in die Kälte hinaus und ging zum Zelt.

Când Buck s-a trezit, s-a strecurat afară, în frig, și s-a dus la cort.

Er lauschte aufmerksam auf das leise Geräusch des Atmens in seinem Inneren.

A ascultat cu atenție sunetul blând al respirației interioare.

Trotz Bucks tiefer Liebe zu John Thornton blieb die Wildnis am Leben.

În ciuda iubirii profunde a lui Buck pentru John Thornton, sălbăticia a rămas în viață.

Dieser im Norden erwachte primitive Instinkt ist nicht verschwunden.

Acel instinct primitiv, trezit în Nord, nu a dispărut.

Liebe brachte Hingabe, Treue und die warme Verbundenheit des Kaminfeuers.

Dragostea aducea devotament, loialitate și legătura caldă din jurul focului.

Aber Buck behielt auch seine wilden Instinkte, scharf und stets wachsam.

Dar Buck și-a păstrat și instinctele sălbatice, ascuțite și mereu alerte.

Er war nicht nur ein gezähmtes Haustier aus den sanften Ländern der Zivilisation.

Nu era doar un animal de companie îmblânzit de pe tărâmurile moi ale civilizației.

Buck war ein wildes Wesen, das hereingekommen war, um an Thorntons Feuer zu sitzen.

Buck era o ființă sălbatică care venise să se așeze lângă focul lui Thornton.

Er sah aus wie ein Südlandhund, aber in ihm lebte Wildheit.

Arăta ca un câine din Southland, dar în el trăia sălbăticia.

Seine Liebe zu Thornton war zu groß, um zuzulassen, dass er den Mann bestohlen hätte.

Dragostea lui pentru Thornton era prea mare ca să-i permită să fie furat.
Aber in jedem anderen Lager würde er dreist und ohne Pause stehlen.
Dar în orice altă tabără, ar fura cu îndrăzneală și fără pauză.
Er war beim Stehlen so geschickt, dass ihn niemand erwischen oder beschuldigen konnte.
Era atât de deștept la furat, încât nimeni nu-l putea prinde sau acuza.
Sein Gesicht und sein Körper waren mit Narben aus vielen vergangenen Kämpfen übersät.
Fața și corpul îi erau acoperite de cicatrici de la multe lupte din trecut.
Buck kämpfte immer noch erbittert, aber jetzt kämpfte er mit mehr List.
Buck încă lupta cu înverșunare, dar acum lupta cu mai multă viclenie.
Skeet und Nig waren zu sanft, um zu kämpfen, und sie gehörten Thornton.
Skeet și Nig erau prea blânzi ca să se lupte, și erau ai lui Thornton.
Aber jeder fremde Hund, egal wie stark oder mutig, wich zurück.
Dar orice câine străin, oricât de puternic sau curajos ar fi fost, ceda.
Ansonsten kämpfte der Hund gegen Buck und um sein Leben.
Altfel, câinele s-a trezit luptându-se cu Buck; luptând pentru viața sa.
Buck kannte keine Gnade, wenn er sich entschied, gegen einen anderen Hund zu kämpfen.
Buck n-a avut milă odată ce a ales să lupte împotriva unui alt câine.
Er hatte das Gesetz der Keule und des Reißzahns im Nordland gut gelernt.
Învățase bine legea loviturii cu bâta și colțul în Țara Nordului.
Er gab nie einen Vorteil auf und wich nie einer Schlacht aus.

Nu a renunțat niciodată la un avantaj și nu s-a retras niciodată din luptă.

Er hatte Spitz und die wildesten Post- und Polizeihunde studiert.

Studiase spitzii și cei mai feroce câini de poștă și poliție.

Er wusste genau, dass es im wilden Kampf keinen Mittelweg gab.

Știa clar că nu există cale de mijloc în luptele sălbatice.

Er musste herrschen oder beherrscht werden; Gnade zu zeigen, hieße, Schwäche zu zeigen.

El trebuia să conducă sau să fie condus; a arăta milă însemna a arăta slăbiciune.

In der rauen und brutalen Welt des Überlebens kannte man keine Gnade.

Mila era necunoscută în lumea crudă și brutală a supraviețuirii.

Gnade zu zeigen wurde als Angst angesehen und Angst führte schnell zum Tod.

A arăta milă era văzut ca frică, iar frica ducea repede la moarte.

Das alte Gesetz war einfach: töten oder getötet werden, essen oder gefressen werden.

Vechea lege era simplă: ucizi sau fii ucis, mănânci sau fii mâncat.

Dieses Gesetz stammte aus längst vergangenen Zeiten und Buck befolgte es vollständig.

Acea lege venea din adâncurile timpurilor, iar Buck a urmat-o în întregime.

Buck war älter als sein Alter und die Anzahl seiner Atemzüge.

Buck era mai în vârstă decât anii săi și decât de câte ori respira.

Er verband die ferne Vergangenheit klar mit der Gegenwart.

El a conectat în mod clar trecutul antic cu momentul prezent.

Die tiefen Rhythmen der Zeitalter bewegten sich durch ihn wie die Gezeiten.

Ritmurile profunde ale veacurilor se mișcau prin el precum mareele.
Die Zeit pulsierte in seinem Blut so sicher, wie die Jahreszeiten die Erde bewegen.
Timpul îi pulsa în sânge la fel de sigur cum anotimpurile mișcă pământul.
Er saß mit starker Brust und weißen Reißzähnen an Thorntons Feuer.
Stătea lângă focul lui Thornton, cu pieptul puternic și colții albi.
Sein langes Fell wehte, aber hinter ihm beobachteten ihn die Geister wilder Hunde.
Blana lui lungă unduia, dar în spatele lui spiritele câinilor sălbatici pândeau.
Halbwölfe und Vollwölfe regten sich in seinem Herzen und seinen Sinnen.
Lupi pe jumătate și lupi adevărați i se mișcau în inimă și în simțuri.
Sie probierten sein Fleisch und tranken dasselbe Wasser wie er.
Au gustat carnea lui și au băut aceeași apă ca și el.
Sie schnupperten neben ihm den Wind und lauschten dem Wald.
Au adulmecat vântul alături de el și au ascultat pădurea.
Sie flüsterten die Bedeutung der wilden Geräusche in der Dunkelheit.
Șopteau semnificațiile sunetelor sălbatice în întuneric.
Sie prägten seine Stimmungen und leiteten jede seiner stillen Reaktionen.
I-au modelat dispozițiile și i-au ghidat fiecare dintre reacțiile liniștite.
Sie lagen bei ihm, während er schlief, und wurden Teil seiner tiefen Träume.
Au stat alături de el în timp ce dormea și au devenit parte din visele sale profunde.
Sie träumten mit ihm, über ihn hinaus und bildeten seinen Geist.

Au visat împreună cu el, dincolo de el, și i-au alcătuit însăși spiritul.

Die Geister der Wildnis riefen so stark, dass Buck sich hingezogen fühlte.

Spiritele sălbăticiei chemau atât de puternic încât Buck se simți atras.

Mit jedem Tag wurden die Menschheit und ihre Ansprüche in Bucks Herzen schwächer.

Pe zi ce trece, omenirea și pretențiile ei slăbeau în inima lui Buck.

Tief im Wald würde ein seltsamer und aufregender Ruf erklingen.

Adânc în pădure, un strigăt ciudat și emoționant urma să se ridice.

Jedes Mal, wenn er den Ruf hörte, verspürte Buck einen Drang, dem er nicht widerstehen konnte.

De fiecare dată când auzea chemarea, Buck simțea un impuls căruia nu-i putea rezista.

Er wollte sich vom Feuer und den ausgetretenen menschlichen Pfaden abwenden.

Avea de gând să se întoarcă de la foc și de la cărările bătătorite de oameni.

Er wollte in den Wald eintauchen und weitergehen, ohne zu wissen, warum.

Avea să se afunde în pădure, înaintând fără să știe de ce.

Er hinterfragte diese Anziehungskraft nicht, denn der Ruf war tief und kraftvoll.

Nu a pus la îndoială această atracție, căci chemarea era profundă și puternică.

Oft erreichte er den grünen Schatten und die weiche, unberührte Erde

Adesea, ajungea la umbra verde și la pământul moale și neatins

Doch dann zog ihn die große Liebe zu John Thornton zurück zum Feuer.

Dar apoi dragostea puternică pentru John Thornton l-a tras înapoi spre foc.

Nur John Thornton hatte Bucks wildes Herz wirklich in seiner Gewalt.
Doar John Thornton ținea cu adevărat în strânsoarea sa inima sălbatică a lui Buck.
Der Rest der Menschheit hatte für Buck keinen bleibenden Wert oder keine bleibende Bedeutung.
Restul omenirii nu avea nicio valoare sau semnificație durabilă pentru Buck.
Fremde könnten ihn loben oder ihm mit freundlichen Händen über das Fell streicheln.
Străinii l-ar putea lăuda sau i-ar putea mângâia blana cu mâini prietenoase.
Buck blieb ungerührt und ging vor lauter Zuneigung davon.
Buck a rămas nemișcat și a plecat din cauza prea multor afecțiuni.
Hans und Pete kamen mit dem lange erwarteten Floß
Hans și Pete au sosit cu pluta mult așteptată
Buck ignorierte sie, bis er erfuhr, dass sie sich in der Nähe von Thornton befanden.
Buck i-a ignorat până a aflat că erau aproape de Thornton.
Danach tolerierte er sie, zeigte ihnen jedoch nie seine volle Zuneigung.
După aceea, i-a tolerat, dar nu le-a arătat niciodată căldură deplină.
Er nahm Essen oder Freundlichkeiten von ihnen an, als täte er ihnen einen Gefallen.
A luat mâncare sau a primit bunătăți de la ei ca și cum le-ar fi făcut o favoare.
Sie waren wie Thornton – einfach, ehrlich und klar im Denken.
Erau ca Thornton — simpli, onești și limpezi în gânduri.
Gemeinsam reisten sie zu Dawsons Sägewerk und dem großen Wirbel
Toți împreună au călătorit la gaterul lui Dawson și la marele vârtej
Auf ihrer Reise lernten sie Bucks Wesen tiefgründig kennen.

În călătoria lor, au învățat să înțeleagă în profunzime natura lui Buck.

Sie versuchten nicht, sich näherzukommen, wie es Skeet und Nig getan hatten.

Nu au încercat să se apropie așa cum făcuseră Skeet și Nig.

Doch Bucks Liebe zu John Thornton wurde mit der Zeit immer stärker.

Dar dragostea lui Buck pentru John Thornton s-a adâncit în timp.

Nur Thornton könnte Buck im Sommer eine Last auf die Schultern laden.

Doar Thornton putea să-i pună un rucsac pe spatele lui Buck vara.

Was auch immer Thornton befahl, Buck war bereit, es uneingeschränkt zu tun.

Buck era dispus să îndeplinească pe deplin orice i-a poruncit Thornton.

Eines Tages, nachdem sie Dawson in Richtung der Quellgewässer des Tanana verlassen hatten,

Într-o zi, după ce au plecat din Dawson spre izvoarele râului Tanana,

die Gruppe saß auf einer Klippe, die dreihundert Fuß bis zum nackten Fels abfiel.

Grupul stătea pe o stâncă care cobora un metru până la roca goală.

John Thornton saß nahe der Kante und Buck ruhte sich neben ihm aus.

John Thornton stătea aproape de margine, iar Buck se odihnea lângă el.

Thornton hatte plötzlich eine Idee und rief die Männer auf sich aufmerksam.

Thornton a avut brusc un gând și le-a atras atenția bărbaților.

Er deutete über den Abgrund und gab Buck einen einzigen Befehl.

A arătat peste prăpastie și i-a dat lui Buck o singură comandă.

„Spring, Buck!", sagte er und schwang seinen Arm über den Abgrund.

„Sari, Buck!" a spus el, întinzându-și brațul peste prăpastie.
Einen Moment später musste er Buck packen, der sofort lossprang, um zu gehorchen.
Într-o clipă, a trebuit să-l apuce pe Buck, care sărea să se supună.
Hans und Pete eilten nach vorne und zogen beide in Sicherheit.
Hans și Pete s-au repezit înainte și i-au tras pe amândoi înapoi în siguranță.
Nachdem alles vorbei war und sie wieder zu Atem gekommen waren, ergriff Pete das Wort.
După ce totul s-a terminat și ei și-au tras sufletul, Pete a luat cuvântul.
„Die Liebe ist unheimlich", sagte er, erschüttert von der wilden Hingabe des Hundes.
„Dragostea e stranie", a spus el, zdruncinat de devotamentul aprig al câinelui.
Thornton schüttelte den Kopf und antwortete mit ruhiger Ernsthaftigkeit.
Thornton clătină din cap și răspunse cu o seriozitate calmă.
„Nein, die Liebe ist großartig", sagte er, „aber auch schrecklich."
„Nu, dragostea e splendidă", a spus el, „dar și teribilă."
„Manchmal, das muss ich zugeben, macht mir diese Art von Liebe Angst."
„Uneori, trebuie să recunosc, acest tip de iubire mă face să mă tem."
Pete nickte und sagte: „Ich möchte nicht der Mann sein, der dich berührt."
Pete dădu din cap și spuse: „Nu mi-ar plăcea să fiu cel care te atinge."
Er sah Buck beim Sprechen ernst und voller Respekt an.
S-a uitat la Buck în timp ce vorbea, serios și plin de respect.
„Py Jingo!", sagte Hans schnell. „Ich auch nicht, nein, Sir."
„Py Jingo!" spuse Hans repede. „Nici eu, nu, domnule."

Noch vor Jahresende wurden Petes Befürchtungen in Circle City wahr.
Înainte de sfârșitul anului, temerile lui Pete s-au adeverit la Circle City.
Ein grausamer Mann namens Black Burton hat in der Bar eine Schlägerei angezettelt.
Un bărbat crud pe nume Black Burton s-a bătut în bar.
Er war wütend und bösartig und ging auf einen Neuling los.
Era furios și răutăcios, izbucnind într-un nou-născut picioruș sensibil.
John Thornton schritt ein, ruhig und gutmütig wie immer.
John Thornton a intervenit, calm și binevoitor ca întotdeauna.
Buck lag mit gesenktem Kopf in einer Ecke und beobachtete Thornton aufmerksam.
Buck stătea întins într-un colț, cu capul plecat, privindu-l atent pe Thornton.
Burton schlug plötzlich zu und sein Schlag ließ Thornton herumwirbeln.
Burton lovi brusc, pumnul său făcându-l pe Thornton să se întoarcă.
Nur die Stangenreling verhinderte, dass er hart auf den Boden stürzte.
Doar balustrada barei l-a împiedicat să se prăbușească puternic la pământ.
Die Beobachter hörten ein Geräusch, das weder Bellen noch Jaulen war
Privitorii au auzit un sunet care nu era un lătrat sau un țipăt
Ein tiefes Brüllen kam von Buck, als er auf den Mann zustürzte.
Un răget adânc s-a auzit dinspre Buck în timp ce se arunca spre bărbat.
Burton riss seinen Arm hoch und rettete nur knapp sein eigenes Leben.
Burton și-a ridicat brațul și abia și-a salvat propria viață.
Buck prallte gegen ihn und warf ihn flach auf den Boden.
Buck s-a izbit de el, trântindu-l la pământ.

Buck biss tief in den Arm des Mannes und stürzte sich dann auf die Kehle.
Buck a mușcat adânc de brațul bărbatului, apoi s-a repezit la gât.
Burton konnte den Angriff nur teilweise blocken und sein Hals wurde aufgerissen.
Burton nu a putut bloca decât parțial, iar gâtul îi era smuls.
Männer stürmten mit erhobenen Knüppeln herein und vertrieben Buck von dem blutenden Mann.
Bărbații s-au năpustit înăuntru, cu bâtele ridicate, și l-au alungat pe Buck de lângă omul însângerat.
Ein Chirurg arbeitete schnell, um den Blutausfluss zu stoppen.
Un chirurg a acționat rapid pentru a opri curgerea sângelui.
Buck ging auf und ab und knurrte, während er immer wieder versuchte anzugreifen.
Buck se plimba de colo colo și mârâia, încercând să atace iar și iar.
Nur schwingende Knüppel hielten ihn davon ab, Burton zu erreichen.
Doar crosele de leagăn l-au împiedicat să ajungă la Burton.
Eine Bergarbeiterversammlung wurde einberufen und noch vor Ort abgehalten.
O adunare a minerilor a fost convocată și s-a ținut chiar acolo, la fața locului.
Sie waren sich einig, dass Buck provoziert worden war, und stimmten für seine Freilassung.
Au fost de acord că Buck fusese provocat și au votat pentru eliberarea lui.
Doch Bucks wilder Name hallte nun durch jedes Lager in Alaska.
Dar numele feroce al lui Buck răsuna acum în fiecare tabără din Alaska.
Später im Herbst rettete Buck Thornton erneut auf eine neue Art und Weise.
Mai târziu în acea toamnă, Buck l-a salvat din nou pe Thornton într-un mod nou.

Die drei Männer steuerten ein langes Boot durch wilde Stromschnellen.
Cei trei bărbați călăuzeau o barcă lungă pe repezișuri accidentate.
Thornton steuerte das Boot und rief Anweisungen zur Küste.
Thornton conducea barca, strigând indicații către țărm.
Hans und Pete rannten an Land und hielten sich an einem Seil fest, das sie von Baum zu Baum führte.
Hans și Pete au alergat pe uscat, ținând o frânghie din copac în copac.
Buck hielt am Ufer Schritt und behielt seinen Herrn immer im Auge.
Buck ținea pasul pe mal, privindu-și mereu stăpânul.
An einer ungünstigen Stelle ragten Felsen aus dem schnellen Wasser hervor.
Într-un loc neplăcut, pietre ieșeau sub apa repezită.
Hans ließ das Seil los und Thornton steuerte das Boot weit.
Hans a dat drumul la frânghie, iar Thornton a virat barca pe o parte și pe alta.
Hans sprintete, um das Boot an den gefährlichen Felsen vorbei wieder zu erreichen.
Hans a sprintat să ajungă din nou la barcă, trecând de stâncile periculoase.
Das Boot passierte den Felsvorsprung, geriet jedoch in eine stärkere Strömung.
Barca a trecut de cornișă, dar a lovit o parte mai puternică a curentului.
Hans griff zu schnell nach dem Seil und brachte das Boot aus dem Gleichgewicht.
Hans a apucat frânghia prea repede și a dezechilibrat barca.
Das Boot kenterte und prallte mit dem Hinterteil nach oben gegen das Ufer.
Barca s-a răsturnat și s-a izbit de mal, cu fundul în sus.
Thornton wurde hinausgeworfen und in den wildesten Teil des Wassers geschwemmt.

Thornton a fost aruncat afară și măturăt în cea mai sălbatică parte a apei.
Kein Schwimmer hätte in diesen tödlichen, reißenden Gewässern überleben können.
Niciun înotător nu ar fi putut supraviețui în acele ape mortale, grăbite.
Buck sprang sofort hinein und jagte seinen Herrn den Fluss hinunter.
Buck a sărit instantaneu în șa și și-a urmărit stăpânul în josul râului.
Nach dreihundert Metern erreichte er endlich Thornton.
După trei sute de metri, a ajuns în sfârșit la Thornton.
Thornton packte Buck am Schwanz und Buck drehte sich zum Ufer um.
Thornton l-a apucat pe Buck de coadă, iar Buck s-a întors spre țărm.
Er schwamm mit voller Kraft und kämpfte gegen den wilden Sog des Wassers an.
A înotat cu toate puterile, luptând împotriva rezistenței sălbatice a apei.
Sie bewegten sich schneller flussabwärts, als sie das Ufer erreichen konnten.
S-au deplasat în aval mai repede decât au putut ajunge la țărm.
Vor ihnen toste der Fluss immer lauter und stürzte in tödliche Stromschnellen.
În față, râul vuia mai tare pe măsură ce se prăbușea în repezișuri mortale.
Felsen schnitten durch das Wasser wie die Zähne eines riesigen Kamms.
Pietrele tăiau apa ca dinții unui pieptene uriaș.
Die Anziehungskraft des Wassers in der Nähe des Tropfens war wild und unausweichlich.
Atracția apei lângă picătură era sălbatică și inevitabilă.
Thornton wusste, dass sie das Ufer nie rechtzeitig erreichen würden.
Thornton știa că nu vor putea niciodată ajunge la țărm la timp.

Er schrammte über einen Felsen, zerschmetterte einen zweiten,
A zgâriat o piatră, s-a izbit de a doua,
Und dann prallte er gegen einen dritten Felsen, den er mit beiden Händen festhielt.
Și apoi s-a izbit de o a treia piatră, apucând-o cu ambele mâini.
Er ließ Buck los und übertönte das Gebrüll: „Los, Buck! Los!"
L-a lăsat pe Buck și a strigat peste vuiet: „Hai, Buck! Hai!"
Buck konnte sich nicht über Wasser halten und wurde von der Strömung mitgerissen.
Buck nu a mai putut să se mențină la suprafață și a fost luat în jos de curent.
Er kämpfte hart und versuchte, sich umzudrehen, kam aber überhaupt nicht voran.
S-a luptat din greu, chinuindu-se să se întoarcă, dar nu a făcut niciun progres.
Dann hörte er, wie Thornton den Befehl über das Tosen des Flusses hinweg wiederholte.
Apoi l-a auzit pe Thornton repetând comanda peste vuietul râului.
Buck erhob sich aus dem Wasser und hob den Kopf, als wolle er einen letzten Blick werfen.
Buck ieși din apă și își ridică capul ca și cum ar fi vrut să arunce o ultimă privire.
dann drehte er sich um und gehorchte und schwamm entschlossen auf das Ufer zu.
apoi s-a întors și s-a supus, înotând spre mal cu hotărâre.
Pete und Hans zogen ihn im letzten Moment an Land.
Pete și Hans l-au tras la mal în ultimul moment posibil.
Sie wussten, dass Thornton sich nur noch wenige Minuten am Felsen festklammern konnte.
Știau că Thornton se mai putea agăța de stâncă doar câteva minute în plus.
Sie rannten das Ufer hinauf zu einer Stelle weit oberhalb der Stelle, an der er hing.

Au alergat pe mal până într-un loc mult deasupra locului unde atârna el.
Sie befestigten die Bootsleine sorgfältig an Bucks Hals und Schultern.
Au legat cu grijă parâma bărcii de gâtul și umerii lui Buck.
Das Seil saß eng, war aber locker genug zum Atmen und für Bewegung.
Frânghia era strânsă, dar suficient de slăbită pentru a putea respira și a te mișca.
Dann warfen sie ihn erneut in den reißenden, tödlichen Fluss.
Apoi l-au aruncat din nou în râul repetat și mortal.
Buck schwamm mutig, verpasste jedoch seinen Winkel in die Kraft des Stroms.
Buck a înotat cu îndrăzneală, dar a ratat unghiul și a nimerit-o în forța curentului.
Er sah zu spät, dass er an Thornton vorbeiziehen würde.
A văzut prea târziu că avea să treacă pe lângă Thornton.
Hans riss das Seil fest, als wäre Buck ein kenterndes Boot.
Hans a smucit și mai tare frânghia, ca și cum Buck ar fi fost o barcă care se răstoarnă.
Die Strömung zog ihn nach unten und er verschwand unter der Oberfläche.
Curentul l-a tras sub apă, iar el a dispărut sub suprafață.
Sein Körper schlug gegen das Ufer, bevor Hans und Pete ihn herauszogen.
Corpul său a lovit malul înainte ca Hans și Pete să-l scoată afară.
Er war halb ertrunken und sie haben das Wasser aus ihm herausgeprügelt.
Era pe jumătate înecat, iar l-au scos cu mâna până a scos apa din el.
Buck stand auf, taumelte und brach erneut auf dem Boden zusammen.
Buck se ridică, se clătină și se prăbuși din nou la pământ.
Dann hörten sie Thorntons Stimme, die schwach vom Wind getragen wurde.

Apoi au auzit vocea lui Thornton, purtată slab de vânt.
Obwohl die Worte undeutlich waren, wussten sie, dass er dem Tode nahe war.
Deși cuvintele erau neclare, știau că era aproape de moarte.
Der Klang von Thorntons Stimme traf Buck wie ein elektrischer Schlag.
Sunetul vocii lui Thornton l-a lovit pe Buck ca o șoc electric.
Er sprang auf, rannte das Ufer hinauf und kehrte zum Startpunkt zurück.
A sărit în sus și a alergat pe mal, întorcându-se la punctul de lansare.
Wieder banden sie Buck das Seil fest und wieder betrat er den Bach.
Din nou au legat frânghia de Buck și din nou a intrat în pârâu.
Diesmal schwamm er direkt und entschlossen in das rauschende Wasser.
De data aceasta, a înotat direct și ferm în apa care se revărsa.
Hans ließ das Seil langsam los, während Pete darauf achtete, dass es sich nicht verheddderte.
Hans a eliberat frânghia încet, în timp ce Pete o împiedica să se încurce.
Buck schwamm schnell, bis er direkt über Thornton auf einer Linie lag.
Buck a înotat cu greu până a ajuns chiar deasupra lui Thornton.
Dann drehte er sich um und raste wie ein Zug mit voller Geschwindigkeit nach unten.
Apoi s-a întors și a năvălit ca un tren în viteză maximă.
Thornton sah ihn kommen, machte sich bereit und schlang die Arme um seinen Hals.
Thornton l-a văzut venind, s-a pregătit și l-a cuprins cu brațele.
Hans band das Seil fest um einen Baum, als beide unter Wasser gezogen wurden.
Hans a legat strâns frânghia în jurul unui copac în timp ce amândoi erau trași sub apă.

Sie stürzten unter Wasser und zerschellten an Felsen und Flusstrümmern.
S-au rostogolit sub apă, izbindu-se de pietre și resturi de râu.
In einem Moment war Buck oben, im nächsten erhob sich Thornton keuchend.
Într-o clipă Buck era deasupra, în următoarea Thornton se ridica gâfâind.
Zerschlagen und erstickend steuerten sie auf das Ufer zu und waren in Sicherheit.
Bătuți și sufocați, au virat spre mal și în siguranță.
Thornton erlangte sein Bewusstsein wieder und lag quer über einem Treibholzbaumstamm.
Thornton și-a recăpătat cunoștința, întins pe un buștean plutitor.
Hans und Pete haben hart gearbeitet, um ihm Atem und Leben zurückzugeben.
Hans și Pete l-au muncit din greu ca să-i redea suflul și viața.
Sein erster Gedanke galt Buck, der regungslos und schlaff dalag.
Primul său gând a fost pentru Buck, care zăcea nemișcat și inert.
Nig heulte über Bucks Körper und Skeet leckte sanft sein Gesicht.
Nig a urlat peste corpul lui Buck, iar Skeet i-a lins ușor fața.
Thornton, wund und verletzt, untersuchte Buck mit vorsichtigen Händen.
Thornton, învinețit și rănit, îl examină pe Buck cu mâini atente.
Er stellte fest, dass der Hund drei Rippen gebrochen hatte, jedoch keine tödlichen Wunden aufwies.
A găsit trei coaste rupte, dar nicio rană mortală la câine.
„Damit ist die Sache geklärt", sagte Thornton. „Wir zelten hier." Und das taten sie.
„Asta e rezolvat", a spus Thornton. „Noi campăm aici." Și așa au făcut.
Sie blieben, bis Bucks Rippen verheilt waren und er wieder laufen konnte.

Au rămas până când lui Buck i s-au vindecat coastele și a putut merge din nou.

In diesem Winter vollbrachte Buck eine Leistung, die seinen Ruhm noch weiter steigerte.
În iarna aceea, Buck a realizat o ispravă care i-a sporit și mai mult faima.
Es war weniger heroisch als Thornton zu retten, aber genauso beeindruckend.
A fost mai puțin eroic decât salvarea lui Thornton, dar la fel de impresionant.
In Dawson benötigten die Partner Vorräte für eine weite Reise.
La Dawson, partenerii aveau nevoie de provizii pentru o călătorie îndepărtată.
Sie wollten nach Osten reisen, in unberührte Wildnisgebiete.
Ei voiau să călătorească spre Est, în ținuturi sălbatice neatinse.
Bucks Tat im Eldorado Saloon machte diese Reise möglich.
Fapta lui Buck în Saloonul Eldorado a făcut posibilă acea călătorie.
Es begann damit, dass Männer bei einem Drink mit ihren Hunden prahlten.
A început cu bărbați care se lăudau cu câinii lor în timp ce beau băuturi.
Bucks Ruhm machte ihn zur Zielscheibe von Herausforderungen und Zweifeln.
Faima lui Buck l-a transformat în ținta provocărilor și a îndoielilor.
Thornton blieb stolz und ruhig und verteidigte Bucks Namen standhaft.
Thornton, mândru și calm, a rămas neclintit în apărarea numelui lui Buck.
Ein Mann sagte, sein Hund könne problemlos zweihundertsechsunddreißig kg ziehen.
Un bărbat a spus că câinele său putea trage cu ușurință cinci sute de kilograme.

Ein anderer sagte sechshundert und ein dritter prahlte mit siebenhundert.
Altul a zis șase sute, iar al treilea s-a lăudat cu șapte sute.
„Pfft!", sagte John Thornton, „Buck kann einen fünfhundert kg schweren Schlitten ziehen."
„Pfft!" a spus John Thornton, „Buck poate trage o sanie de o mie de livre."
Matthewson, ein Bonanza-König, beugte sich vor und forderte ihn heraus.
Matthewson, un Rege Bonanza, s-a aplecat în față și l-a provocat.
„Glauben Sie, er kann so viel Gewicht in Bewegung setzen?"
„Crezi că poate pune atâta greutate în mișcare?"
„Und Sie glauben, er kann das Gewicht volle hundert Meter weit ziehen?"
„Și crezi că poate trage greutatea o sută de metri?"
Thornton antwortete kühl: „Ja. Buck ist Hund genug, um das zu tun."
Thornton a răspuns rece: „Da. Buck e destul de isteț ca să facă asta."
„Er wird tausend Pfund in Bewegung setzen und es hundert Meter weit ziehen."
„Va pune în mișcare o mie de livre și o va trage o sută de metri."
Matthewson lächelte langsam und stellte sicher, dass alle Männer seine Worte hörten.
Matthewson zâmbi încet și se asigură că toți bărbații îi auzeau cuvintele.
„Ich habe tausend Dollar, die sagen, dass er es nicht kann. Da ist es."
„Am o mie de dolari care spun că nu poate. Uite-i."
Er knallte einen Sack Goldstaub von der Größe einer Wurst auf die Theke.
A trântit pe bar un sac cu praf de aur de mărimea unui cârnat.
Niemand sagte ein Wort. Die Stille um sie herum wurde drückend und angespannt.

Nimeni nu a scos un cuvânt. Tăcerea a devenit grea și tensionată în jurul lor.

Thorntons Bluff – wenn es denn einer war – war ernst genommen worden.

Bluful lui Thornton — dacă era unul — fusese luat în serios.

Er spürte, wie ihm die Hitze im Gesicht aufstieg und das Blut in seine Wangen schoss.

A simțit căldura cum îi crește în față, în timp ce sângele i se năpustea în obraji.

In diesem Moment war seine Zunge seiner Vernunft voraus.

Limba lui îi depășise rațiunea în acel moment.

Er wusste wirklich nicht, ob Buck fünfhundert kg bewegen konnte.

Chiar nu știa dacă Buck putea muta o mie de livre.

Eine halbe Tonne! Allein die Größe ließ ihm das Herz schwer werden.

O jumătate de tonă! Numai dimensiunea ei îi făcea să simtă inima grea.

Er hatte Vertrauen in Bucks Stärke und hielt ihn für fähig.

Avea încredere în puterea lui Buck și îl crezuse capabil.

Doch einer solchen Herausforderung war er noch nie begegnet, nicht auf diese Art und Weise.

Dar nu se mai confruntase niciodată cu o astfel de provocare, nu în felul acesta.

Ein Dutzend Männer beobachteten ihn still und warteten darauf, was er tun würde.

O duzină de bărbați îl priveau în liniște, așteptând să vadă ce va face.

Er hatte das Geld nicht – Hans und Pete auch nicht.

Nu avea banii — nici Hans, nici Pete.

„Ich habe draußen einen Schlitten", sagte Matthewson kalt und direkt.

— Am o sanie afară, spuse Matthewson rece și direct.

„Es ist mit zwanzig Säcken zu je fünfzig Pfund beladen, alles Mehl.

„E încărcat cu douăzeci de saci, câte cincizeci de livre fiecare, numai făină."

Lassen Sie sich also jetzt nicht von einem fehlenden Schlitten als Ausrede ausreden", fügte er hinzu.
„Așa că nu lăsați ca o sanie pierdută să fie scuza voastră acum", a adăugat el.
Thornton stand still da. Er wusste nicht, was er sagen sollte.
Thornton a rămas tăcut. Nu știa ce cuvinte să spună.
Er blickte sich die Gesichter an, ohne sie deutlich zu erkennen.
S-a uitat în jur la fețe fără să le vadă clar.
Er sah aus wie ein Mann, der in Gedanken erstarrt war und versuchte, neu zu starten.
Arăta ca un om încremenit în gânduri, încercând să o ia din nou la fugă.
Dann sah er Jim O'Brien, einen Freund aus der Mastodon-Zeit.
Apoi l-a văzut pe Jim O'Brien, un prieten din zilele Mastodontului.
Dieses vertraute Gesicht gab ihm Mut, von dem er nicht wusste, dass er ihn hatte.
Chipul acela familiar i-a dat un curaj pe care nici nu știa că îl are.
Er drehte sich um und fragte mit leiser Stimme: „Können Sie mir tausend leihen?"
S-a întors și a întrebat în șoaptă: „Îmi poți împrumuta o mie?"
„Sicher", sagte O'Brien und ließ bereits einen schweren Sack neben dem Gold fallen.
— Sigur, spuse O'Brien, lăsând deja un sac greu lângă aur.
„Aber ehrlich gesagt, John, ich glaube nicht, dass das Biest das tun kann."
„Dar, sincer să fiu, John, nu cred că fiara poate face așa ceva."
Alle im Eldorado Saloon strömten nach draußen, um sich die Veranstaltung anzusehen.
Toți cei din Saloonul Eldorado s-au grăbit afară să vadă evenimentul.
Sie ließen Tische und Getränke zurück und sogar die Spiele wurden unterbrochen.

Au lăsat mese și băuturi, ba chiar și jocurile au fost puse pe pauză.

Dealer und Spieler kamen, um das Ende der kühnen Wette mitzuerleben.

Dealerii și jucătorii au venit să asiste la sfârșitul pariului îndrăzneț.

Hunderte versammelten sich auf der vereisten Straße um den Schlitten.

Sute de oameni s-au adunat în jurul saniei pe strada deschisă și înghețată.

Matthewsons Schlitten stand mit einer vollen Ladung Mehlsäcke da.

Sania lui Matthewson stătea cu o încărcătură completă de saci de făină.

Der Schlitten stand stundenlang bei Minustemperaturen.

Sania stătuse ore în șir la temperaturi sub zero grade.

Die Kufen des Schlittens waren fest am festgetretenen Schnee festgefroren.

Slide-urile saniei erau înghețate strâns de zăpada tasată.

Die Männer wetteten zwei zu eins, dass Buck den Schlitten nicht bewegen könne.

Bărbații ofereau șanse de două la unu ca Buck să nu poată mișca sania.

Es kam zu einem Streit darüber, was „ausbrechen" eigentlich bedeutet.

A izbucnit o dispută despre ce însemna de fapt „erupție".

O'Brien sagte, Thornton solle die festgefrorene Basis des Schlittens lösen.

O'Brien a spus că Thornton ar trebui să slăbească baza înghețată a saniei.

Buck könnte dann aus einem soliden, bewegungslosen Start „ausbrechen".

Buck putea apoi „să se desprindă" dintr-un început solid, nemișcat.

Matthewson argumentierte, dass der Hund auch die Läufer befreien müsse.

Matthewson a susținut că și câinele trebuie să-i elibereze pe alergători.
Die Männer, die von der Wette gehört hatten, stimmten Matthewsons Ansicht zu.
Bărbații care auziseră pariul au fost de acord cu punctul de vedere al lui Matthewson.
Mit dieser Entscheidung stiegen die Chancen auf drei zu eins gegen Buck.
Odată cu această hotărâre, șansele au crescut la trei la unu împotriva lui Buck.
Niemand trat vor, um die wachsende Drei-zu-eins-Chance auf sich zu nehmen.
Nimeni nu a făcut un pas înainte pentru a accepta cotele crescânde de trei la unu.
Kein einziger Mann glaubte, dass Buck diese große Leistung vollbringen könnte.
Niciun om nu credea că Buck poate realiza marea ispravă.
Thornton war zu der Wette gedrängt worden, obwohl er voller Zweifel war.
Thornton fusese implicat în pariu în grabă, copleșit de îndoieli.
Nun blickte er auf den Schlitten und das zehnköpfige Hundegespann daneben.
Acum se uita la sanie și la perechea de zece câini de lângă ea.
Als ich die Realität der Aufgabe sah, erschien sie noch unmöglicher.
Văzând realitatea sarcinii, aceasta părea și mai imposibilă.
Matthewson war in diesem Moment voller Stolz und Selbstvertrauen.
Matthewson era plin de mândrie și încredere în acel moment.
„Drei zu eins!", rief er. „Ich wette noch tausend, Thornton!"
„Trei la unu!", a strigat el. „Pun pariu pe încă o mie, Thornton!"
Was sagst du dazu?", fügte er laut genug hinzu, dass es alle hören konnten.
„Ce spui?", a adăugat el, suficient de tare ca să audă toată lumea.

Thorntons Gesicht zeigte seine Zweifel, aber sein Geist war aufgeblüht.
Fața lui Thornton îi citea îndoielile, dar moralul îi crescuse.
Dieser Kampfgeist ignorierte alle Widrigkeiten und fürchtete sich überhaupt nicht.
Acel spirit de luptă ignora adversitățile și nu se temea de nimic.
Er forderte Hans und Pete auf, ihr gesamtes Bargeld auf den Tisch zu bringen.
I-a chemat pe Hans și Pete să le aducă toți banii la masă.
Ihnen blieb nicht mehr viel übrig – insgesamt nur zweihundert Dollar.
Le-a mai rămas puțin – doar două sute de dolari la un loc.
Diese kleine Summe war ihr gesamtes Vermögen in schweren Zeiten.
Această mică sumă a fost averea lor totală în vremuri grele.
Dennoch setzten sie ihr gesamtes Vermögen auf Matthewsons Wette.
Totuși, au pus toată averea la pariul lui Matthewson.
Das zehnköpfige Hundegespann wurde abgekoppelt und vom Schlitten wegbewegt.
Perechea de zece câini a fost dehamată și s-a îndepărtat de sanie.
Buck wurde in die Zügel genommen und trug sein vertrautes Geschirr.
Buck a fost așezat în frâie, purtând hamul său familiar.
Er hatte die Energie der Menge aufgefangen und die Spannung gespürt.
Prinsese energia mulțimii și simțise tensiunea.
Irgendwie wusste er, dass er etwas für John Thornton tun musste.
Cumva, știa că trebuie să facă ceva pentru John Thornton.
Die Leute murmelten voller Bewunderung über die stolze Gestalt des Hundes.
Oamenii murmurau cu admirație la vederea siluetei mândre a câinelui.

Er war schlank und stark und hatte kein einziges Gramm Fleisch zu viel.
Era suplu și puternic, fără niciun gram de carne în plus.
Sein Gesamtgewicht von hundertfünfzig Pfund bestand nur aus Kraft und Ausdauer.
Greutatea sa totală de o sută cincizeci de kilograme era numai putere și rezistență.
Bucks Fell glänzte wie Seide und strotzte vor Gesundheit und Kraft.
Haina lui Buck strălucea ca mătasea, bogată în sănătate și putere.
Das Fell an seinem Hals und seinen Schultern schien sich aufzurichten und zu sträuben.
Blana de pe gâtul și umerii lui părea să se ridice și să se zbârlească.
Seine Mähne bewegte sich leicht, jedes Haar war voller Energie.
Coama i se mișca ușor, fiecare fir de păr vibrând de energia lui imensă.
Seine breite Brust und seine starken Beine passten zu seinem schweren, robusten Körperbau.
Pieptul său lat și picioarele puternice se potriveau cu silueta sa grea și rezistentă.
Unter seinem Mantel spannten sich Muskeln, straff und fest wie geschmiedetes Eisen.
Mușchii i se unduiau sub haină, încordați și fermi ca fierul legat.
Männer berührten ihn und schworen, er sei gebaut wie eine Stahlmaschine.
Bărbații l-au atins și au jurat că era construit ca o mașină de oțel.
Die Quoten sanken leicht auf zwei zu eins gegen den großen Hund.
Cotele au scăzut ușor la două la unu împotriva marelui câine.
Ein Mann von den Skookum Benches drängte sich stotternd nach vorne.

Un bărbat de pe Băncile Skookum se împinse înainte, bâlbâindu-se.

„Gut, Sir! Ich biete achthundert für ihn – vor der Prüfung, Sir!"

„Bine, domnule! Ofer opt sute pentru el... înainte de test, domnule!"

„Achthundert, so wie er jetzt dasteht!", beharrte der Mann.

„Opt sute, așa cum stă el acum!", a insistat bărbatul.

Thornton trat vor, lächelte und schüttelte ruhig den Kopf.

Thornton a făcut un pas înainte, a zâmbit și a clătinat calm din cap.

Matthewson schritt schnell mit warnender Stimme und einem Stirnrunzeln ein.

Matthewson a intervenit rapid cu o voce de avertizare și încruntându-se.

„Sie müssen Abstand von ihm halten", sagte er. „Geben Sie ihm Raum."

„Trebuie să te îndepărtezi de el", a spus el. „Dă-i spațiu."

Die Menge verstummte; nur die Spieler boten noch zwei zu eins.

Mulțimea a tăcut; doar jucătorii mai ofereau doi la unu.

Alle bewunderten Bucks Körperbau, aber die Last schien zu groß.

Toată lumea admira constituția lui Buck, dar încărcătura părea prea mare.

Zwanzig Säcke Mehl – jeder fünfzig Pfund schwer – schienen viel zu viel.

Douăzeci de saci de făină – fiecare cântărind cincisprezece kilograme – păreau mult prea mult.

Niemand war bereit, seinen Geldbeutel zu öffnen und sein Geld zu riskieren.

Nimeni nu era dispus să-și deschidă punga și să-și riște banii.

Thornton kniete neben Buck und nahm seinen Kopf in beide Hände.

Thornton a îngenuncheat lângă Buck și i-a luat capul în ambele mâini.

Er drückte seine Wange an Bucks und sprach in sein Ohr.

Și-a lipit obrazul de al lui Buck și i-a vorbit la ureche.
Es gab jetzt kein spielerisches Schütteln oder geflüsterte liebevolle Beleidigungen.
Acum nu se mai auzea nicio scuturare jucăușă sau orice insultă iubitoare șoptită.
Er murmelte nur leise: „So sehr du mich liebst, Buck."
El a murmurat doar încet: „Oricât de mult mă iubești, Buck."
Buck stieß ein leises Winseln aus, seine Begierde konnte er kaum zurückhalten.
Buck a scos un geamăt înăbușit, nerăbdarea sa abia stăpânită.
Die Zuschauer beobachteten neugierig, wie Spannung in der Luft lag.
Privitorii au privit cu curiozitate cum tensiunea umplea aerul.
Der Moment fühlte sich fast unwirklich an, wie etwas jenseits der Vernunft.
Momentul părea aproape ireal, ca ceva dincolo de rațiune.
Als Thornton aufstand, nahm Buck sanft seine Hand zwischen die Kiefer.
Când Thornton se ridică în picioare, Buck îi luă ușor mâna în fălci.
Er drückte mit den Zähnen nach unten und ließ dann langsam und sanft los.
A apăsat cu dinții, apoi a eliberat încet și ușor.
Es war eine stille Antwort der Liebe, nicht ausgesprochen, aber verstanden.
A fost un răspuns tăcut al iubirii, nu rostit, ci înțeles.
Thornton trat weit von dem Hund zurück und gab das Signal.
Thornton se îndepărtă mult de câine și dădu semnalul.
„Jetzt, Buck", sagte er und Buck antwortete mit konzentrierter Ruhe.
„Acum, Buck", a spus el, iar Buck a răspuns cu un calm concentrat.
Buck spannte die Leinen und lockerte sie dann um einige Zentimeter.
Buck a strâns șinele, apoi le-a slăbit cu câțiva centimetri.

Dies war die Methode, die er gelernt hatte; seine Art, den Schlitten zu zerbrechen.

Aceasta era metoda pe care o învățase; felul lui de a sparge sania.

„Mensch!", rief Thornton mit scharfer Stimme in der schweren Stille.

„Uau!" a strigat Thornton, cu vocea ascuțită în tăcerea apăsătoare.

Buck drehte sich nach rechts und stürzte sich mit seinem gesamten Gewicht nach vorn.

Buck s-a întors spre dreapta și s-a aruncat cu toată greutatea.

Das Spiel verschwand und Bucks gesamte Masse traf die straffen Leinen.

Slaba a dispărut, iar întreaga masă a lui Buck a lovit șinele înguste.

Der Schlitten zitterte und die Kufen machten ein knackendes, knisterndes Geräusch.

Sania tremura, iar patinele scoteau un sunet ascuțit de trosnet.

„Haw!", befahl Thornton und änderte erneut Bucks Richtung.

„Ha!" a comandat Thornton, schimbându-i din nou direcția lui Buck.

Buck wiederholte die Bewegung und zog diesmal scharf nach links.

Buck repetă mișcarea, de data aceasta trăgând brusc spre stânga.

Das Knacken des Schlittens wurde lauter, die Kufen knackten und verschoben sich.

Sania trosni mai tare, glisierele pocnind și mișcându-se.

Die schwere Last rutschte leicht seitwärts über den gefrorenen Schnee.

Încărcătura grea a alunecat ușor în lateral pe zăpada înghețată.

Der Schlitten hatte sich aus der Umklammerung des eisigen Pfades gelöst!

Sania se eliberase din strânsoarea potecii înghețate!

Die Männer hielten den Atem an, ohne zu merken, dass sie nicht einmal atmeten.

Bărbații și-au ținut respirația, fără să-și dea seama că nici măcar nu respirau.
"Jetzt ZIEHEN!", rief Thornton durch die eisige Stille.
"Acum, TRAGE!" a strigat Thornton prin tăcerea înghețată.
Thorntons Befehl klang scharf wie ein Peitschenknall.
Comanda lui Thornton a răsunat ascuțit, ca pocnetul unui bici.
Buck stürzte sich mit einem heftigen und heftigen Ausfallschritt nach vorne.
Buck s-a aruncat înainte cu o lovitură feroce și zdruncinată.
Sein ganzer Körper war aufgrund der enormen Belastung angespannt und verkrampft.
Întregul său corp s-a încordat și s-a contractat pentru efortul imens.
Unter seinem Fell spannten sich Muskeln wie lebendig werdende Schlangen.
Mușchii i se unduiau sub blană ca niște șerpi care prindeau viață.
Seine breite Brust war tief, der Kopf nach vorne zum Schlitten gestreckt.
Pieptul său lat era jos, cu capul întins înainte, spre sanie.
Seine Pfoten bewegten sich blitzschnell und seine Krallen zerschnitten den gefrorenen Boden.
Labele lui se mișcau ca fulgerul, ghearele sfâșiind pământul înghețat.
Er kämpfte um jeden Zentimeter Bodenhaftung und hinterließ tiefe Rillen.
Șanțurile erau adânci în timp ce se lupta pentru fiecare centimetru de aderență.
Der Schlitten schaukelte, zitterte und begann eine langsame, unruhige Bewegung.
Sania se legăna, tremura și începu o mișcare lentă și neliniștită.
Ein Fuß rutschte aus und ein Mann in der Menge stöhnte laut auf.
Un picior a alunecat, iar un bărbat din mulțime a gemut tare.
Dann machte der Schlitten mit einer ruckartigen, heftigen Bewegung einen Satz nach vorne.
Apoi sania s-a năpustit înainte cu o mișcare bruscă și smucită.

Es hörte nicht wieder auf – noch einen halben Zoll ... einen Zoll ... zwei Zoll mehr.

Nu s-a mai oprit — încă un centimetru... un centimetru... cinci centimetri.

Die Stöße wurden kleiner, als der Schlitten an Geschwindigkeit zunahm.

Smuciturile s-au micșorat pe măsură ce sania a început să prindă viteză.

Bald zog Buck mit sanfter, gleichmäßiger Rollkraft.

Curând, Buck trăgea cu o putere lină, uniformă și de rostogolire.

Die Männer schnappten nach Luft und erinnerten sich schließlich wieder daran zu atmen.

Bărbații au gâfâit și, în sfârșit, și-au amintit să respire din nou.

Sie hatten nicht bemerkt, dass ihnen vor Ehrfurcht der Atem stockte.

Nu observaseră că li se oprise respirația de uimire.

Thornton rannte hinterher und rief kurze, fröhliche Befehle.

Thornton alerga în spate, strigând comenzi scurte și vesele.

Vor uns lag ein Stapel Brennholz, der die Entfernung markierte.

În față se afla o grămadă de lemne de foc care marca distanța.

Als Buck sich dem Haufen näherte, wurde der Jubel immer lauter.

Pe măsură ce Buck se apropia de grămadă, uralele deveneau din ce în ce mai puternice.

Der Jubel schwoll zu einem Brüllen an, als Buck den Endpunkt passierte.

Uralele s-au transformat într-un vuiet când Buck a trecut de punctul final.

Männer sprangen auf und schrien, sogar Matthewson grinste.

Bărbații au sărit și au țipat, chiar și Matthewson a izbucnit într-un rânjet.

Hüte flogen durch die Luft, Fäustlinge wurden gedankenlos und ziellos herumgeworfen.

Pălăriile zburau în aer, mănușile erau aruncate fără gânduri sau țintiri.
Männer packten einander und schüttelten sich die Hände, ohne zu wissen, wer es war.
Bărbații se apucau unii de alții și își dădeau mâna fără să știe cine.
Die ganze Menge war in wilder, freudiger Stimmung.
Toată mulțimea zumzăia într-o sărbătoare sălbatică și veselă.
Thornton fiel mit zitternden Händen neben Buck auf die Knie.
Thornton a căzut în genunchi lângă Buck, cu mâinile tremurânde.
Er drückte seinen Kopf an Bucks und schüttelte ihn sanft hin und her.
Și-a lipit capul de al lui Buck și l-a clătinat ușor înainte și înapoi.
Diejenigen, die näher kamen, hörten, wie er den Hund mit stiller Liebe verfluchte.
Cei care s-au apropiat l-au auzit blestemând câinele cu o dragoste tăcută.
Er beschimpfte Buck lange – leise, herzlich und emotional.
L-a înjurat pe Buck mult timp – încet, călduros, cu emoție.
„Gut, Sir! Gut, Sir!", rief der König der Skookum-Bank hastig.
„Bine, domnule! Bine, domnule!", a strigat în grabă regele Băncii Skookum.
„Ich gebe Ihnen tausend – nein, zwölfhundert – für diesen Hund, Sir!"
„Îți dau o mie — nu, o mie două sute — pentru câinele ăla, domnule!"
Thornton stand langsam auf, seine Augen glänzten vor Emotionen.
Thornton se ridică încet în picioare, cu ochii strălucind de emoție.
Tränen strömten ihm ohne jede Scham über die Wangen.
Lacrimile i se prelingeau șiroaie pe obraji, fără nicio rușine.

„Sir", sagte er zum König der Skookum-Bank, ruhig und bestimmt

„Domnule", i-a spus el regelui Băncii Skookum, calm și ferm

„Nein, Sir. Sie können zur Hölle fahren, Sir. Das ist meine endgültige Antwort."

„Nu, domnule. Puteți merge dracului, domnule. Acesta este răspunsul meu final."

Buck packte Thorntons Hand sanft mit seinen starken Kiefern.

Buck apucă ușor mâna lui Thornton în fălcile sale puternice.

Thornton schüttelte ihn spielerisch, ihre Bindung war so tief wie eh und je.

Thornton îl scutură în joacă, legătura lor fiind ca întotdeauna profundă.

Die Menge, bewegt von diesem Moment, trat schweigend zurück.

Mulțimea, mișcată de moment, s-a retras în tăcere.

Von da an wagte es niemand mehr, diese heilige Zuneigung zu unterbrechen.

De atunci încolo, nimeni nu a mai îndrăznit să întrerupă o astfel de afecțiune sacră.

Der Klang des Rufs
Sunetul apelului

Buck hatte in fünf Minuten Sechzehnhundert Dollar verdient.
Buck câștigase o mie șase sute de dolari în cinci minute.

Mit dem Geld konnte John Thornton einen Teil seiner Schulden begleichen.
Banii i-au permis lui John Thornton să-și achite o parte din datorii.

Mit dem restlichen Geld machte er sich mit seinen Partnern auf den Weg nach Osten.
Cu restul banilor, s-a îndreptat spre est împreună cu partenerii săi.

Sie suchten nach einer sagenumwobenen verlorenen Mine, die so alt ist wie das Land selbst.
Au căutat o mină pierdută despre care se spunea, la fel de veche ca țara însăși.

Viele Männer hatten nach der Mine gesucht, aber nur wenige hatten sie je gefunden.
Mulți bărbați căutaseră mina, dar puțini o găsiseră vreodată.

Während der gefährlichen Suche waren nicht wenige Männer verschwunden.
Mai mult de câțiva bărbați dispăruseră în timpul periculoasei căutări.

Diese verlorene Mine war sowohl in Geheimnisse als auch in eine alte Tragödie gehüllt.
Această mină pierdută era învăluită atât în mister, cât și în tragedie veche.

Niemand wusste, wer der erste Mann war, der die Mine entdeckt hatte.
Nimeni nu știa cine fusese primul om care găsise mina.

In den ältesten Geschichten wird niemand namentlich erwähnt.
Cele mai vechi povești nu menționează pe nimeni pe nume.

Dort hatte immer eine alte, baufällige Hütte gestanden.
Întotdeauna fusese acolo o cabană veche și dărăpănată.

Sterbende Männer hatten geschworen, dass sich neben dieser alten Hütte eine Mine befand.
Nişte muribunzi juraseră că lângă vechea cabană se afla o mină.
Sie bewiesen ihre Geschichten mit Gold, wie es nirgendwo sonst zu finden ist.
Şi-au dovedit poveştile cu aur cum nu s-a găsit altundeva.
Keine lebende Seele hatte den Schatz von diesem Ort jemals geplündert.
Niciun suflet viu nu jefuise vreodată comoara din locul acela.
Die Toten waren tot, und Tote erzählen keine Geschichten.
Morţii erau morţi, iar morţii nu spun poveşti.
Also machten sich Thornton und seine Freunde auf den Weg in den Osten.
Aşa că Thornton şi prietenii săi s-au îndreptat spre est.
Pete und Hans kamen mit Buck und sechs starken Hunden.
Pete şi Hans s-au alăturat, aducând Buck şi şase câini voinici.
Sie begaben sich auf einen unbekannten Weg, an dem andere gescheitert waren.
Au pornit pe un drum necunoscut, unde alţii eşuaseră.
Sie rodelten siebzig Meilen den zugefrorenen Yukon River hinauf.
Au mers cu sania şaptezeci de mile pe râul Yukon îngheţat.
Sie bogen links ab und folgten dem Pfad bis zum Stewart.
Au virat la stânga şi au urmat poteca spre Stewart.
Sie passierten Mayo und McQuestion und drängten weiter.
Au trecut de străzile Mayo şi McQuestion, înaintând mai departe.
Der Stewart schrumpfte zu einem Strom, der sich durch zerklüftete Gipfel schlängelte.
Râul Stewart se micşora într-un pârâu, şerpuind vârfuri zimţate.
Diese scharfen Gipfel markierten das Rückgrat des Kontinents.
Aceste vârfuri ascuţite marcau însăşi coloana vertebrală a continentului.

John Thornton verlangte wenig von den Menschen oder der Wildnis.
John Thornton a cerut puțin de la oameni sau de la pământul sălbatic.
Er fürchtete nichts in der Natur und begegnete der Wildnis mit Leichtigkeit.
Nu se temea de nimic în natură și înfrunta sălbăticia cu ușurință.
Nur mit Salz und einem Gewehr konnte er reisen, wohin er wollte.
Doar cu sare și o pușcă, putea călători oriunde dorea.
Wie die Eingeborenen jagte er auf seiner Reise nach Nahrung.
La fel ca băștinașii, el vâna hrană în timp ce călătoria.
Wenn er nichts fing, machte er weiter und vertraute auf sein Glück.
Dacă nu prindea nimic, continua să meargă, având încredere în norocul care-i dădea înainte.
Auf dieser langen Reise war Fleisch die Hauptnahrungsquelle.
În această lungă călătorie, carnea a fost principalul lucru pe care l-au mâncat.
Der Schlitten enthielt Werkzeuge und Munition, jedoch keinen strengen Zeitplan.
Sania conținea unelte și muniție, dar niciun program strict.
Buck liebte dieses Herumwandern, die endlose Jagd und das Fischen.
Lui Buck îi plăcea această rătăcire; vânătoarea și pescuitul nesfârșite.
Wochenlang waren sie Tag für Tag unterwegs.
Timp de săptămâni întregi, au călătorit zi după zi.
Manchmal schlugen sie Lager auf und blieben wochenlang dort.
Alteori își făceau tabere și stăteau nemișcați săptămâni întregi.
Die Hunde ruhten sich aus, während die Männer im gefrorenen Dreck gruben.

Câinii s-au odihnit în timp ce bărbații săpau prin pământ înghețat.
Sie erwärmten Pfannen über dem Feuer und suchten nach verborgenem Gold.
Au încălzit tigăi la foc și au căutat aur ascuns.
An manchen Tagen hungerten sie, an anderen feierten sie Feste.
În unele zile mureau de foame, iar în alte zile aveau ospățuri.
Ihre Mahlzeiten hingen vom Wild und vom Jagdglück ab.
Mâncarea lor depindea de vânat și de norocul vânătorii.
Als der Sommer kam, trugen Männer und Hunde schwere Lasten auf ihren Rücken.
Când venea vara, bărbații și câinii își încărcau povara în spate.
Sie fuhren mit dem Floß über blaue Seen, die in Bergwäldern versteckt waren.
Au plutit peste lacuri albastre ascunse în pădurile de munte.
Sie segelten in schmalen Booten auf Flüssen, die noch nie von Menschen kartiert worden waren.
Navigau cu bărci subțiri pe râuri pe care niciun om nu le cartografiase vreodată.
Diese Boote wurden aus Bäumen gebaut, die sie in der Wildnis gesägt haben.
Acelea bărci au fost construite din copaci pe care i-au tăiat în sălbăticie.

Die Monate vergingen und sie schlängelten sich durch die wilden, unbekannten Länder.
Lunile au trecut, iar ei s-au strecurat prin ținuturi sălbatice și necunoscute.
Es waren keine Männer dort, doch alte Spuren deuteten darauf hin, dass Männer dort gewesen waren.
Nu erau bărbați acolo, totuși urme vechi sugerau că fuseseră și alți oameni.
Wenn die verlorene Hütte echt war, dann waren einst andere hier entlang gekommen.
Dacă Cabana Pierdută exista reală, atunci și alții veniseră odată pe aici.

Sie überquerten hohe Pässe bei Schneestürmen, sogar im Sommer.
Au traversat trecători înalte în timpul viscolului, chiar și vara.
Sie zitterten unter der Mitternachtssonne auf kahlen Berghängen.
Tremurau sub soarele de la miezul nopții, pe pantele goale ale munților.
Zwischen der Baumgrenze und den Schneefeldern stiegen sie langsam auf.
Între linia copacilor și câmpurile de zăpadă, au urcat încet.
In warmen Tälern schlugen sie nach Schwärmen aus Mücken und Fliegen.
În văile calde, au lovit nori de țânțari și muște.
Sie pflückten süße Beeren in der Nähe von Gletschern in voller Sommerblüte.
Au cules fructe de pădure dulci lângă ghețari în plină floare de vară.
Die Blumen, die sie fanden, waren genauso schön wie die im Süden.
Florile pe care le-au găsit erau la fel de frumoase ca cele din Southland.
Im Herbst erreichten sie eine einsame Region voller stiller Seen.
În toamna aceea, au ajuns într-o regiune pustie, plină de lacuri tăcute.
Das Land war traurig und leer, einst voller Vögel und Tiere.
Țara era tristă și goală, odinioară plină de păsări și fiare.
Jetzt gab es kein Leben mehr, nur noch den Wind und das Eis, das sich in Pfützen bildete.
Acum nu mai exista viață, doar vântul și gheața care se formau în bălți.
Mit einem sanften, traurigen Geräusch schlugen die Wellen gegen die leeren Ufer.
Valurile se loveau de țărmurile pustii cu un sunet blând și trist.

Ein weiterer Winter kam und sie folgten erneut schwachen, alten Spuren.
A venit o altă iarnă, și au urmat din nou poteci vechi și vagi.
Dies waren die Spuren von Männern, die schon lange vor ihnen gesucht hatten.
Acestea erau urmele oamenilor care căutaseră cu mult înaintea lor.
Einmal fanden sie einen Pfad, der tief in den dunklen Wald hineinreichte.
Odată ce au găsit o cărare care se adâncea în pădurea întunecată.
Es war ein alter Pfad und sie hatten das Gefühl, dass die verlorene Hütte ganz in der Nähe war.
Era o potecă veche, iar ei simțeau că cabana pierdută era aproape.
Doch die Spur führte nirgendwo hin und verlor sich im dichten Wald.
Dar poteca nu ducea nicăieri și se pierdea în pădurea deasă.
Wer auch immer die Spur angelegt hat und warum, das wusste niemand.
Oricine ar fi făcut poteca și de ce a făcut-o, nimeni nu știa.
Später fanden sie das Wrack einer Hütte, versteckt zwischen den Bäumen.
Mai târziu, au găsit epava unei cabane ascunsă printre copaci.
Verrottende Decken lagen verstreut dort, wo einst jemand geschlafen hatte.
Pături putrede zăceau împrăștiate acolo unde dormise odată cineva.
John Thornton fand darin ein Steinschlossgewehr mit langem Lauf.
John Thornton a găsit o armă cu silex cu țeavă lungă îngropată înăuntru.
Er wusste, dass es sich um eine Waffe von Hudson Bay aus den frühen Handelstagen handelte.
Știa că era o armă din Hudson Bay încă din primele zile de tranzacționare.

Damals wurden solche Gewehre gegen Stapel von Biberfellen eingetauscht.
Pe vremea aceea, astfel de arme erau schimbate pe teancuri de piei de castor.
Das war alles – von dem Mann, der die Hütte gebaut hatte, gab es keine Spur mehr.
Asta a fost tot — nu a mai rămas niciun indiciu despre omul care a construit cabana.

Der Frühling kam wieder und sie fanden keine Spur von der verlorenen Hütte.
Primăvara a venit din nou și n-au găsit nicio urmă a Cabanei Pierdute.
Stattdessen fanden sie ein breites Tal mit einem seichten Bach.
În schimb, au găsit o vale largă cu un pârâu puțin adânc.
Gold lag wie glatte, gelbe Butter auf dem Pfannenboden.
Aurul se întindea pe fundul tigăilor ca untul neted și galben.
Sie hielten dort an und suchten nicht weiter nach der Hütte.
S-au oprit acolo și n-au mai căutat cabana.
Jeden Tag arbeiteten sie und fanden Tausende in Goldstaub.
În fiecare zi lucrau și găseau mii în praf de aur.
Sie packten das Gold in Säcke aus Elchhaut, jeder Fünfzig Pfund schwer.
Au împachetat aurul în saci de piele de elan, câte cincizeci de lire fiecare.
Die Säcke waren wie Brennholz vor ihrer kleinen Hütte gestapelt.
Sacii erau stivuiți ca lemnele de foc în fața micii lor cabane.
Sie arbeiteten wie Giganten und die Tage vergingen wie im Flug.
Munceau ca niște giganți, iar zilele treceau ca niște vise rapide.
Sie häuften Schätze an, während die endlosen Tage schnell vorbeizogen.
Au adunat comori pe măsură ce zilele nesfârșite treceau cu repeziciune.

Außer ab und zu Fleisch zu schleppen, gab es für die Hunde nicht viel zu tun.
Câinii nu aveau prea multe de făcut în afară de a căra carne din când în când.
Thornton jagte und tötete das Wild, und Buck lag am Feuer.
Thornton a vânat și a ucis prada, iar Buck stătea lângă foc.
Er verbrachte viele Stunden schweigend, versunken in Gedanken und Erinnerungen.
A petrecut ore întregi în tăcere, pierdut în gânduri și amintiri.
Das Bild des haarigen Mannes kam Buck immer häufiger in den Sinn.
Imaginea bărbatului păros îi venea mai des în minte lui Buck.
Jetzt, wo es kaum noch Arbeit gab, träumte Buck, während er ins Feuer blinzelte.
Acum că de lucru era rar, Buck visa în timp ce clipea la foc.
In diesen Träumen wanderte Buck mit dem Mann in eine andere Welt.
În acele vise, Buck rătăcea cu bărbatul într-o altă lume.
Angst schien das stärkste Gefühl in dieser fernen Welt zu sein.
Frica părea cel mai puternic sentiment în acea lume îndepărtată.
Buck sah, wie der haarige Mann mit gesenktem Kopf schlief.
Buck l-a văzut pe bărbatul păros dormind cu capul plecat.
Seine Hände waren gefaltet und sein Schlaf war unruhig und unterbrochen.
Avea mâinile împreunate, iar somnul îi era agitat și întrerupt.
Er wachte immer ruckartig auf und starrte ängstlich in die Dunkelheit.
Obișnuia să se trezească brusc și să se uite cu frică în întuneric.
Dann warf er mehr Holz ins Feuer, um die Flamme hell zu halten.
Apoi arunca mai multe lemne în foc ca să mențină flacăra aprinsă.
Manchmal spazierten sie an einem Strand entlang, der an einem grauen, endlosen Meer entlangführte.

Uneori mergeau de-a lungul unei plaje, lângă o mare cenușie și nesfârșită.
Der haarige Mann sammelte Schalentiere und aß sie im Gehen.
Bărbatul păros culegea crustacee și le mânca în timp ce mergea.
Seine Augen suchten immer nach verborgenen Gefahren in den Schatten.
Ochii lui căutau mereu pericole ascunse în umbră.
Seine Beine waren immer bereit, beim ersten Anzeichen einer Bedrohung loszusprinten.
Picioarele lui erau mereu gata să sprinteze la primul semn de amenințare.
Sie schlichen still und vorsichtig Seite an Seite durch den Wald.
S-au strecurat prin pădure, tăcuți și precauți, unul lângă altul.
Buck folgte ihm auf den Fersen und beide blieben wachsam.
Buck l-a urmat, iar amândoi au rămas atenți.
Ihre Ohren zuckten und bewegten sich, ihre Nasen schnüffelten in der Luft.
Urechile li se zvâcneau și se mișcau, nasurile le adulmecau aerul.
Der Mann konnte den Wald genauso gut hören und riechen wie Buck.
Bărbatul putea auzi și mirosi pădurea la fel de ascuțit ca Buck.
Der haarige Mann schwang sich mit plötzlicher Geschwindigkeit durch die Bäume.
Bărbatul păros se legănă printre copaci cu o viteză bruscă.
Er sprang von Ast zu Ast, ohne jemals den Halt zu verlieren.
A sărit din creangă în creangă, fără să-și piardă niciodată strânsoarea.
Er bewegte sich über dem Boden genauso schnell wie auf ihm.
Se mișca la fel de repede deasupra pământului pe cât se mișca pe el.
Buck erinnerte sich an lange Nächte, in denen er unter den Bäumen Wache hielt.

Buck își amintea nopțile lungi petrecute sub copaci, stând de veghe.

Der Mann schlief auf seiner Stange in den Zweigen und klammerte sich fest.

Bărbatul dormea cocoțat în crengi, agățat strâns.

Diese Vision des haarigen Mannes war eng mit dem tiefen Ruf verbunden.

Această viziune a bărbatului păros era strâns legată de chemarea profundă.

Der Ruf klang noch immer mit eindringlicher Kraft durch den Wald.

Chemarea încă răsuna prin pădure cu o forță tulburătoare.

Der Anruf erfüllte Buck mit Sehnsucht und einem rastlosen Gefühl der Freude.

Apelul l-a umplut pe Buck de dor și de un sentiment neliniștit de bucurie.

Er spürte seltsame Triebe und Regungen, die er nicht benennen konnte.

Simțea impulsuri și impulsuri ciudate pe care nu le putea numi.

Manchmal folgte er dem Ruf tief in die Stille des Waldes.

Uneori urma chemarea adânc în liniștea pădurii.

Er suchte nach dem Ruf und bellte dabei leise oder scharf.

A căutat chemarea, lătrând încet sau ascuțit pe măsură ce mergea.

Er roch am Moos und der schwarzen Erde, wo die Gräser wuchsen.

A adulmecat mușchiul și pământul negru unde creștea ierburile.

Er schnaubte entzückt über den reichen Geruch der tiefen Erde.

A pufnit de încântare la vederea mirosurilor bogate ale adâncurilor pământului.

Er hockte stundenlang hinter pilzbefallenen Baumstämmen.

A stat ghemuit ore în șir în spatele unor trunchiuri acoperite de ciuperci.

Er blieb still und lauschte mit großen Augen jedem noch so kleinen Geräusch.
A rămas nemișcat, ascultând cu ochii mari fiecare sunet minuscul.
Vielleicht hoffte er, das Wesen, das den Ruf auslöste, zu überraschen.
Poate că spera să surprindă creatura care dăduse apelul.
Er wusste nicht, warum er so handelte – er tat es einfach.
Nu știa de ce se comporta așa – pur și simplu știa.
Die Triebe kamen aus der Tiefe, jenseits von Denken und Vernunft.
Impulsurile veneau din adâncul sufletului, dincolo de gândire sau rațiune.
Unwiderstehliche Triebe überkamen Buck ohne Vorwarnung oder Grund.
Niște impulsuri irezistibile l-au cuprins pe Buck fără avertisment sau motiv.
Manchmal döste er träge im Lager in der Mittagshitze.
Uneori moțăia leneș în tabără, sub căldura amiezii.
Plötzlich hob er den Kopf und stellte aufmerksam die Ohren auf.
Deodată, își ridică capul și urechile i se ridică în alertă.
Dann sprang er auf und stürmte ohne Pause in die Wildnis.
Apoi a sărit în sus și a năvălit în sălbăticie fără oprire.
Er rannte stundenlang durch Waldwege und offene Flächen.
A alergat ore în șir prin cărări de pădure și spații deschise.
Er liebte es, trockenen Bachläufen zu folgen und Vögel in den Bäumen zu beobachten.
Îi plăcea să urmeze albiile secate ale pâraurilor și să spioneze păsările din copaci.
Er könnte den ganzen Tag versteckt liegen und den Rebhühnern beim Herumstolzieren zusehen.
Putea sta ascuns toată ziua, privind potârnichile cum se plimbă țanțoș.
Sie trommelten und marschierten, ohne Bucks Anwesenheit zu bemerken.

Băteau tobe și mărșăluiau, fără să-și dea seama de prezența nemișcată a lui Buck.

Doch am meisten liebte er das Laufen in der Sommerdämmerung.

Dar ceea ce iubea cel mai mult era să alerge la amurg, vara.

Das schwache Licht und die schläfrigen Waldgeräusche erfüllten ihn mit Freude.

Lumina slabă și sunetele somnoroase ale pădurii îl umpleau de bucurie.

Er las die Zeichen des Waldes so deutlich, wie ein Mann ein Buch liest.

Citea indicatoarele pădurii la fel de clar cum citește un om o carte.

Und er suchte immer nach dem seltsamen Ding, das ihn rief.

Și a căutat mereu lucrul ciudat care îl chema.

Dieser Ruf hörte nie auf – er erreichte ihn im Wachzustand und im Schlaf.

Acea chemare nu se oprea niciodată – ajungea la el fie că era treaz, fie că dormea.

Eines Nachts erwachte er mit einem Ruck, die Augen waren scharf und die Ohren gespitzt.

Într-o noapte, s-a trezit tresărind, cu ochii ageri și urechile ciulite.

Seine Nasenlöcher zuckten, während seine Mähne in Wellen sträubte.

Nările i-au tresărit în timp ce coama i se zbârlea în valuri.

Aus der Tiefe des Waldes ertönte erneut der alte Ruf.

Din adâncul pădurii s-a auzit din nou sunetul, vechea chemare.

Diesmal war der Ton klar und deutlich zu hören, ein langes, eindringliches, vertrautes Heulen.

De data aceasta, sunetul a răsunat clar, un urlet lung, tulburător, familiar.

Es klang wie der Schrei eines Huskys, aber mit einem seltsamen und wilden Ton.

Era ca țipătul unui husky, dar ciudat și sălbatic ca ton.

Buck erkannte das Geräusch sofort – er hatte das genaue Geräusch vor langer Zeit gehört.
Buck a recunoscut sunetul imediat – auzise exact sunetul cu mult timp în urmă.
Er sprang durch das Lager und verschwand schnell im Wald.
A sărit prin tabără și a dispărut repede în pădure.
Als er sich dem Geräusch näherte, wurde er langsamer und bewegte sich vorsichtig.
Pe măsură ce se apropia de sunet, încetini și se mișcă cu grijă.
Bald erreichte er eine Lichtung zwischen dichten Kiefern.
Curând a ajuns într-o poiană printre pini deși.
Dort saß aufrecht auf seinen Hinterbeinen ein großer, schlanker Timberwolf.
Acolo, drept pe vine, ședea un lup de pădure înalt și slab.
Die Nase des Wolfes zeigte zum Himmel und hallte noch immer den Ruf wider.
Botul lupului era îndreptat spre cer, repetând în continuare chemarea.
Buck hatte keinen Laut von sich gegeben, doch der Wolf blieb stehen und lauschte.
Buck nu scosese niciun sunet, totuși lupul se opri și ascultă.
Der Wolf spürte etwas, spannte sich an und suchte die Dunkelheit ab.
Simțind ceva, lupul se încordă, scrutând întunericul.
Buck schlich ins Blickfeld, mit gebeugtem Körper und ruhigen Füßen auf dem Boden.
Buck a apărut strecurat în câmpul vizual, cu corpul aplecat și picioarele liniștite pe pământ.
Sein Schwanz war gerade, sein Körper vor Anspannung zusammengerollt.
Coada lui era dreaptă, iar corpul îi era încordat de tensiune.
Er zeigte sowohl eine bedrohliche als auch eine Art raue Freundschaft.
A arătat atât amenințare, cât și un fel de prietenie dură.
Es war die vorsichtige Begrüßung, die wilde Tiere einander entgegenbrachten.
Era salutul prudent împărtășit de fiarele sălbatice.

Aber der Wolf drehte sich um und floh, sobald er Buck sah.
Dar lupul s-a întors și a fugit imediat ce l-a văzut pe Buck.
Buck nahm die Verfolgung auf und sprang wild um sich, begierig darauf, es einzuholen.
Buck l-a urmărit, sărind nebunește, nerăbdător să-l ajungă din urmă.
Er folgte dem Wolf in einen trockenen Bach, der durch einen Holzstau blockiert war.
L-a urmat pe lup într-un pârâu secat, blocat de o înghesuială.
In die Enge getrieben, wirbelte der Wolf herum und blieb stehen.
Încolțit, lupul s-a întors și a rămas pe poziție.
Der Wolf knurrte und schnappte wie ein gefangener Husky im Kampf.
Lupul a mârâit și a mușcat ca un câine husky prins într-o luptă.
Die Zähne des Wolfes klickten schnell, sein Körper strotzte vor wilder Wut.
Dinții lupului clănțăneau repede, iar corpul său era plin de furie sălbatică.
Buck griff nicht an, sondern umkreiste den Wolf mit vorsichtiger Freundlichkeit.
Buck nu a atacat, ci a înconjurat lupul cu o prietenie precaută.
Durch langsame, harmlose Bewegungen versuchte er, seine Flucht zu verhindern.
A încercat să-și blocheze evadarea prin mișcări lente și inofensive.
Der Wolf war vorsichtig und verängstigt – Buck war dreimal so schwer wie er.
Lupul era precaut și speriat — Buck îl depășea de trei ori.
Der Kopf des Wolfes reichte kaum bis zu Bucks massiver Schulter.
Capul lupului abia ajungea până la umărul masiv al lui Buck.
Der Wolf hielt Ausschau nach einer Lücke, rannte los und die Jagd begann von neuem.
Păzind o breșă, lupul a fugit și goana a început din nou.

Buck drängte ihn mehrere Male in die Enge und der Tanz wiederholte sich.
Buck l-a încolțit de câteva ori, iar dansul s-a repetat.
Der Wolf war dünn und schwach, sonst hätte Buck ihn nicht fangen können.
Lupul era slab și slăbit, altfel Buck nu l-ar fi putut prinde.
Jedes Mal, wenn Buck näher kam, wirbelte der Wolf herum und sah ihn voller Angst an.
De fiecare dată când Buck se apropia, lupul se întoarse și îl înfrunta plin de frică.
Dann rannte er bei der ersten Gelegenheit erneut in den Wald.
Apoi, la prima ocazie, a fugit din nou în pădure.
Aber Buck gab nicht auf und schließlich fasste der Wolf Vertrauen zu ihm.
Dar Buck nu a renunțat și, în cele din urmă, lupul a ajuns să aibă încredere în el.
Er schnüffelte an Bucks Nase und die beiden wurden verspielt und aufmerksam.
A adulmecat nasul lui Buck, iar cei doi au devenit jucăuși și alerți.
Sie spielten wie wilde Tiere, wild und doch schüchtern in ihrer Freude.
Se jucau ca niște animale sălbatice, feroce, dar timizi în bucuria lor.
Nach einer Weile trabte der Wolf zielstrebig und ruhig davon.
După o vreme, lupul a plecat la trap cu o hotărâre calmă.
Er machte Buck deutlich, dass er beabsichtigte, verfolgt zu werden.
I-a arătat clar lui Buck că intenționa să fie urmărit.
Sie rannten Seite an Seite durch die Dämmerung.
Au alergat unul lângă altul prin bezna amurgului.
Sie folgten dem Bachbett hinauf in die felsige Schlucht.
Au urmat albia pârâului în sus, în defileul stâncos.
Sie überquerten eine kalte Wasserscheide, wo der Bach entsprungen war.

Au traversat o despărțitură rece de unde începea pârâul.
Am gegenüberliegenden Hang fanden sie ausgedehnte Wälder und viele Bäche.
Pe panta îndepărtată au găsit o pădure întinsă și multe pâraie.
Durch dieses weite Land rannten sie stundenlang ohne Pause.
Prin acest ținut vast, au alergat ore în șir fără oprire.
Die Sonne stieg höher, die Luft wurde wärmer, aber sie rannten weiter.
Soarele s-a ridicat și mai sus, aerul s-a încălzit, dar ei au alergat mai departe.
Buck war voller Freude – er wusste, dass er seiner Berufung folgte.
Buck era cuprins de bucurie – știa că răspundea chemării sale.
Er rannte neben seinem Waldbruder her, näher an die Quelle des Rufs.
A alergat alături de fratele său din pădure, mai aproape de sursa chemării.
Alte Gefühle kehrten zurück, stark und schwer zu ignorieren.
Vechile sentimente au revenit, puternice și greu de ignorat.
Dies waren die Wahrheiten hinter den Erinnerungen aus seinen Träumen.
Acestea erau adevărurile din spatele amintirilor din visele sale.
All dies hatte er schon einmal in einer fernen, schattenhaften Welt getan.
Mai făcuse toate acestea și înainte, într-o lume îndepărtată și întunecată.
Jetzt tat er es wieder und rannte wild herum, während der Himmel über ihm frei war.
Acum a făcut asta din nou, alergând nebunește sub cerul liber deasupra.
Sie hielten an einem Bach an, um aus dem kalten, fließenden Wasser zu trinken.
S-au oprit la un pârâu să bea din apa rece care curgea.

Während er trank, erinnerte sich Buck plötzlich an John Thornton.
În timp ce bea, Buck și-a amintit brusc de John Thornton.
Er saß schweigend da, hin- und hergerissen zwischen der Anziehungskraft der Loyalität und der Berufung.
S-a așezat în tăcere, sfâșiat de atracția loialității și a chemării.
Der Wolf trabte weiter, kam aber zurück, um Buck anzutreiben.
Lupul a continuat să trapă, dar s-a întors să-l îndemne pe Buck înainte.
Er rümpfte die Nase und versuchte, ihn mit sanften Gesten zu beruhigen.
I-a adulmecat nasul și a încercat să-l îmbrățișeze cu gesturi blânde.
Aber Buck drehte sich um und machte sich auf den Rückweg.
Dar Buck s-a întors și a pornit înapoi pe drumul pe care venise.
Der Wolf lief lange Zeit neben ihm her und winselte leise.
Lupul a alergat lângă el mult timp, scâncind în șoaptă.
Dann setzte er sich hin, hob die Nase und stieß ein langes Heulen aus.
Apoi s-a așezat, și-a ridicat nasul și a scos un urlet prelung.
Es war ein trauriger Schrei, der leiser wurde, als Buck wegging.
A fost un strigăt trist, care s-a înmuiat pe măsură ce Buck se îndepărta.
Buck lauschte, als der Schrei langsam in der Stille des Waldes verklang.
Buck ascultă cum sunetul strigătului se estompa încet în liniștea pădurii.
John Thornton aß gerade zu Abend, als Buck ins Lager stürmte.
John Thornton mânca cina când Buck a năvălit în tabără.
Buck sprang wild auf ihn zu, leckte, biss und warf ihn um.
Buck a sărit asupra lui sălbatic, lingându-l, mușcându-l și trântindu-l la pământ.

Er warf ihn um, kletterte darauf und küsste sein Gesicht.
L-a trântit, s-a cățărat deasupra și l-a sărutat pe față.
Thornton nannte dies liebevoll „den allgemeinen Narren spielen".
Thornton numea asta „a te juca pe prostul general" cu afecțiune.
Die ganze Zeit verfluchte er Buck sanft und schüttelte ihn hin und her.
În tot acest timp, l-a înjurat ușor pe Buck și l-a scuturat înainte și înapoi.
Zwei ganze Tage und Nächte lang verließ Buck das Lager kein einziges Mal.
Timp de două zile și două nopți întregi, Buck nu a părăsit tabăra nicio dată.
Er blieb in Thorntons Nähe und ließ ihn nie aus den Augen.
A ținut aproape de Thornton și nu l-a pierdut niciodată din vedere.
Er folgte ihm bei der Arbeit und beobachtete ihn beim Essen.
L-a urmat în timp ce lucra și l-a privit în timp ce mânca.
Er begleitete Thornton abends in seine Decken und jeden Morgen wieder heraus.
Îl vedea pe Thornton în pături noaptea și afară în fiecare dimineață.
Doch bald kehrte der Ruf des Waldes zurück, lauter als je zuvor.
Dar curând chemarea pădurii s-a întors, mai puternică ca niciodată.
Buck wurde wieder unruhig, aufgewühlt von Gedanken an den wilden Wolf.
Buck deveni din nou neliniștit, stârnit de gândurile la lupul sălbatic.
Er erinnerte sich an das offene Land und daran, wie sie Seite an Seite gelaufen waren.
Își amintea de câmpul deschis și de alergarea unul lângă altul.
Er begann erneut, allein und wachsam in den Wald zu wandern.

A început să rătăcească din nou prin pădure, singur și alert.
Aber der wilde Bruder kam nicht zurück und das Heulen war nicht zu hören.
Dar fratele sălbatic nu s-a întors și urletul nu s-a auzit.
Buck begann, draußen zu schlafen und blieb tagelang weg.
Buck a început să doarmă afară, stând departe zile întregi.
Einmal überquerte er die hohe Wasserscheide, wo der Bach entsprungen war.
Odată ce a traversat despărțitura înaltă de unde începea pârâul.
Er betrat das Land des dunklen Waldes und der breiten, fließenden Ströme.
A intrat în ținutul pădurilor întunecate și al pâraielor largi și curgătoare.
Eine Woche lang streifte er umher und suchte nach Spuren seines wilden Bruders.
Timp de o săptămână a rătăcit, căutând semne ale fratelui sălbatic.
Er tötete sein eigenes Fleisch und reiste mit langen, unermüdlichen Schritten.
Și-a ucis propria carne și a călătorit cu pași lungi și neobosiți.
Er fischte in einem breiten Fluss, der bis ins Meer reichte, nach Lachs.
El a pescuit somon într-un râu lat care ajungea până la mare.
Dort kämpfte er gegen einen von Insekten verrückt gewordenen Schwarzbären und tötete ihn.
Acolo, s-a luptat și a ucis un urs negru înnebunit de insecte.
Der Bär war beim Angeln und rannte blind durch die Bäume.
Ursul fusese la pescuit și alerga orbește printre copaci.
Der Kampf war erbittert und weckte Bucks tiefen Kampfgeist.
Bătălia a fost una aprigă, trezind spiritul de luptă profund al lui Buck.
Als Buck zwei Tage später zurückkam, fand er Vielfraße an seiner Beute vor.

Două zile mai târziu, Buck s-a întors să găsească lupini la prada sa.

Ein Dutzend von ihnen stritten sich lautstark und wütend um das Fleisch.

Vreo doisprezece dintre ei s-au certat cu furie pentru carne.

Buck griff an und zerstreute sie wie Blätter im Wind.

Buck a năvălit și i-a împrăștiat ca pe frunzele în vânt.

Zwei Wölfe blieben zurück – still, leblos und für immer regungslos.

Doi lupi au rămas în urmă – tăcuți, fără viață și nemișcați pentru totdeauna.

Der Blutdurst wurde stärker denn je.

Setea de sânge a devenit mai puternică ca niciodată.

Buck war ein Jäger, ein Killer, der sich von Lebewesen ernährte.

Buck era un vânător, un ucigaș, hrănindu-se cu creaturi vii.

Er überlebte allein und verließ sich auf seine Kraft und seine scharfen Sinne.

A supraviețuit singur, bazându-se pe puterea și simțurile sale ascuțite.

Er gedieh in der Wildnis, wo nur die Zähesten überleben konnten.

A prosperat în sălbăticie, unde doar cei mai rezistenți puteau trăi.

Daraus erwuchs ein großer Stolz, der Bucks ganzes Wesen erfüllte.

Din aceasta, o mare mândrie s-a născut și a umplut întreaga ființă a lui Buck.

Sein Stolz war in jedem seiner Schritte und in der Anspannung jedes einzelnen Muskels zu erkennen.

Mândria lui se vedea în fiecare pas, în unduirea fiecărui mușchi.

Sein Stolz war so deutlich wie seine Sprache und spiegelte sich in seiner Haltung wider.

Mândria lui era la fel de limpede ca vorbele, vizibilă în felul în care se comporta.

Sogar sein dickes Fell sah majestätischer aus und glänzte heller.
Chiar și blana lui groasă arăta mai maiestuoasă și strălucea mai tare.
Man hätte Buck mit einem riesigen Timberwolf verwechseln können.
Buck ar fi putut fi confundat cu un lup uriaș de pădure.
Außer dem Braun an seiner Schnauze und den Flecken über seinen Augen.
Cu excepția maroniei de pe bot și a petelor de deasupra ochilor.
Und der weiße Fellstreifen, der mitten auf seiner Brust verlief.
Și urmele albe de blană care îi coborau pe mijlocul pieptului.
Er war sogar größer als der größte Wolf dieser wilden Rasse.
Era chiar mai mare decât cel mai mare lup din acea rasă feroce.
Sein Vater, ein Bernhardiner, verlieh ihm Größe und einen schweren Körperbau.
Tatăl său, un Saint Bernard, i-a dat statura și constituția masivă.
Seine Mutter, eine Schäferin, formte diesen Körper zu einer wolfsähnlichen Gestalt.
Mama sa, o păstoră, i-a dat forma unui lup.
Er hatte die lange Schnauze eines Wolfes, war allerdings schwerer und breiter.
Avea botul lung al unui lup, deși mai greu și mai lat.
Sein Kopf war der eines Wolfes, aber von massiver, majestätischer Gestalt.
Capul lui era de lup, dar construit la o scară masivă și maiestuoasă.
Bucks List war die List des Wolfes und der Wildnis.
Viclenia lui Buck era viclenia lupului și a naturii sălbatice.
Seine Intelligenz hat er sowohl vom Deutschen Schäferhund als auch vom Bernhardiner.
Inteligența sa provenea atât de la Ciobănesc German, cât și de la Saint-Bernard.

All dies und harte Erfahrungen machten ihn zu einer furchterregenden Kreatur.
Toate acestea, plus experiența dură, l-au făcut o creatură înfricoșătoare.
Er war so furchterregend wie jedes andere Tier, das in der Wildnis des Nordens umherstreifte.
Era la fel de formidabil ca orice fiară care cutreiera sălbăticia nordică.
Buck ernährte sich ausschließlich von Fleisch und erreichte den Höhepunkt seiner Kraft.
Trăind doar cu carne, Buck a atins apogeul puterilor sale.
Jede Faser seines Körpers strotzte vor Kraft und männlicher Stärke.
Deborda de putere și forță masculină în fiecare fibră a lui.
Als Thornton seinen Rücken streichelte, funkelten seine Haare vor Energie.
Când Thornton și-a mângâiat spatele, firele de păr i-au sclipit de energie.
Jedes Haar knisterte, aufgeladen durch die Berührung lebendigen Magnetismus.
Fiecare fir de păr trosni, încărcat cu atingerea unui magnetism viu.
Sein Körper und sein Gehirn waren auf die höchstmögliche Tonhöhe eingestellt.
Corpul și creierul său erau acordate la cea mai fină tonalitate posibilă.
Jeder Nerv, jede Faser und jeder Muskel arbeitete in perfekter Harmonie.
Fiecare nerv, fibră și mușchi funcționau în perfectă armonie.
Auf jedes Geräusch oder jeden Anblick, der eine Aktion erforderte, reagierte er sofort.
La orice sunet sau imagine care necesita acțiune, răspundea instantaneu.
Wenn ein Husky zum Angriff ansetzte, konnte Buck doppelt so schnell springen.
Dacă un husky sărea să atace, Buck putea sări de două ori mai repede.

Er reagierte schneller, als andere es sehen oder hören konnten.
A reacționat mai repede decât puteau vedea sau auzi alții.
Wahrnehmung, Entscheidung und Handlung erfolgten alle in einem fließenden Moment.
Percepția, decizia și acțiunea, toate au venit într-un moment fluid.
Tatsächlich geschahen diese Handlungen getrennt voneinander, aber zu schnell, um es zu bemerken.
În realitate, aceste acte au fost separate, dar prea rapide pentru a fi observate.
Die Abstände zwischen diesen Akten waren so kurz, dass sie wie ein einziger Akt wirkten.
Atât de scurte au fost pauzele dintre aceste acte, încât păreau ca unul singur.
Seine Muskeln und sein Körper waren wie straff gespannte Federn.
Mușchii și ființa lui erau ca niște arcuri încolăcite strâns.
Sein Körper strotzte vor Leben, wild und freudig in seiner Kraft.
Corpul său era plin de viață, sălbatic și vesel în puterea sa.
Manchmal hatte er das Gefühl, als würde die Kraft völlig aus ihm herausbrechen.
Uneori simțea că forța urma să izbucnească cu totul din el.
„So einen Hund hat es noch nie gegeben", sagte Thornton eines ruhigen Tages.
„N-a mai existat niciodată un astfel de câine", a spus Thornton într-o zi liniștită.
Die Partner sahen zu, wie Buck stolz aus dem Lager schritt.
Partenerii l-au privit pe Buck ieșind mândru din tabără.
„Als er erschaffen wurde, veränderte er, was ein Hund sein kann", sagte Pete.
„Când a fost creat, a schimbat ceea ce poate fi un câine", a spus Pete.
„Bei Gott! Das glaube ich auch", stimmte Hans schnell zu.
„Pe Dumnezeule! Și eu cred asta", a fost repede de acord Hans.

Sie sahen ihn abmarschieren, aber nicht die Veränderung, die danach kam.
L-au văzut plecând, dar nu și schimbarea care a venit după.
Sobald er den Wald betrat, verwandelte sich Buck völlig.
Imediat ce a intrat în pădure, Buck s-a transformat complet.
Er marschierte nicht mehr, sondern bewegte sich wie ein wilder Geist zwischen den Bäumen.
Nu mai mărșăluia, ci se mișca ca o fantomă sălbatică printre copaci.
Er wurde still, katzenpfotenartig, ein Flackern, das durch die Schatten huschte.
A devenit tăcut, cu picioare de pisică, o licărire care trecea printre umbre.
Er nutzte die Deckung geschickt und kroch wie eine Schlange auf dem Bauch.
A folosit adăpostul cu îndemânare, târându-se pe burtă ca un șarpe.
Und wie eine Schlange konnte er lautlos nach vorne springen und zuschlagen.
Și, ca un șarpe, putea sări înainte și să lovească în tăcere.
Er könnte ein Schneehuhn direkt aus seinem versteckten Nest stehlen.
Putea fura o perucă galbenă direct din cuibul ei ascuns.
Er tötete schlafende Kaninchen, ohne ein einziges Geräusch zu machen.
A ucis iepuri adormiți fără niciun sunet.
Er konnte Streifenhörnchen mitten in der Luft fangen, wenn sie zu langsam flohen.
Putea prinde veverițe în aer, deoarece fugeau prea încet.
Selbst Fische in Teichen konnten seinen plötzlichen Angriffen nicht entkommen.
Nici măcar peștii din bălți nu puteau scăpa de loviturile lui bruște.
Nicht einmal schlaue Biber, die Dämme reparierten, waren vor ihm sicher.
Nici măcar castorii deștepți care reparau baraje nu erau în siguranță de el.

Er tötete, um Nahrung zu bekommen, nicht zum Spaß – aber seine eigene Beute gefiel ihm am besten.
Ucidea pentru mâncare, nu pentru distracție — dar prefera propriile victime.
Dennoch war bei manchen seiner stillen Jagden ein hintergründiger Humor spürbar.
Totuși, un umor viclean străbătea unele dintre vânătorile sale tăcute.
Er schlich sich dicht an Eichhörnchen heran, ließ sie aber dann entkommen.
S-a strecurat aproape de veverițe, doar ca să le lase să scape.
Sie wollten in die Bäume fliehen und schnatterten voller Angst und Empörung.
Aveau să fugă în copaci, ciripind de furie și frică.
Mit dem Herbst kamen immer mehr Elche.
Pe măsură ce a venit toamna, elanii au început să apară în număr mai mare.
Sie zogen langsam in die tiefer gelegenen Täler, um dem Winter entgegenzukommen.
S-au mișcat încet în văile joase pentru a întâmpina iarna.
Buck hatte bereits ein junges, streunendes Kalb erlegt.
Buck doborâse deja un vițel tânăr, rătăcit.
Doch er sehnte sich danach, einer größeren, gefährlicheren Beute gegenüberzutreten.
Dar tânjea să înfrunte o pradă mai mare și mai periculoasă.
Eines Tages fand er an der Wasserscheide, an der Quelle des Baches, seine Chance.
Într-o zi, pe despărțitură, la izvorul pârâului, și-a găsit șansa.
Eine Herde von zwanzig Elchen war aus bewaldeten Gebieten herübergekommen.
O turmă de douăzeci de elani traversase ținuturile împădurite.
Unter ihnen war ein mächtiger Stier, der Anführer der Gruppe.
Printre ei se afla un taur puternic; conducătorul grupului.
Der Bulle war über ein Meter achtzig Meter groß und sah grimmig und wild aus.
Taurul avea peste doi metri înălțime și arăta fioros și sălbatic.

Er warf sein breites Geweih hin und her, dessen vierzehn Enden sich nach außen verzweigten.
Și-a aruncat coarnele largi, paisprezece vârfuri ramificându-se în exterior.
Die Spitzen dieser Geweihe hatten einen Durchmesser von sieben Fuß.
Vârfurile acelor coarne se întindeau pe un diametru de șapte picioare.
Seine kleinen Augen brannten vor Wut, als er Buck in der Nähe entdeckte.
Ochii lui mici ardeau de furie când l-a zărit pe Buck în apropiere.
Er stieß ein wütendes Brüllen aus und zitterte vor Wut und Schmerz.
A scos un răget furios, tremurând de furie și durere.
Nahe seiner Flanke ragte eine gefiederte und scharfe Pfeilspitze hervor.
Un vârf de săgeată ieșea în relief lângă flancul său, ascuțit și ca un pene.
Diese Wunde trug dazu bei, seine wilde, verbitterte Stimmung zu erklären.
Această rană a ajutat la explicarea dispoziției sale sălbatice și amare.
Buck, geleitet von seinem uralten Jagdinstinkt, machte seinen Zug.
Buck, ghidat de un străvechi instinct de vânătoare, și-a făcut mișcarea.
Sein Ziel war es, den Bullen vom Rest der Herde zu trennen.
El a urmărit să separe taurul de restul turmei.
Dies war keine leichte Aufgabe – es erforderte Schnelligkeit und messerscharfe List.
Nu a fost o sarcină ușoară — a necesitat viteză și o viclenie feroce.
Er bellte und tanzte in der Nähe des Stiers, gerade außerhalb seiner Reichweite.
A lătrat și a dansat lângă taur, chiar în afara razei de acțiune.

Der Elch stürzte sich mit riesigen Hufen und tödlichem Geweih auf ihn.
Elanul se năpustea cu copite uriașe și coarne mortale.
Ein Schlag hätte Bucks Leben im Handumdrehen beenden können.
O singură lovitură ar fi putut curma viața lui Buck într-o clipă.
Der Stier konnte die Bedrohung nicht hinter sich lassen und wurde wütend.
Incapabil să lase amenințarea în urmă, taurul s-a înfuriat.
Er stürmte wütend auf ihn zu, doch Buck entkam ihm jedes Mal.
A năvălit furios, dar Buck se strecura mereu la fugă.
Buck täuschte Schwäche vor und lockte ihn weiter von der Herde weg.
Buck s-a prefăcut slăbiciune, atrăgându-l mai departe de turmă.
Doch die jungen Bullen wollten zurückstürmen, um den Anführer zu beschützen.
Dar taurii tineri urmau să riposteze pentru a-l proteja pe lider.
Sie zwangen Buck zum Rückzug und den Bullen, sich wieder der Gruppe anzuschließen.
L-au forțat pe Buck să se retragă și pe taur să se alăture grupului.
In der Wildnis herrscht eine tiefe und unaufhaltsame Geduld.
Există o răbdare în sălbăticie, profundă și de neoprit.
Eine Spinne wartet unzählige Stunden bewegungslos in ihrem Netz.
Un păianjen așteaptă nemișcat în pânza sa nenumărate ore.
Eine Schlange rollt sich ohne zu zucken zusammen und wartet, bis es Zeit ist.
Un șarpe se încolăcește fără să tresară și așteaptă până când îi vine momentul.
Ein Panther liegt auf der Lauer, bis der Moment gekommen ist.
O panteră stă la ambuscadă, până când sosește momentul.

Dies ist die Geduld von Raubtieren, die jagen, um zu überleben.
Aceasta este răbdarea prădătorilor care vânează pentru a supraviețui.
Dieselbe Geduld brannte in Buck, als er in seiner Nähe blieb.
Aceeași răbdare îl ardea în Buck în timp ce stătea aproape.
Er blieb in der Nähe der Herde, verlangsamte ihren Marsch und schürte Angst.
A rămas lângă turmă, încetinindu-i marșul și stârnind frică.
Er ärgerte die jungen Bullen und schikanierte die Mutterkühe.
El i-a tachinat pe taurii tineri și a hărțuit vacile.
Er trieb den verwundeten Stier in eine noch tiefere, hilflose Wut.
L-a împins pe taurul rănit într-o furie mai adâncă, neajutorată.
Einen halben Tag lang zog sich der Kampf ohne Pause hin.
Timp de o jumătate de zi, lupta s-a prelungit fără nicio odihnă.
Buck griff aus jedem Winkel an, schnell und wild wie der Wind.
Buck a atacat din toate unghiurile, rapid și feroce ca vântul.
Er hinderte den Stier daran, sich auszuruhen oder sich bei seiner Herde zu verstecken.
El a împiedicat taurul să se odihnească sau să se ascundă împreună cu turma sa.
Buck zermürbte den Willen des Elchs schneller als seinen Körper.
Buck a epuizat voința elanului mai repede decât corpul său.
Der Tag verging und die Sonne sank tief am nordwestlichen Himmel.
Ziua a trecut și soarele a apus pe cerul de nord-vest.
Die jungen Bullen kehrten langsamer zurück, um ihrem Anführer zu helfen.
Taurii tineri s-au întors mai încet să-și ajute conducătorul.
Die Herbstnächte waren zurückgekehrt und die Dunkelheit dauerte nun sechs Stunden.

Nopțile de toamnă se întorseseră, iar întunericul dura acum șase ore.
Der Winter drängte sie bergab in sicherere, wärmere Täler.
Iarna îi împingea la vale, spre văi mai sigure și mai calde.
Aber sie konnten dem Jäger, der sie zurückhielt, immer noch nicht entkommen.
Dar tot nu au putut scăpa de vânătorul care i-a ținut înapoi.
Es stand nur ein Leben auf dem Spiel – nicht das der Herde, sondern nur das ihres Anführers.
O singură viață era în joc – nu cea a turmei, ci doar cea a liderului lor.
Dadurch wurde die Bedrohung in weite Ferne gerückt und ihre dringende Sorge wurde aufgehoben.
Asta făcea ca amenințarea să fie distantă și nu preocuparea lor urgentă.
Mit der Zeit akzeptierten sie diesen Preis und überließen Buck die Übernahme des alten Bullen.
În timp, au acceptat acest preț și l-au lăsat pe Buck să ia bătrânul taur.
Als die Dämmerung hereinbrach, stand der alte Bulle mit gesenktem Kopf da.
Pe măsură ce se lăsa amurgul, bătrânul taur stătea cu capul plecat.
Er sah zu, wie die Herde, die er geführt hatte, im schwindenden Licht verschwand.
A privit cum turma pe care o condusese dispăru în lumina care se estompa.
Es gab Kühe, die er gekannt hatte, Kälber, deren Vater er einst gewesen war.
Erau vaci pe care le cunoscuse, viței pe care îi născuse odată.
Es gab jüngere Bullen, gegen die er in vergangenen Saisons gekämpft und die er beherrscht hatte.
Erau tauri mai tineri cu care se luptase și pe care îi domnise în sezoanele trecute.
Er konnte ihnen nicht folgen, denn vor ihm kauerte Buck wieder.

Nu-i putea urma — căci în fața lui stătea din nou ghemuit Buck.
Der gnadenlose Schrecken mit den Reißzähnen versperrte ihm jeden Weg.
Teroarea nemiloasă cu colți ascuțiți îi bloca orice cale pe care ar fi putut-o urma.
Der Bulle brachte mehr als drei Zentner geballte Kraft auf die Waage.
Taurul cântărea mai mult de trei sute de kilograme de putere densă.
Er hatte ein langes Leben geführt und in einer Welt voller Kämpfe hart gekämpft.
Trăise mult și luptase din greu într-o lume a luptelor.
Doch nun, am Ende, kam der Tod von einem Tier, das weit unter ihm stand.
Și totuși acum, la sfârșit, moartea a venit de la o fiară mult inferioară lui.
Bucks Kopf erreichte nicht einmal die riesigen, mit Knöcheln besetzten Knie des Bullen.
Capul lui Buck nici măcar nu se ridica până la genunchii uriași și încordați ai taurului.
Von diesem Moment an blieb Buck Tag und Nacht bei dem Bullen.
Din acel moment, Buck a rămas cu taurul zi și noapte.
Er gönnte ihm keine Ruhe, erlaubte ihm nie zu grasen oder zu trinken.
Nu i-a dat niciodată odihnă, nu i-a permis niciodată să pască sau să bea.
Der Stier versuchte, junge Birkentriebe und Weidenblätter zu fressen.
Taurul a încercat să mănânce lăstari tineri de mesteacăn și frunze de salcie.
Aber Buck verjagte ihn, immer wachsam und immer angreifend.
Dar Buck l-a alungat, mereu alert și mereu atacând.
Sogar an plätschernden Bächen blockte Buck jeden durstigen Versuch ab.

Chiar și la pâraie care curgeau șiroaie, Buck bloca orice încercare de a bea însetat.
Manchmal floh der Stier aus Verzweiflung mit voller Geschwindigkeit.
Uneori, în disperare, taurul fugea cu viteză maximă.
Buck ließ ihn laufen und lief ruhig direkt hinter ihm her, nie weit entfernt.
Buck l-a lăsat să alerge, alergând calm chiar în spatele lui, niciodată departe.
Als der Elch innehielt, legte sich Buck hin, blieb aber bereit.
Când elanul s-a oprit, Buck s-a întins, dar a rămas pregătit.
Wenn der Bulle versuchte zu fressen oder zu trinken, schlug Buck mit voller Wut zu.
Dacă taurul încerca să mănânce sau să bea, Buck lovește cu furie deplină.
Der große Kopf des Stiers sank tiefer unter sein gewaltiges Geweih.
Capul uriaș al taurului se lăsa tot mai jos sub coarnele sale vaste.
Sein Tempo verlangsamte sich, der Trab wurde schwerfällig, ein stolpernder Schritt.
Pasul său a încetinit, trapul a devenit greu; un mers poticnit.
Er stand oft still mit hängenden Ohren und der Nase am Boden.
Adesea stătea nemișcat cu urechile căzute și nasul la pământ.
In diesen Momenten nahm sich Buck Zeit zum Trinken und Ausruhen.
În acele momente, Buck și-a făcut timp să bea și să se odihnească.
Mit heraushängender Zunge und starrem Blick spürte Buck, wie sich das Land veränderte.
Cu limba scoasă și ochii fixi, Buck simțea că țara se schimba.
Er spürte, wie sich etwas Neues durch den Wald und den Himmel bewegte.
A simțit ceva nou mișcându-se prin pădure și prin cer.
Mit der Rückkehr der Elche kehrten auch andere Wildtiere zurück.

Pe măsură ce elanii s-au întors, la fel s-au întâmplat și cu alte creaturi sălbatice.
Das Land fühlte sich lebendig an, mit einer Präsenz, die man nicht sieht, aber deutlich wahrnimmt.
Țara părea vie, cu o prezență, nevăzută, dar puternic cunoscută.
Buck wusste dies weder am Geräusch, noch am Anblick oder am Geruch.
Buck nu știa asta prin sunet, văz sau miros.
Ein tieferes Gefühl sagte ihm, dass neue Kräfte im Gange waren.
Un simț mai profund îi spunea că noi forțe erau în mișcare.
In den Wäldern und entlang der Bäche herrschte seltsames Leben.
O viață ciudată se mișca prin păduri și de-a lungul pâraielor.
Er beschloss, diesen Geist zu erforschen, nachdem die Jagd beendet war.
El a hotărât să exploreze acest spirit, după ce vânătoarea va fi terminată.
Am vierten Tag erlegte Buck endlich den Elch.
În a patra zi, Buck a doborât în sfârșit elanul.
Er blieb einen ganzen Tag und eine ganze Nacht bei der Beute, fraß und ruhte sich aus.
A stat lângă pradă o zi și o noapte întreagă, hrănindu-se și odihnindu-se.
Er aß, schlief dann und aß dann wieder, bis er stark und satt war.
A mâncat, apoi a dormit, apoi a mâncat din nou, până s-a simțit puternic și sătul.
Als er fertig war, kehrte er zum Lager und nach Thornton zurück.
Când fu gata, se întoarse spre tabără și spre Thornton.
Mit gleichmäßigem Tempo begann er die lange Heimreise.
Cu un ritm constant, a început lunga călătorie de întoarcere spre casă.

Er rannte in seinem unermüdlichen Galopp Stunde um Stunde, ohne auch nur ein einziges Mal vom Weg abzukommen.
A alergat în goana lui neobosit, oră după oră, fără să se rătăcească niciodată.
Durch unbekannte Länder bewegte er sich schnurgerade wie eine Kompassnadel.
Prin ținuturi necunoscute, s-a mișcat drept ca acul unei busole.
Sein Orientierungssinn ließ Mensch und Karte im Vergleich schwach erscheinen.
Simțul său de orientare făcea ca omul și harta să pară slabe prin comparație.
Während Buck rannte, spürte er die Bewegung in der Wildnis stärker.
Pe măsură ce Buck alerga, simțea mai puternic freamătul din ținutul sălbatic.
Es war eine neue Art zu leben, anders als in den ruhigen Sommermonaten.
Era un nou fel de viață, spre deosebire de cea din lunile calme de vară.
Dieses Gefühl kam nicht länger als subtile oder entfernte Botschaft.
Acest sentiment nu mai venea ca un mesaj subtil sau distant.
Nun sprachen die Vögel von diesem Leben und Eichhörnchen plapperten darüber.
Acum păsările vorbeau despre această viață, iar veverițele ciripeau despre ea.
Sogar die Brise flüsterte Warnungen durch die stillen Bäume.
Chiar și briza șoptea avertismente printre copacii tăcuți.
Mehrmals blieb er stehen und schnupperte die frische Morgenluft.
De câteva ori s-a oprit și a adulmecat aerul proaspăt al dimineții.
Dort las er eine Nachricht, die ihn schneller nach vorne springen ließ.
A citit acolo un mesaj care l-a făcut să sară mai repede înainte.

Ein starkes Gefühl der Gefahr erfüllte ihn, als wäre etwas schiefgelaufen.
Un sentiment puternic de pericol îl cuprinse, ca și cum ceva nu ar fi mers bine.
Er befürchtete, dass ein Unglück bevorstünde – oder bereits eingetreten war.
Se temea că urma să vină o calamitate – sau că venise deja.
Er überquerte den letzten Bergrücken und betrat das darunterliegende Tal.
A traversat ultima creastă și a intrat în valea de dedesubt.
Er bewegte sich langsamer und war bei jedem Schritt aufmerksamer und vorsichtiger.
Se mișca mai încet, alert și precaut la fiecare pas.
Drei Meilen weiter fand er eine frische Spur, die ihn erstarren ließ.
După cinci kilometri, a găsit o cărare nouă care l-a înțepenit.
Die Haare in seinem Nacken stellten sich auf und sträubten sich vor Schreck.
Părul de pe ceafă i s-a ondulat și s-a zbârlit de alarmă.
Die Spur führte direkt zum Lager, wo Thornton wartete.
Drumul ducea direct spre tabăra unde îl aștepta Thornton.
Buck bewegte sich jetzt schneller, seine Schritte waren lautlos und schnell zugleich.
Buck se mișca acum mai repede, pașii lui tăcuți și rapizi în același timp.
Seine Nerven lagen blank, als er Zeichen las, die andere übersehen würden.
Nervii i s-au încordat pe măsură ce a citit semne pe care alții aveau să le rateze.
Jedes Detail der Spur erzählte eine Geschichte – außer dem letzten Stück.
Fiecare detaliu din potecă spunea o poveste - cu excepția ultimei piese.
Seine Nase erzählte ihm von dem Leben, das hier vorbeigezogen war.
Nasul lui îi povestea despre viața care trecuse pe aici.

Der Duft vermittelte ihm ein wechselndes Bild, als er dicht hinter ihm folgte.
Mirosul îi oferea o imagine schimbătoare în timp ce îl urma îndeaproape.
Doch im Wald selbst war es still geworden, unnatürlich still.
Dar pădurea însăși devenise liniștită; o nemișcare nefirească.
Die Vögel waren verschwunden, die Eichhörnchen hatten sich versteckt, waren still und ruhig.
Păsările dispăruseră, veverițele erau ascunse, tăcute și nemișcate.
Er sah nur ein einziges Grauhörnchen, das flach auf einem toten Baum lag.
A văzut o singură veveriță cenușie, întinsă pe un copac mort.
Das Eichhörnchen fügte sich steif und reglos in den Wald ein.
Veverița s-a amestecat, rigidă și nemișcată, ca o parte din pădure.
Buck bewegte sich wie ein Schatten, lautlos und sicher durch die Bäume.
Buck se mișca ca o umbră, tăcut și sigur printre copaci.
Seine Nase zuckte zur Seite, als würde sie von einer unsichtbaren Hand gezogen.
Nasul i se zvârcolea într-o parte, ca și cum ar fi fost tras de o mână nevăzută.
Er drehte sich um und folgte der neuen Spur tief in ein Dickicht hinein.
S-a întors și a urmat noul miros adânc într-un desiș.
Dort fand er Nig tot daliegend, von einem Pfeil durchbohrt.
Acolo l-a găsit pe Nig, zăcând mort, străpuns de o săgeată.
Der Schaft durchdrang seinen Körper, die Federn waren noch zu sehen.
Săgeata i-a străpuns corpul, penele fiind încă vizibile.
Nig hatte sich dorthin geschleppt, war jedoch gestorben, bevor er Hilfe erreichen konnte.
Nig se târîse până acolo, dar murise înainte să ajungă la ajutor.
Hundert Meter weiter fand Buck einen weiteren Schlittenhund.

La o sută de metri mai încolo, Buck a găsit un alt câine de sanie.

Es war ein Hund, den Thornton in Dawson City gekauft hatte.

Era un câine pe care Thornton îl cumpărase din Dawson City.

Der Hund befand sich in einem tödlichen Kampf und schlug heftig auf dem Weg um sich.

Câinele se lupta cu moartea, zbătându-se din greu pe potecă.

Buck ging um ihn herum, blieb nicht stehen und richtete den Blick nach vorne.

Buck a trecut pe lângă el, fără să se oprească, cu privirea ațintită înainte.

Aus Richtung des Lagers ertönte in der Ferne ein rhythmischer Gesang.

Din direcția taberei se auzea o incantație ritmică, îndepărtată.

Die Stimmen schwoll in einem seltsamen, unheimlichen Singsangton an und ab.

Vocile se ridicau și se descreșteau pe un ton ciudat, straniu, cântăreț.

Buck kroch schweigend zum Rand der Lichtung.

Buck s-a târât în tăcere până la marginea poianei.

Dort sah er Hans mit dem Gesicht nach unten liegen, von vielen Pfeilen durchbohrt.

Acolo l-a văzut pe Hans zăcând cu fața în jos, străpuns de multe săgeți.

Sein Körper sah aus wie der eines Stachelschweins und war mit gefiederten Schäften bestückt.

Corpul său arăta ca un porc spinos, zbârlit de săgeți cu pene.

Im selben Moment blickte Buck in Richtung der zerstörten Hütte.

În același moment, Buck privi spre cabana în ruine.

Bei diesem Anblick stellten sich ihm die Nacken- und Schulterhaare auf.

Priveliștea i s-a zbârlit părul pe ceafă și pe umeri.

Ein Sturm wilder Wut durchfuhr Bucks ganzen Körper.

O furtună de furie sălbatică l-a cuprins pe Buck.

Er knurrte laut, obwohl er nicht wusste, dass er es getan hatte.
A mârâit tare, deși nu știa că o făcuse.
Der Klang war rau, erfüllt von furchterregender, wilder Wut.
Sunetul era crud, plin de o furie terifiantă și sălbatică.
Zum letzten Mal in seinem Leben verlor Buck den Verstand und die Gefühle.
Pentru ultima dată în viața lui, Buck și-a pierdut rațiunea de a se lăsa pradă emoțiilor.
Es war die Liebe zu John Thornton, die seine sorgfältige Kontrolle brach.
Dragostea pentru John Thornton i-a zdruncinat controlul atent.
Die Yeehats tanzten um die zerstörte Fichtenhütte.
Yeehat-ii dansau în jurul cabanei de molizi dărăpănate.
Dann ertönte ein Brüllen – und ein unbekanntes Tier stürmte auf sie zu.
Apoi s-a auzit un răget — și o fiară necunoscută s-a năpustit spre ei.
Es war Buck, eine aufbrausende Furie, ein lebendiger Sturm der Rache.
Era Buck; o furie în mișcare; o furtună vie a răzbunării.
Wahnsinnig vor Tötungsdrang stürzte er sich mitten unter sie.
S-a aruncat în mijlocul lor, înnebunit de dorința de a ucide.
Er sprang auf den ersten Mann, den Yeehat-Häuptling, und traf zielsicher.
A sărit asupra primului om, șeful Yeehat, și a lovit cu putere.
Seine Kehle war aufgerissen und Blut spritzte in einem Strom.
Gâtul i-a fost smuls, iar sângele i-a șiroit ca un șuvoi.
Buck blieb nicht stehen, sondern riss dem nächsten Mann mit einem Sprung die Kehle durch.
Buck nu se opri, ci îi sfâșie gâtul următorului om dintr-un salt.
Er war nicht aufzuhalten – er riss, schlug und machte nie eine Pause, um sich auszuruhen.
Era de neoprit – sfâșia, tăia, fără să se oprească niciodată.

Er schoss und sprang so schnell, dass ihre Pfeile ihn nicht treffen konnten.
A sărit și a țâșnit atât de repede încât săgețile lor nu l-au putut atinge.
Die Yeehats waren in ihrer eigenen Panik und Verwirrung gefangen.
Yeehat-ii erau prinși în propria panică și confuzie.
Ihre Pfeile verfehlten Buck und trafen stattdessen einander.
Săgețile lor l-au ratat pe Buck și s-au lovit între ele.
Ein Jugendlicher warf einen Speer nach Buck und traf einen anderen Mann.
Un tânăr a aruncat o suliță spre Buck și a lovit un alt bărbat.
Der Speer durchbohrte seine Brust und die Spitze durchbohrte seinen Rücken.
Sulița i-a străpuns pieptul, vârful străpungându-i spatele.
Die Yeehats wurden von Panik erfasst und zogen sich umgehend zurück.
Teroarea i-a cuprins pe Yeehats, iar aceștia s-au retras complet.
Sie schrien vor dem bösen Geist und flohen in die Schatten des Waldes.
Au țipat de la Duhul Rău și au fugit în umbrele pădurii.
Buck war wirklich wie ein Dämon, als er die Yeehats jagte.
Într-adevăr, Buck a fost ca un demon în timp ce i-a urmărit pe Yeehats.
Er raste hinter ihnen durch den Wald her und erlegte sie wie Rehe.
A țâșnit după ei prin pădure, doborându-i ca pe niște căprioare.
Für die verängstigten Yeehats wurde es ein Tag des Schicksals und des Terrors.
A devenit o zi a sorții și a terorii pentru Yeehat-ii înspăimântați.
Sie zerstreuten sich über das Land und flohen in alle Richtungen.
S-au împrăștiat prin țară, fugind departe în toate direcțiile.
Eine ganze Woche verging, bevor sich die letzten Überlebenden in einem Tal trafen.

A trecut o săptămână întreagă până când ultimii supraviețuitori s-au întâlnit într-o vale.
Erst dann zählten sie ihre Verluste und sprachen über das Geschehene.
Abia atunci și-au numărat pierderile și au vorbit despre ce s-a întâmplat.
Nachdem Buck die Jagd satt hatte, kehrte er zum zerstörten Lager zurück.
Buck, după ce a obosit de urmărire, s-a întors în tabăra ruinată.
Er fand Pete, noch in seine Decken gehüllt, getötet beim ersten Angriff.
L-a găsit pe Pete, încă în pături, ucis în primul atac.
Spuren von Thorntons letztem Kampf waren im Dreck in der Nähe zu sehen.
Semnele ultimei lupte a lui Thornton erau marcate în pământul din apropiere.
Buck folgte jeder Spur und erschnüffelte jede Markierung bis zum letzten Punkt.
Buck a urmărit fiecare urmă, adulmecând fiecare semn până la un punct final.
Am Rand eines tiefen Teichs fand er den treuen Skeet, der still dalag.
La marginea unui bazin adânc, l-a găsit pe credinciosul Skeet, zăcând nemișcat.
Skeets Kopf und Vorderpfoten lagen regungslos im Wasser, er lag tot da.
Capul și labele din față ale lui Skeet erau în apă, nemișcate de moarte.
Der Teich war schlammig und durch das Abwasser aus den Schleusenkästen verunreinigt.
Piscina era noroioasă și contaminată cu apa care curgea din ecluze.
Seine trübe Oberfläche verbarg, was darunter lag, aber Buck kannte die Wahrheit.
Suprafața sa tulbure ascundea ceea ce se afla dedesubt, dar Buck știa adevărul.

Er folgte Thorntons Spur bis in den Pool – doch die Spur führte nirgendwo anders hin.
A urmărit mirosul lui Thornton până în piscină — dar mirosul nu l-a dus nicăieri altundeva.
Es gab keinen Geruch, der hinausführte – nur die Stille des tiefen Wassers.
Nu se auzea niciun miros care să se răspândească – doar liniștea apei adânci.
Den ganzen Tag blieb Buck in der Nähe des Teichs und ging voller Trauer im Lager auf und ab.
Toată ziua, Buck a stat lângă baltă, plimbându-se prin tabără cu tristețe.
Er wanderte ruhelos umher oder saß regungslos da, in tiefe Gedanken versunken.
Rătăcea neliniștit sau stătea nemișcat, pierdut în gânduri adânci.
Er kannte den Tod, das Ende des Lebens, das Verschwinden aller Bewegung.
El cunoștea moartea; sfârșitul vieții; dispariția oricărei mișcări.
Er verstand, dass John Thornton weg war und nie wieder zurückkehren würde.
A înțeles că John Thornton plecase și că nu se va mai întoarce niciodată.
Der Verlust hinterließ eine Leere in ihm, die wie Hunger pochte.
Pierderea a lăsat în el un gol care pulsa ca foamea.
Doch dieser Hunger konnte durch Essen nicht gestillt werden, egal, wie viel er aß.
Dar aceasta era o mâncare pe care foamea nu o putea potoli, indiferent cât mânca.
Manchmal, wenn er die toten Yeehats ansah, ließ der Schmerz nach.
Uneori, în timp ce se uita la Yeehats-ii morți, durerea se estompa.
Und dann stieg ein seltsamer Stolz in ihm auf, wild und vollkommen.
Și apoi o mândrie ciudată l-a cuprins, aprigă și deplină.

Er hatte den Menschen getötet, das höchste und gefährlichste Wild von allen.
Ucisese oameni, cel mai înalt și mai periculos vânat dintre toate.
Er hatte unter Missachtung des alten Gesetzes von Keule und Reißzahn getötet.
Ucisese sfidând străvechea lege a bâtei și colțului.
Buck schnüffelte neugierig und nachdenklich an ihren leblosen Körpern.
Buck le adulmeca trupurile fără viață, curios și gânditor.
Sie waren so leicht gestorben – viel leichter als ein Husky in einem Kampf.
Muriseră atât de ușor – mult mai ușor decât un husky într-o luptă.
Ohne ihre Waffen waren sie weder wirklich stark noch stellten sie eine Bedrohung dar.
Fără armele lor, nu aveau nicio putere sau amenințare reală.
Buck würde sie nie wieder fürchten, es sei denn, sie wären bewaffnet.
Buck nu avea să se mai teamă niciodată de ei, decât dacă erau înarmați.
Nur wenn sie Keulen, Speere oder Pfeile trugen, war er vorsichtig.
Numai când purtau bâte, sulițe sau săgeți avea grijă.

Die Nacht brach herein und ein Vollmond stieg hoch über die Baumwipfel.
S-a lăsat noaptea, iar o lună plină s-a ridicat sus deasupra vârfurilor copacilor.
Das blasse Licht des Mondes tauchte das Land in einen sanften, geisterhaften Schein wie am Tag.
Lumina palidă a lunii scălda pământul într-o strălucire blândă, fantomatică, ca ziua.
Als die Nacht hereinbrach, trauerte Buck noch immer am stillen Teich.
Pe măsură ce noaptea se adâncea, Buck încă jelea lângă iazul tăcut.

Dann bemerkte er eine andere Regung im Wald.
Apoi a devenit conștient de o altă mișcare în pădure.
Die Aufregung kam nicht von den Yeehats, sondern von etwas Älterem und Tieferem.
Frânjetul nu venea de la Yeehats, ci de la ceva mai vechi și mai profund.
Er stand auf, spitzte die Ohren und prüfte vorsichtig mit der Nase die Brise.
S-a ridicat în picioare, cu urechile ciulite, testând cu grijă briza.
Aus der Ferne ertönte ein schwacher, scharfer Aufschrei, der die Stille durchbrach.
De departe s-a auzit un țipăt slab și ascuțit, care a străpuns liniștea.
Dann folgte dicht auf den ersten ein Chor ähnlicher Schreie.
Apoi, un cor de strigăte similare le-a urmat îndeaproape pe cele din urmă.
Das Geräusch kam näher und wurde mit jedem Augenblick lauter.
Sunetul se apropia, devenind mai puternic cu fiecare clipă.
Buck kannte diesen Schrei – er kam aus dieser anderen Welt in seiner Erinnerung.
Buck știa acest strigăt – venea din cealaltă lume din memoria lui.
Er ging in die Mitte des offenen Platzes und lauschte aufmerksam.
A mers până în centrul spațiului deschis și a ascultat cu atenție.
Der Ruf ertönte vielstimmig und kraftvoller denn je.
Apelul a răsunat, s-a auzit de multe ori și a fost mai puternic ca niciodată.
Und jetzt war Buck mehr denn je bereit, seiner Berufung zu folgen.
Și acum, mai mult ca niciodată, Buck era gata să răspundă chemării sale.
John Thornton war tot und hatte keine Bindung mehr an die Menschheit.

John Thornton era mort și nicio legătură cu un om nu mai rămăsese în el.
Der Mensch und alle menschlichen Ansprüche waren verschwunden – er war endlich frei.
Omul și toate drepturile umane dispăruseră — în sfârșit era liber.
Das Wolfsrudel jagte Fleisch, wie es einst die Yeehats getan hatten.
Haita de lupi vâna carne așa cum făceau odinioară Yeehat-ii.
Sie waren Elchen aus den Waldgebieten gefolgt.
Urmăriseră elanii dinspre ținuturile împădurite.
Nun überquerten sie, wild und hungrig nach Beute, sein Tal.
Acum, sălbatici și înfometați de pradă, au trecut în valea lui.
Sie kamen auf die mondbeschienene Lichtung und flossen wie silbernes Wasser.
În poiană luminată de lună au ajuns, curgând ca o apă argintie.
Buck stand regungslos in der Mitte und wartete auf sie.
Buck stătea nemișcat în centru, așteptându-i.
Seine ruhige, große Präsenz versetzte das Rudel in Erstaunen und ließ es kurz verstummen.
Prezența lui calmă și impunătoare a uluit grupul și a lăsat o tăcere scurtă.
Dann sprang der kühnste Wolf ohne zu zögern direkt auf ihn zu.
Atunci cel mai îndrăzneț lup a sărit direct asupra lui fără ezitare.
Buck schlug schnell zu und brach dem Wolf mit einem einzigen Schlag das Genick.
Buck a lovit repede și i-a rupt gâtul lupului dintr-o singură lovitură.
Er stand wieder regungslos da, während der sterbende Wolf sich hinter ihm wand.
A rămas din nou nemișcat în timp ce lupul pe moarte se răsucea în spatele lui.
Drei weitere Wölfe griffen schnell nacheinander an.
Alți trei lupi au atacat rapid, unul după altul.

Jeder von ihnen zog sich blutend zurück, die Kehle oder die Schultern waren aufgeschlitzt.
Fiecare s-a retras sângerând, cu gâtul sau umerii tăiați.
Das reichte aus, um das ganze Rudel zu einem wilden Angriff zu provozieren.
Asta a fost suficient pentru a declanșa întreaga haită într-o năvală sălbatică.
Sie stürmten gemeinsam hinein, waren zu eifrig und zu dicht gedrängt, um einen guten Schlag zu erzielen.
S-au repezit împreună, prea nerăbdători și înghesuiți ca să lovească bine.
Dank seiner Schnelligkeit und Geschicklichkeit war Buck in der Lage, dem Angriff immer einen Schritt voraus zu sein.
Viteza și priceperea lui Buck i-au permis să rămână cu un pas înaintea atacului.
Er drehte sich auf seinen Hinterbeinen und schnappte und schlug in alle Richtungen.
Se învârtea pe picioarele din spate, pocnind și lovind în toate direcțiile.
Für die Wölfe schien es, als ob seine Verteidigung nie geöffnet oder ins Wanken geraten wäre.
Lupilor li se părea că apărarea lui nu s-a deschis niciodată și nici nu a șovăit.
Er drehte sich um und schlug so schnell zu, dass sie nicht hinter ihn gelangen konnten.
S-a întors și a lovit atât de repede încât nu au mai putut ajunge în spatele lui.
Dennoch zwang ihn ihre Übermacht zum Nachgeben und Zurückweichen.
Cu toate acestea, numărul lor l-a obligat să cedeze teren și să se retragă.
Er ging am Teich vorbei und hinunter in das steinige Bachbett.
A trecut de baltă și a coborât în albia stâncoasă a pârâului.
Dort stieß er auf eine steile Böschung aus Kies und Erde.
Acolo a dat peste un mal abrupt de pietriș și pământ.

Er ist bei den alten Grabungen der Bergleute in einen Eckeinschnitt geraten.
A intrat într-o tăietură de colț în timpul vechilor săpături ale minerilor.
Jetzt war Buck von drei Seiten geschützt und stand nur noch dem vorderen Wolf gegenüber.
Acum, protejat din trei părți, Buck se confrunta doar cu lupul din față.
Dort stand er in der Enge, bereit für die nächste Angriffswelle.
Acolo, a stat la distanță, pregătit pentru următorul val de atac.
Buck blieb so hartnäckig standhaft, dass die Wölfe zurückwichen.
Buck și-a ținut poziția atât de ferm încât lupii s-au retras.
Nach einer halben Stunde waren sie erschöpft und sichtlich besiegt.
După o jumătate de oră, erau epuizați și vizibil înfrânți.
Ihre Zungen hingen heraus, ihre weißen Reißzähne glänzten im Mondlicht.
Limbile le atârnau afară, colții lor albi străluceau în lumina lunii.
Einige Wölfe legten sich mit erhobenem Kopf hin und spitzten die Ohren in Richtung Buck.
Niște lupi s-au întins, cu capetele ridicate și urechile ciulite spre Buck.
Andere standen still, waren wachsam und beobachteten jede seiner Bewegungen.
Alții stăteau nemișcați, alerți și îi urmăreau fiecare mișcare.
Einige gingen zum Pool und schlürften kaltes Wasser.
Câțiva s-au îndreptat spre piscină și au băut apă rece.
Dann schlich ein großer, schlanker grauer Wolf sanft heran.
Apoi, un lup cenușiu, lung și slab, s-a târât înainte cu blândețe.
Buck erkannte ihn – es war der wilde Bruder von vorhin.
Buck l-a recunoscut – era fratele sălbatic de dinainte.
Der graue Wolf winselte leise und Buck antwortete mit einem Winseln.

Lupul cenușiu a scâncit încet, iar Buck a răspuns cu un scâncet.
Sie berührten ihre Nasen, leise und ohne Drohung oder Angst.
Și-au atins nasurile, în liniște și fără amenințări sau teamă.
Als nächstes kam ein älterer Wolf, hager und von vielen Kämpfen gezeichnet.
Apoi a venit un lup mai bătrân, slăbit și brăzdat de cicatrici din cauza multor bătălii.
Buck wollte knurren, hielt aber inne und schnüffelte an der Nase des alten Wolfes.
Buck a început să mârâie, dar s-a oprit și i-a adulmecat nasul bătrânului lup.
Der Alte setzte sich, hob die Nase und heulte den Mond an.
Bătrânul s-a așezat, și-a ridicat nasul și a urlat la lună.
Der Rest des Rudels setzte sich und stimmte in das langgezogene Heulen ein.
Restul haitei s-a așezat și s-a alăturat urletului prelung.
Und nun ertönte der Ruf an Buck, unmissverständlich und stark.
Și acum chemarea i-a venit lui Buck, inconfundabilă și puternică.
Er setzte sich, hob den Kopf und heulte mit den anderen.
S-a așezat, și-a ridicat capul și a urlat împreună cu ceilalți.
Als das Heulen aufhörte, trat Buck aus seinem felsigen Unterschlupf.
Când urletul s-a terminat, Buck a ieșit din adăpostul său stâncos.
Das Rudel umringte ihn und beschnüffelte ihn zugleich freundlich und vorsichtig.
Haita s-a strâns în jurul lui, adulmecând cu amabilitate și precauție în același timp.
Dann stießen die Anführer einen lauten Schrei aus und rannten in den Wald.
Apoi, conducătorii au scos un țipăt și au fugit în pădure.
Die anderen Wölfe folgten und jaulten im Chor, wild und schnell in der Nacht.

Ceilalți lupi i-au urmat, scheunând în cor, sălbatici și rapizi în noapte.
Buck rannte mit ihnen, neben seinem wilden Bruder her, und heulte dabei.
Buck a alergat cu ei, alături de fratele său sălbatic, urlând în timp ce alerga.

Hier geht die Geschichte von Buck gut zu Ende.
Aici, povestea lui Buck se potrivește bine și la sfârșit.
In den folgenden Jahren bemerkten die Yeehats seltsame Wölfe.
În anii care au urmat, familia Yeehat a observat lupi ciudați.
Einige hatten braune Flecken auf Kopf und Schnauze und weiße Flecken auf der Brust.
Unii aveau capul și botul maro și piept alb.
Doch noch mehr fürchteten sie sich vor einer geisterhaften Gestalt unter den Wölfen.
Dar și mai mult, se temeau de o figură fantomatică printre lupi.
Sie sprachen flüsternd vom Geisterhund, dem Anführer des Rudels.
Vorbeau în șoapte despre Câinele Fantomă, liderul haitei.
Dieser Geisterhund war schlauer als der kühnste Yeehat-Jäger.
Acest Câine Fantomă era mai viclean decât cel mai îndrăzneț vânător Yeehat.
Der Geisterhund stahl im tiefsten Winter aus Lagern und riss ihre Fallen auseinander.
Câinele fantomă fura din tabere în miez de iarnă și le rupsea capcanele.
Der Geisterhund tötete ihre Hunde und entkam ihren Pfeilen spurlos.
Câinele fantomă le-a ucis câinii și a scăpat de săgețile lor fără urmă.
Sogar ihre tapfersten Krieger hatten Angst, diesem wilden Geist gegenüberzutreten.

Chiar și cei mai curajoși războinici ai lor se temeau să înfrunte acest spirit sălbatic.

Nein, die Geschichte wird im Laufe der Jahre in der Wildnis immer düsterer.

Nu, povestea devine și mai întunecată, pe măsură ce anii trec în sălbăticie.

Manche Jäger verschwinden und kehren nie in ihre entfernten Lager zurück.

Unii vânători dispar și nu se mai întorc niciodată în taberele lor îndepărtate.

Andere werden mit aufgerissener Kehle erschlagen im Schnee gefunden.

Alții sunt găsiți cu gâtul sfâșiat, uciși în zăpadă.

Um ihren Körper herum sind Spuren – größer als sie ein Wolf hinterlassen könnte.

În jurul corpurilor lor sunt urme – mai mari decât ar putea face orice lup.

Jeden Herbst folgen die Yeehats der Spur des Elchs.

În fiecare toamnă, Yeehats urmează urmele elanului.

Aber ein Tal meiden sie, weil ihnen die Angst tief im Herzen eingegraben ist.

Dar evită o vale cu frica săpată adânc în inimile lor.

Man sagt, dass der böse Geist dieses Tal als seine Heimat ausgewählt hat.

Se spune că valea a fost aleasă de Spiritul Rău drept casă a sa.

Und wenn die Geschichte erzählt wird, weinen einige Frauen am Feuer.

Și când se spune povestea, niște femei plâng lângă foc.

Aber im Sommer kommt ein Besucher in dieses ruhige, heilige Tal.

Dar vara, un vizitator vine în acea vale sacră și liniștită.

Die Yeehats wissen nichts von ihm und können es auch nicht verstehen.

Yeehat-ii nu știu de el și nici nu l-ar putea înțelege.

Der Wolf ist großartig und mit einer Pracht überzogen wie kein anderer seiner Art.

Lupul este măreț, învăluit în glorie, ca niciun altul de felul său.

Er allein überquert den grünen Wald und betritt die Waldlichtung.
El singur traversează copacii verzi și intră în poiana pădurii.
Dort sickert goldener Staub aus Elchhautsäcken in den Boden.
Acolo, praful auriu din sacii din piele de elan se infiltrează în sol.
Gras und alte Blätter haben das Gelb vor der Sonne verborgen.
Iarba și frunzele bătrâne au ascuns galbenul de soare.
Hier steht der Wolf still, denkt nach und erinnert sich.
Aici, lupul stă în tăcere, gândind și amintindu-și.
Er heult einmal – lang und traurig – bevor er sich zum Gehen umdreht.
Urlă o dată – prelung și trist – înainte să se întoarcă să plece.
Doch er ist nicht immer allein im Land der Kälte und des Schnees.
Totuși, el nu este întotdeauna singur în tărâmul frigului și al zăpezii.
Wenn lange Winternächte über die tiefer gelegenen Täler hereinbrechen.
Când lungile nopți de iarnă coboară peste văile mai joase.
Wenn die Wölfe dem Wild durch Mondlicht und Frost folgen.
Când lupii urmăresc vânatul prin lumina lunii și îngheț.
Dann rennt er mit großen, wilden Sprüngen an der Spitze des Rudels entlang.
Apoi aleargă în fruntea haitei, sărind sus și sălbatic.
Seine Gestalt überragt die anderen, aus seiner Kehle erklingt Gesang.
Silueta lui se înalță deasupra celorlalți, gâtul său vibrează de cântec.
Es ist das Lied der jüngeren Welt, die Stimme des Rudels.
Este cântecul lumii mai tinere, vocea haitei.
Er singt, während er rennt – stark, frei und für immer wild.
Cântă în timp ce aleargă — puternic, liber și veșnic sălbatic.

www.tranzlaty.com

www.ingramcontent.com/pod-product-compliance
Lightning Source LLC
Chambersburg PA
CBHW010754040426
42333CB00063B/2793